2021年山东省社科规划项目"异质性视角下企业社
机制研究"成果（项目批准号：21CGLJ27）

影响因素与经济后果视角下的
企业社会责任研究

杨海兰 石相娇 ◎ 著

RESEARCH ON CORPORATE SOCIAL RESPONSIBILITY
FROM THE PERSPECTIVE OF INFLUENCING FACTORS
AND ECONOMIC CONSEQUENCES

中国财经出版传媒集团
经济科学出版社
Economic Science Press

图书在版编目（CIP）数据

影响因素与经济后果视角下的企业社会责任研究/
杨海兰，石相娇著．－－北京：经济科学出版社，2023.7
ISBN 978－7－5218－4918－9

Ⅰ．①影…　Ⅱ．①杨…②石…　Ⅲ．①企业责任－社
会责任－研究－中国　Ⅳ．①F279.23

中国国家版本馆 CIP 数据核字（2023）第 125490 号

责任编辑：刘战兵
责任校对：王肖楠
责任印制：范　艳

影响因素与经济后果视角下的企业社会责任研究
杨海兰　石相娇　著

经济科学出版社出版、发行　新华书店经销
社址：北京市海淀区阜成路甲 28 号　邮编：100142
总编部电话：010－88191217　发行部电话：010－88191522
网址：www. esp. com. cn
电子邮箱：esp@ esp. com. cn
天猫网店：经济科学出版社旗舰店
网址：http://jjkxcbs. tmall. com
北京季蜂印刷有限公司印装
710×1000　16 开　17.25 印张　283000 字
2023 年 9 月第 1 版　2023 年 9 月第 1 次印刷
ISBN 978－7－5218－4918－9　定价：72.00 元
（图书出现印装问题，本社负责调换。电话：010－88191545）
（版权所有　侵权必究　打击盗版　举报热线：010－88191661
QQ：2242791300　营销中心电话：010－88191537
电子邮箱：dbts@ esp. com. cn）

前　言

　　面对全球环境恶化和卫生事件频发等对全球经济带来的挑战和威胁，企业作为当代经济系统中最基本、最重要的组织形式，在促进社会可持续发展中扮演着不容忽视的角色。企业应如何主动采取相关措施来应对这些挑战和威胁？实践证明，在经济发展和社会变迁过程中，企业努力多承担社会责任，将企业战略与社会责任相融合，在获取经济价值的同时将为社会带来美好的未来作为自己的使命，是企业高质量发展的必由之路，既提升了自身的竞争力和社会形象，又造福了全社会。

　　这个时代的企业和利益相关者已经完全明白，过去在某些方面的无知导致今天我们不得不对如流行病、气候危机、地缘政治的不确定性等众多社会、经济和环境方面的挑战承担责任。将企业社会责任（CSR）纳入企业战略，可以鼓励企业及其利益相关者在任何时候都以负责任的态度和道德的方式行事，这有助于使我们的世界成为一个美好的世界。

　　众所周知，企业社会责任在工业化和商业化进程之前就已经以各种形式存在了。早期的企业社会责任往往被纳入宗教领袖和民间慈善家的活动中，而不像当前在法律、经济、伦理、社会等概念框架下进行考虑。与过去相比，当今世界更为复杂，变化更加迅速，风险与日俱增且难以预测。在这样的大环境下，社会责任完全由政府承担是远远不够的。企业也要秉承商业向善的理念，投入时间和资源致力于提高社会和环境绩效，构建一个共生共荣的社会生态系统。如今企业社会责任已通过政府、志愿者服务机构、跨国企业和中小企业的实践履行日益受到社会各界的关注。很多企业已将促进社会共同福祉、推动社会价值观的积极转变作为回报股东的最佳方式。如世界领先的无线技术创新者高通公司致力于通过技术创新和以更负责任、更可持续的方式开展业务来改变世界。截至 2022 年，高通公司的"无线关爱"计划已在中国支持了 19 个慈善项目，总共有大约 140 万人受益，已有超过 23 万名中国学生从高通的 STEM（Science，Technology，Engineering，Mathematics）社区合作项目中受益。通过积极履行企业社会责任，高通公司为社会和人类的发展做出了积极贡献。

由于企业社会责任的重要性日益凸显，相关研究大量涌现。关于企业社会责任的研究发生了一些变化：一是从企业社会责任对企业的直接经济后果研究转向中间作用机制研究。企业社会责任步入 21 世纪的 CSR 4.0 时代，企业社会责任研究视野由单纯地解释企业绩效的差异竞争观转向了基于企业战略的创造综合价值的价值创造观，其目的在于为利益相关方创造基于经济、社会与环境的综合价值。二是学者们开始更多地关注企业社会责任与其他学科的交叉，研究其与企业研发能力、投资效率、品牌价值、员工自豪感等之间的关系，聚焦企业社会责任如何通过兼顾相关者的利益从而促进企业发展。三是将企业社会责任行为细化分类，进一步厘清企业社会责任概念并把握其本质属性。基于责任内容和责任动机等角度，现有研究主要依据利益相关者性质与履行意愿将企业社会责任分为内部与外部企业社会责任、强制与自愿性企业社会责任，探究不同企业履行社会责任的行为对企业和社会的影响。

众多的学术论文及书籍等出版物为这一领域的研究提供了启示，但当前的研究也存在一些问题。首先，企业社会责任研究存在着理论与实践脱节的问题。这就造成企业社会责任这个概念变得抽象，经常在哲学和伦理学中进行讨论。只有将企业社会责任建立在理论和实践相结合的基础之上，才有可能使其处于可管理和可控制的框架内。其次，驱动因素与经济后果视角下的企业社会责任研究不计其数，但企业社会责任与企业竞争优势的关系仍是一个悬而未决的话题。

为了解决以上问题，本书从多个方面讨论了企业社会责任的影响因素和经济后果，这些研究有助于企业在关注经济收益的同时，追求企业社会价值的最大化，向更高的境界和更善的方向发展。我们希望本书的研究有助于读者以新的视角和思维看待企业与社会的关系。

本书由杨海兰和石相娇联合撰写，作者围绕企业社会责任进行了大量研究，并在写作过程中加入了自身思考和多年的研究成果。此外，邢长鑫、王琨和孔震分别对第二、第三、第四章的撰写做出了贡献，在此表示感谢。同时，本书参阅了大量学术论文和书籍，在此谨向作者们表示感谢。

目　录

第一章

绪 论

　　践行社会责任已经逐渐成为中国企业的普遍共识，除了捐款捐物等传统的方式外，越来越多的企业正通过模式创新，把企业战略与社会责任融为一体，在获取商业利润的同时创造社会价值。展望未来，企业发展将面临诸如气候变化、生态破坏、贫富割裂等更严峻的困难和挑战。中国企业只有深谙与自然和谐共生、与社会美美与共之道，实现自身可持续发展，才能在新一轮的经济浪潮中扬帆远航，基业长青。

　　　　　　　　　　　　　　——陈杰平，中欧国际工商学院荣誉退休教授

第一节　研究背景和意义

一、研究背景

　　2020 年 9 月，中国政府在联合国大会中提出了双碳目标：力争于 2030 年前达到二氧化碳排放峰值，努力争取 2060 年实现碳中和。在双碳目标的要求下，社会各界、各行业均需不同程度地向绿色发展转型。作为市场中的一大主体，在双碳目标要求之下，企业应采取什么样的路径才最为合适？这一议题的推进，既关系到企业的可持续发展，对推动我国实现碳达峰、碳中和目标也至关重要（贾明等，2021）。在双碳目标的要求下，企业应首先从自身的使命开始变革，自觉履行企业社会责任，并将该使命传达至各个利益相关方，利于企业的一致行动。

1973 年，《达沃斯宣言》首次提出了"利益相关者"概念，即企业应当超越股东利益，服务于所有社会成员。之后，"环境、社会和治理"（ESG）等概念开始流行。和欧美相比，探寻企业社会价值的实践在中国才刚开始。2013 年，在博鳌亚洲论坛上，中国国内第一个社会企业研究中心——上海财经大学中国社会创业研究中心发布了《中国社会企业与社会影响力投资发展报告》。本报告为中国首份社会企业白皮书，从社会企业的本土化界定框架、社会企业在中国的法律政策环境、中国社会企业整体现状及案例、中国社会影响力投资现状及全球投资者展望等方面全面考察了社会企业在中国的起源、发展及未来趋势。但那时的企业家们注意力还在经济价值的大山上，对企业价值的关注还没有完全觉醒。但现在不一样了，经济换挡和疫情带来的危与机，已经搭建起构建美好企业的宏观背景，迫使每一个企业去思考企业的本质是什么。企业的成功从来不只有财富的增加，与之相伴的还有员工成长、消费者认可、商业信誉、对社会的贡献等要素。只有包容员工、用户、投资者以及社会等所有利益相关方共同生长的企业，才有可能实现可持续的发展。2022 年 8 月 3 日，美国《财富》杂志发布了 2022 年度世界 500 强排行榜单，中国（包括香港和台湾地区）上榜企业 145 家，上榜企业数量再次位居世界第一；加拿大财经媒体和投资研究公司"企业爵士"（Corporate Knights）发布"全球最佳可持续发展企业百强"榜单，虽然有 7 家中国（含香港、台湾地区）企业（北控水务集团、信义光能、台积电、维他奶、隆基股份、联想和比亚迪）上榜，但无一进入前 20 名。时至今日，很多中国企业已经毫无疑问地做大做强了，但在可持续发展方面，却没有具备足够的影响力。究其原因，可能是部分企业狭隘地追求经济目标，而忽视了企业对社会目标和环境目标的应有之责；也可能是一些企业困惑于如何在追求持续运营和保持竞争优势的情况下采取适当的行动来兼顾社会价值的创造。

如果一个企业到了危急关头才考虑安全感，说明企业本身的素质存在问题，抗打击能力不强。中国今天比较优秀的企业中，从理念、价值观、企业文化方面看，那些更强调"讲纪律、讲规则、讲诚信"的企业具有更高的消费者认同和社会认可。短期主义是人们忽视了股东资本主义弊端的原因之一。因为对一些企业来说，短期利润比长期回报更有吸引力。近年来，随着各种各样的灾难和挑战出现在我们的眼前，人们逐渐意识到应该对旧的体制做些改变了。近年来，在政府引导下，中国企业日益重视环境保护，通过技术、商业模式创新等方式减少温室气体排放、发展循环经济（廖文龙等，2020；胡珺等，2020）。企业更加关注社会平等与公平，通过精准扶贫、创造平等就业机会以及关爱青少年成长等方式来促进社会包容发展。越来越多的企业希望在实现商业目标的同时能够解决社会问题，并展开了积极的实践探索。另外，社会责任投资方兴未艾，正在以资本的力量引领中国企业实现可持续发展。

当今世界正经历着百年未有之大变局，全球经济的不确定性和复杂性与日俱增。而面对经济难题，创造一个更公平、更可持续社会的迫切需要大幅增加。与这些难题和迫切需要相随相伴的是在经济发展和社会变迁过程中不断丰富和拓展的企业绿色行为，即企业社会责任概念体系。在当今时代巨变的背景之下，企业变革的具体方向在哪里？如何实现独特价值？企业社会责任是否对企业产生正向影响？不同性质的社会责任影响是否不同？

二、研究意义

本书以全球经济的不确定性和复杂性为背景，以中国企业为研究对象，以绿色环保为理念，以推进企业实现独特价值、可持续发展为目标，以公司治理、利益相关者、绿色创新为联结点，运用利益相关者理论、资源基础论、组织理论、制度理论等多种理论，从企业及社会现实出发，系统研究中国企业社会责任履行现状、影响因素和经济后果等问题。研究意义有以下两个方面。

（一）理论意义

第一，拓展了企业社会责任的概念内涵。本书在已有研究成果的基础上，厘清了中国企业践行企业社会责任的现状及面临的挑战。依据企业社会责任异质性，对不同动机与性质的企业社会责任进行细分，探寻其特有属性，从而有助于丰富和发展企业社会责任的概念内涵，拓展企业社会责任研究视角，丰富企业社会责任研究文献，从理论上有利于建立新的研究方向、思路。

第二，在时代巨变背景下，立足于中国独特情境，在梳理特殊情境和权变因素的基础上，分析企业嵌入的包括经济规模、结构关系、经济能力在内的中国外部经济基础环境，探索企业社会责任的影响因素和经济后果，解决中国企业可持续发展瓶颈的理论问题，为中国企业提供可持续发展的新思路。

（二）现实意义

一是在企业层面，减少了企业履行社会责任的逃避性和不确定性。通过研究，本书证实了社会责任履行对企业可持续发展的积极作用，从而可以降低企业对社会责任履行的抵触心理，优化管理主体的决策行为，有利于培养管理者的企业社会责任意识，促进其积极履行企业社会责任，使企业在获取商业利润的同时创造社会价值，引导企业实现可持续发展；有助于企业准确分析和判断社会需求，形成一个能规范企业行为、促进充分竞争、保护利益相关者利益、实现自身与社会可持续协同发展的战略。

二是在政府层面，本书的研究成果有助于政府相关部门制定更合理的企业社会责任标准，探究企业社会责任更好的实现方法。

第二节　研究动机和研究问题

随着公众对气候变化、环境破坏、贫富差距、社会公平等问题关注度的不断提高，企业面临着三大重要议题：如何与自然相处、如何与社会相处以及如何实现自身可持续发展。本书发现，越来越多的企业已经认识到社会责任对自身可持续发展以及全社会的重要意义，开始将履行社会责任融入商业决策甚至是经营战略之中。

影响因素与经济后果视角下的企业社会责任研究不计其数，但关于企业社会责任与企业竞争优势的关系犹如"蛋生鸡还是鸡生蛋"，仍是一个悬而未决的话题。原因如下：一是因为依据企业社会责任异质性，不同动机与性质的企业社会责任对企业影响程度不同。但现有大多数文献的企业社会责任变量度量粗糙、细分不明确，缺乏对比研究，从而使所提出的有关企业履行企业社会责任的政策性建议缺乏针对性。二是企业社会责任与企业竞争优势存在空间性和时间性。现有研究结论存在悖论，原因在于已有研究在探讨企业社会责任与企业竞争优势的关系时，忽视了一些重要权变因素的影响和两者间存在动态交互影响的可能性。企业承担社会责任对企业的积极影响并非一蹴而就，而是一个渐进过程，具有一定的滞后性。一方面，从空间性来看，不同国家研究情境不同，企业社会责任的影响因素和经济后果可能就会不同。如发展中国家市场是非完全有效的，诸多非理性因素会干扰利益相关者接收信息，可能存在利益相关者难以及时、全面掌握有关企业承担社会责任信息的情况。另一方面，从时间性来看，企业通过积极承担社会责任来赢得各利益相关者的信赖和支持，需要经历一个从披露、传递到最终被各利益相关者所接受的过程。因此企业社会责任对企业竞争优势的提升存在滞后效应。企业行为总是嵌入企业内外部一定的情境中，不同的情境因素具有不同的调节效应。中国经济转型背景影响经济运行中的企业行为。中国正在进行经济转轨，经济发展水平反映地方政府对企业的干预程度。政府干预又会影响企业的市场化及经济发展的动力和政企之间的关系，从而影响企业是否能专注于对社会层面的责任和贡献，更好地履行社会责任（杨树旺和孟楠，2016）。现有关于企业社会责任的经验研究多基于西方文化背景展开，由于经济体制、产业环境、文化传统与发展水平的差异以及目前中国正处于经济转型期，西方知识搜寻模式的合理性以及研究结论的本土适应性仍有待进一步考察。

鉴于已有研究及存在的不足，本书将回答以下四个问题：第一，企业社会责任的影响因素有哪些？第二，企业社会责任实践的经济后果是什么？第三，目前关于企业社会责任的研究结论为什么会存在不同？第四，企业社会责任领域的未来研究会出现哪些新兴主题？

第三节　研究结构

为了回答以上问题，本书后续内容安排如下。

第二章，企业社会责任的演进与发展。本章从企业社会责任的概念、产生的背景和演变三个方面介绍了企业社会责任的全球发展进程以及各国际组织从不同角度对企业社会责任的定义。在融合了企业社会责任的研究结论和各企业家企业社会责任的实践成果后，国际组织在更大程度上丰富了企业社会责任概念的内涵，推动了企业社会责任的演变进程。

第三章，企业社会责任在中国的发展。本章从中国企业社会责任的起源与发展背景、中国企业社会责任内涵、中国企业社会责任的发展历程、中国企业社会责任的发展现状和中国企业践行社会责任应用案例分析五个方面介绍了企业社会责任在中国的发展状况。作为新兴国家，随着经济发展和企业影响力的增大，中国对生态环境和安全等问题越来越重视，因此企业社会责任的内涵越来越丰富，国内学者关于企业社会责任的研究也不断加深，尝试着逐渐建立具有中国特色的企业社会责任理论体系。

第四章，企业社会责任相关理论。本章基于国内外学者关于企业社会责任的研究，对主要观点和理论进行梳理，主要包括利益相关者理论、金字塔理论、三重底线理论、三个同心圆理论、可持续发展理论、循环经济理论、道德矩阵理论、社会契约理论和创造共享价值理论。通过梳理企业社会责任相关理论，厘清企业社会责任理论发展现状，充分借鉴发达国家在社会责任履行方面的优点，结合自身的发展特点，为企业和环境的可持续发展提出建设性意见和建议。

第五章，企业社会责任测量。依据企业社会责任异质性，不同动机与性质的企业社会责任对企业影响程度不同。但现有大多数文献的企业社会责任变量度量粗糙、细分不明确、缺乏对比研究，从而使所提出的有关企业履行企业社会责任的政策性建议缺乏针对性。本章针对已有文献对企业社会责任的测量，对其进行总结与评述，以方便学者、企业与公众开展测量，有利于提升企业社会责任研究的科学性和企业履行社会责任的动力，推动中国企业社会责任的发展。

第六章，基于和讯网的中国上市企业社会责任履行现状分析。企业社会责任的后果研究，特别是经济后果研究，结论不一。在企业社会责任经济后果不确定的情况下，企业会陷入是否应重视社会责任履行的矛盾。在这种矛盾中，中国企业社会责任履行程度是怎样的？为观察中国企业社会责任履行的时间与地区差异性，本章使用和讯网社会责任评分数据，绘制了分年度、分地区中国企业社会责任履行折线图。

第七章，企业社会责任的影响因素研究。企业高管具有决策的权力，影响战略选择，进而影响企业行为，因此高管会影响企业社会责任决策。本章以"董事会资源多元化和性别构成对企业社会责任及企业声誉影响的实证研究"和"CEO 个人激励机制与 CSR 关系研究——基于 A 股上市公司的实证分析"两个实证研究为例,从高管视角探讨了企业社会责任的影响因素。

第八章,企业社会责任经济后果研究。企业社会责任和技术创新分别是企业实现可持续发展和创新能力的重要途径。本章通过"异质性企业社会责任对绿色技术创新的影响——基于 CEO 自恋调节效应的实证研究""履行意愿视角下企业社会责任对绿色技术创新的影响——CEO 自恋的调节""异质性企业社会责任对绿色技术创新影响的 Vensim 仿真分析""董事长与 CEO 任期交错对企业绿色创新的影响研究——基于三重底线理论的调节效应""企业社会责任如何影响技术创新——研究评述与展望"四篇实证研究,从战略管理的角度以技术创新为经济后果探讨了企业社会责任对绿色技术创新的影响,并为未来的研究提供了新的思路。

本书的内容是各位作者的最新研究成果,不仅将企业社会责任研究的度量细化,还聚焦到企业的领导者、员工行为及其与外部环境的关系。正是这些颗粒化、细致入微的研究,为企业社会责任的健康发展提供了有力的理论支撑。展望未来,中国企业仍然面临巨大挑战,比如,如何在做大做强的同时提高可持续发展能力?如何更好地兼顾商业目标和社会价值实现义利并举?希望本书能够给予研究者和企业管理者有益的启发,以促使他们从自然、社会等更为广阔的视角思考可持续发展问题。

第二章

企业社会责任的演进与发展

第一节　企业社会责任产生的历史背景

一、古代朴素的责任观（19世纪前）

（一）古希腊时期（约前800～前146年）

企业社会责任思想的起源最早可以追溯到古希腊时期。古希腊被称为西方文明的开端，在哲学、思想、科学、文学、建筑、戏剧和经济方面都取得了辉煌的成就，产生了光辉灿烂的希腊文化。尤其是在希波战争以后，古希腊的经济生活高度繁荣，对后世产生了深远的影响。然而在这一时期，商人处于社会的最底层，其逐利行为使他们在人们心目中的地位十分低微，不被社会所认可。因此，古希腊时期工商业者的牟利活动被严加排斥。占统治地位的商业道德观强调的是社区精神，如柏拉图认为商人的职能就是为国家增加财富，但必须防止其自私贪婪的行为。古罗马思想家西塞罗（Cicero）也强调"商人将金钱用于建筑城墙、港口、水道等服务于社会的各项工程的行为更应该被认为是正当的"。也就是说在当时商人应通过各种形式努力服务社会，其行为才具有合理性。因此，在某种程度上，社区精神是古希腊时期商人为自己的行为争取社会一席之地的必要手段。

（二）中世纪（约 476～1453 年）

进入中世纪，教会成为社会中最庞大的势力，其价值观在很大程度上决定了商人在社会中扮演的角色。在教会看来，商人的逐利行为严重违反基督教教义，商人是整个社会的蛀虫，利润被认为是不义之财。虽然在这个时期商业活动没有被完全禁止，但是在教会势力的干预下，商业活动只能为社会公共利益而存在。因此，商人不仅需要支付雇员的基本生活工资、维持交易的公平价格，还需要捐助社区的各种公益事业如帮助穷苦人接受教育、建造医院和孤儿院、建立失业的救济基金、关心其所在社区的公众福利等。这些理念已经有了现代意义上企业社会责任概念的雏形。可见，在这一时期，商人的社会责任所包含的内容是极为广泛的，服务于社会公共利益是商人存在的目的。

（三）文艺复兴时期（14～16 世纪）

文艺复兴之后，西方的社会制度发生了重大变迁，重商主义经济哲学开始出现并逐渐盛行，商人的社会地位得以提高，公众普遍认可工商业对社会的贡献。例如，英国重商主义学者托马斯·孟（Thomas Mun）将当时的社会利益划分为国家利益、商人利益和国王利益，商人利益开始与国家利益和国王利益并列。但他同时认为，保证国家利益，即不断增加国库的金银储备量，是商人的社会责任。基督教主要宗派之一的加尔文教也改变了之前对商人的偏见，认为财富是由上帝赐予的，鼓励商人对财富的追求，但同时提倡商人在获得利益之后应尽可能地资助贫困者。这也说明了商人的社会地位和社会责任共同得到了提升。在重商主义经济政策的推动下，国家一方面为企业提供资助以扩大生产规模，另一方面通过赋予那些对国家利益有重要意义的商事企业以法律地位，使其享有独立法人的特权。这在很大程度上促进了当时企业的空前发展。

二、古典经济学企业社会责任观（19 世纪）

进入 19 世纪，西方社会逐渐步入工业化时代，机器大生产代替了手工劳动。伴随着工厂的林立和机器的轰鸣，产业革命给西方世界带来了财富和效率，现代意义上的企业由此诞生。企业生产使人类从农业社会走向商业社会，企业成为社会的主要生产单位。同时，追逐私利、谋求财富等观念摆脱了传统观念和宗教的束缚，源于古代并在后世发展起来的商人社会责任观被以"经济人假设"为基础的古典经济理论代替。在亚当·斯密（Adam Smith）自由放任思想的影响下，利润最大化成为企业行为的唯一指导原则，也就随之成为经济主体的社会责任。

三、现代企业社会责任观的萌芽（20世纪初）

进入20世纪，伴随着马克思主义的传播，工人的独立和权利意识增强，许多国家的企业成立了工会并为工人积极争取合法权益。20世纪初，由于受到商人道德和传统宗教信仰的影响，一些企业主积极改善企业和社会的关系，以减轻企业对社会的负面影响及缓和当时的劳资矛盾。

进入20世纪20年代，社会中出现了几种支持扩大企业社会责任的观点，如受托人观、利益平衡观、服务观等。"受托人观"认为企业管理者作为受托人，企业赋予他们相应的权力和地位，其行为和决策必须要兼顾股东、社会、顾客、雇员的利益和需求；"利益平衡观"强调企业管理者有责任平衡那些与企业有关联的团体之间的利益；"服务观"认为服务社会是企业应尽的义务，企业管理者可以通过成功地经营企业向社会提供救助，以减少社会中的贫困、不公和疾病。这些观点的传播改变了西方企业对企业社会责任持有的冷漠态度，企业管理者开始主动地承担社会责任，如进行慈善捐赠、社会公益以及帮助政府完善教育和公共健康制度等。1924年美国西尔斯公司的领导人罗伯特·伍德（Robert Wood）制定了一套向公司的主要支持者（股东、顾客、员工、供应商和社会公众等）履行责任的方法。在伍德等先行者的带领下，许多企业都设立了正式的工会组织，一些大公司还设立了慈善基金，并取得了相应的免税特权。由此我们可以看出，20世纪初，公众已经意识到企业是社会的组成部分，其生存和发展离不开个人和其他利益集团的支持，因此企业应为支持者承担责任。但在这一时期大部分企业家仍以追求利润最大化作为企业的唯一目的，履行社会责任还只是少数企业家的行为。促使企业家主动履行社会责任的动机，一是企业家个人的信仰及道德修养，二是当时激化的劳资矛盾。

四、现代企业社会责任观的形成（20 世纪 30 ～ 70 年代）

20 世纪 30 ～ 70 年代，学术界发生了两次重要的企业社会责任论战，引起了企业社会责任在学术界的广泛讨论，极大地推动了学术界对企业社会责任思想的进一步思考和研究。在同一时期，企业社会责任也开始正式进入政府和其他非政府组织的视野。

（一）第一次论战（伯利—多德之争）

第一次企业社会责任的论战始于 1931 年，随着企业实践的发展，人们发现一系列社会问题是由企业发展所引起的，企业应该对这些问题的产生负责。民众的不满引起了政府和学术界的重视，政府开始对企业行为加以控制，学术界对企业社会责任的问题展开了讨论，其中最为典型的是哥伦比亚大学教授伯利（A. A. Berle）和哈佛法学院教授多德（M. Dodd）之间的论战。伯利从企业的本质和传统经济学的分析入手，认为商事公司存在的唯一目的是为股东们赚钱，实现股东利益最大化，除了追求利润之外，企业不应该承担其他社会责任（Berle，1930）。伯利的观点遭到了多德的反对。1932 年，哈佛法学院多德教授在《董事应该为谁承担义务？》一文中提出了公司社会责任问题。多德从企业生存和发展的实际环境出发，认为应当把商事公司看作是一个既有社会服务功能也有营利功能的经济组织，并认为这一观点已经对法学理论产生了某些影响，在不久的将来，这种影响将会更大。公司经营者应有的态度是树立自己对职工、消费者和社会公众的社会责任感（Dodd，1932）。伯利在与多德的争论中虽然承认了利益相关者的重要性，但他仍认为企业管理者在经营中对利益相关者负责的观点不切实际，企业管理者在实际操作中很容易忽视相关者的利益。

这场争论持续了近 20 年的时间。有意思的是，伯利和多德的争论发生了戏剧性的变化，多德放弃了企业应承担社会责任的观点，而伯利反而认为多德原来的观点是对的。1942 年，多德认为他自己在 30 年代提出的观点过于表面，企业承担社会责任主要是受迫于外界法律和舆论的压力，并不是来自企业的内生性力量，企业并没有承担社会责任的内在动因（Dodd，1942）。而伯利在 1954 年毫不隐讳地承认："20 年前，笔者与已故的多德教授展开了一场争论……这场辩论已经（至少目前是这样）以多德教授的观点为优胜而宣告终结了（Berle，1954）。"两位学者思想的转变说明这两种观点都存在一定的缺陷。伯利提出的以追求股东利益最大化为目的的传统企业社会责任的观点，虽然以古典经济理论为基础且具有严密的逻辑性，有其合理的内核，但由于现实世界经济完全自由竞争还缺乏很多条件，市场制度虽然是不可替代的，但仍有不足之处，而且整个社会的各项制度也不可能十全十美，制度间的闭合链条关系更重要，因此传统的企业社会责任观有待补充和扩展。多德早期的观点虽然符合企业生存和发展的现实，但是却缺乏理论支持，在现实经济生活中缺乏普适性，只能倡导而不能形成制度约束。

（二）第二次论战（伯利—曼恩之争）

20 世纪 60 年代初，伯利—曼恩（Manne）之争使得伯利—多德之争得以延续。20 世纪 50 年代，伯利的态度发生了彻底的转变，变成了企业社会责任的积极倡导者。曼恩的观点相对比较偏激，与伯利的观点形成了鲜明的对比，二人产生比较激烈的论争也是自然的事情了。对于当时与多德争论时期的观点，伯利进行了反思：当初反对企业社会责任是因为担心作为股东利益的受托人，企业的管理者并不能胜任企业的利益分配者的角色，但后来企业的发展则验证了多德观点的正确性。曼恩对此提出批评，认为伯利从没有考虑管理者成为具体执行分配企业财富职能的最优人的原因。曼恩认为企业的管理者根本不具备承担社会责任的能力，让企业承担社会责任是对自由经济的破坏，如果推行企业社会责任，将会给公司带来根本性的改变。

伯利—曼恩的争论吸引了许多学者，学术界逐渐分成了两派：一派认为企业唯一的目的就是在一定的规则内实现股东利益最大化；另一派则认为除了股东利益外，企业社会责任还要求企业关注相关群体的利益。1953 年，霍华德·鲍恩（Howard Bowen）发表了《商人的社会责任》，他将商人的社会责任定义为商人具有按照社会目标和价值观去确定政策、做出决策和采取行动的义务。正是由于这个含义，鲍恩被称为"企业社会责任之父"。在书中，鲍恩从三个方面定义了企业社会责任：一是强调了承担企业社会责任的主体是现代大企业；二是明确了企业社会责任的实施者是公司管理者；三是明晰了企业社会责任的原则是自愿，这点将企业社会责任与法律约束和政府监管加以区分。在鲍恩正式提出企业社会责任之后，不少学者在其基础上进一步确定和完善了企业社会责任。

支持以股东利益最大化为企业目的的古典经济责任观的代表人物是诺贝尔经济学奖得主米尔顿·弗里德曼（Milton Friedman），他是反对企业社会责任最著名的代表。弗里德曼以经济自由主义作为其理论出发点，反驳了企业社会责任的观点。在他看来，企业社会责任意味着将企业资源用于社会目的，这种行为不仅损害了股东的利益，还削弱了资本主义的基本原则，将导致走向集体主义（Friedman，1970）。弗里德曼有一句名言，"企业的唯一社会责任，就是将利润最大化。"即企业在自由经济中仅有一个社会责任，那就是使用企业资源并从事经营活动以获取利润。然后，股东可以利用这些利润来追求他们选择的社会目标。然而，当公司或投资基金将社会利益置于利润之前时，他们剥夺了股东的这个机会，公司无权为他们做出这些决定。企业的社会责任行为还会妨碍价值创造，这些价值可以再投资于企业。每当有企业管理者为社会利益采取行动时，弗里德曼便会以怀疑乃至近乎苛刻的眼光审视这些举措——是不是在作秀？是不是损害了股东的利益？因此，他认为企业做好产品与服务、赚取利润、多交税，就是承担社会责任最好的办法。

支持企业应履行社会责任的学者以西蒙（Herbert Simon）和德鲁克（Peter Drucker）为代表。同样是诺贝尔经济学奖获得者，西蒙从效率原则和社会责任原则对立统一的角度出发，指出若要企业战略获得正确的方向，必然需要道德的指引。由于企业自身经营活动与社会之间高度相互依赖，所以必须将整体战略与社会责任联系起来，必须把企业社会责任纳入企业发展战略中，成为企业战略的重要构成（Simon，1983）。德鲁克也在《管理：任务、责任和实践》一书中提出，企业承担社会责任是企业维持正常发展和不断进步所必需的机制（Drucker，1984）。德鲁克反复告诫我们的是，利润是企业履行其社会责任的结果，是经营效率的衡量，而非企业的使命。德鲁克认为，企业的社会责任就是遵守监管法令。如果进入了法律的模糊区，企业的行动准则是在完成自己的使命时不对他人造成伤害，或者"绝不明知有害而为之"（Drucker，1984）。与此同时，企业社会责任的支持者面对反对者就企业社会责任概念模糊的指责，没有将精力用在探讨企业是否应该承担社会责任的问题上，而是对企业社会责任的内涵和内容进行了细致的研究。其中最具代表性的是美国经济发展委员会1971年发布的题为《工商企业的社会责任》的报告，该报告认为企业负有提高人民生活质量的责任，而不仅仅是提供更多的产品及服务。将企业社会责任划分成经济责任、经济责任和演进的社会价值观结合、新的企业社会责任三个维度，涉及 10 个方面：一是经济增长与效率：提高生产率，与政府合作；二是教育：给予学校资助及管理协助；三是雇佣和培训：培训后进员工；四是人权与社会平等：保证平等工作机会、都市建设计划；五是城市改进与开发：建设低收人者公寓、改进交通系统；六是污染防治：可持续发展；七是资源保护与再生：保护生态、退耕还林；八是文化与艺术：保证社会创造性、提倡个性自由；九是健康：资助社会健康计划；十是政府：改进政府管理。这些行为又可以分为纯自愿性行为和非自愿性行为两个基本类别，其中由企业主动实施并且在实施过程中发挥主导作用的行为是自愿性行为，由政府激励机制引导或者由法律法规强制规定的企业行为是非自愿性行为。

（三）社会实践的推进

在这一时期，除了学术界对企业社会责任的讨论之外，由于社会责任观念的广泛传播和企业对经济利益的过分追求带来的负面影响，政府和其他非政府组织也对企业社会责任问题给予了广泛关注与积极支持，原因有二：一方面，企业的发展给环境带来了很大的破坏，民间组织和社会公众开始向政府和企业施压，要求政府制定相关法律，强制企业在生产过程中应用环保技术，并支付额外的费用治理环境污染，承担相应的环境责任。另一方面，随着经济全球化的发展，跨国公司在国际上的能量越来越大，其行为能够影响一个国家或地区的稳定。从道德的角度看，企业的社会能力和权力越大，所肩负的社会责任就越多。即"企业社会责任必须与企业社会权利相称"，这一观点被称为"责任铁律"。根据"责任铁律"，企业回避社会责任必然导致企业社会权利的逐步丧失。因此在这一时期企业社会责任开始进入政府和其他非政府组织的政策视野。

在学术界、民间组织和政府的共同推动下，企业社会责任的理论已得到社会的普遍认可。在这一时期，企业社会责任的研究重点转向企业应承担什么样的社会责任及如何承担。

五、现代企业社会责任观的发展（20 世纪 70 年代至今）

20 世纪 70 年代之后，现代企业社会责任的观念也在不断发展和扩大。虽然针对企业社会责任的问题如界定范围等，学术界一直存在诸多争论和分歧，但已经不是主流。随着社会经济的不断发展，企业社会责任已成为社会各界的广泛共识和普遍期望，其内涵也不断丰富与日益完善。

在这一时期，学术界对企业社会责任的研究重心集中在企业社会责任的理论基础、内涵和本质以及企业社会责任与企业发展的关系三个问题上。首先，企业社会责任的理论基础就是分析企业为何要承担社会责任。不同背景下的学者从不同的角度给出了解释，这些理论解释可归纳为四种企业社会责任理论：古典社会责任理论、顾客理论、合法性理论和企业公民理论。后三种理论被统称为社会使命理论。弗里曼（Freeman，1984）首次系统化了1963 年由斯坦福研究所提出的利益相关者理论以及社会契约理论。在弗里曼之前只是在一些理论中零散地出现了利益相关者的思想或者观点，并没有将其系统化为一种理论。弗里曼（Freeman，1984）将利益相关者这一概念以一种强有力的方式表达出来，并使之成为企业社会责任的重要理论基础。其次，对企业社会责任内涵和本质的研究，学术界出现了两种不同的思路：一是从问题出发，认为企业应该负责由其经营活动造成的社会问题；二是从受企业生产活动影响的人群出发，以利益相关者理论为基础，考虑企业的社会责任。但是由于企业利益相关者的界定不统一，这一思路在实践中的应用受到了诸多限制。最后，关注企业社会责任和企业发展的学者主要采用实证研究方法，探讨企业社会责任和企业财务绩效之间的关系，从而解决企业社会责任的内部驱动力。

20 世纪 70 年代之后，企业社会责任的研究不再局限于理论层面，在实践中也有了新的发展。伴随着经济全球化，跨国公司日渐崛起，并在国际经济舞台上占据了相当重要的地位。它们的经济行为促进了各国的经济繁荣，但同时也引发了一系列社会问题，如肆意排放污染物，导致生态环境恶化。20 世纪 90 年代初，美国劳工及人权组织针对成衣业和制鞋业发动"反血汗工厂运动"。这场运动将企业社会责任的发展推向了国际视野。因利用"血汗工厂"制度生产产品的美国服装制造商利维—施特劳斯（Levi–Strauss）被新闻媒体曝光。为挽救其公众形象，该制造商制定了第一份公司生产守则。在劳工组织与消费者的压力下，诸多知名品牌公司相继建立了自己的生产守则，后演变为"企业生产守则运动"，目的是促使企业履行自己的社会责任。企业社会责任运动使跨国企业认识到不履行社会责任将会被市场遗弃与淘汰，企业不仅需要提高产品的知名度，还应树立良好的社会形象。

只有将良好的企业形象呈现在公众面前，才能在激烈的市场竞争中脱颖而出，赢得社会和市场的信任与支持。

迫于消费者日益增大的压力和日益激烈的市场竞争，一些行业、地区乃至全球性的行业组织和非政府组织也制定了各自的社会责任守则。据国际劳工组织（ILO）统计，这样的守则已经超过 400 个，如 WARP（环球服装社会责任守则）、FLA（公平劳工社会守则）、ETI（道德贸易行动守则）、ICTI（国际玩具商协会守则）等。实践中这些组织还非常注重对企业经常性的审核和检查。1997 年 10 月美国经济优先权领域鉴定代理委员会制定了 SA8000（Social Accountability 8000，社会责任标准），其宗旨是确保产品生产和服务符合劳工人权保护社会道德的认证标准。2001 年经济优先权领域代理鉴定委员会更名为"社会责任国际"（SAI）。2001 年 12 月 12 日，经过一系列的调研之后，社会责任国际发表了 SA8000 的第一个修订版，即 SA8000：2001。在进行海外采购时，SA8000 现已成为很多大型跨国公司对其供应商的基本要求之一。许多供应商被跨国公司要求进行企业社会责任验厂，即对企业进行社会责任的评估时，采用的标准往往就是 SA8000。1999 年时任联合国秘书长安南在世界经济论坛上首次提出"全球契约"，该契约共十项原则，涉及人权、劳工、环境、反贪污等方面。其目的是通过集体行动的力量，推动企业负责任的公民意识，从而使企业界参与应对全球化的各项挑战。随着企业社会责任的发展，企业社会责任的标准问题引起各界的日益重视。国际标准化组织也加入制定企业社会责任标准的行列中。2000 年，英国政府设立了负责企业社会责任的部门，对企业社会责任事宜进行审计。同年，欧盟将企业社会责任定为建设有竞争力和持续力的欧洲的三大战略之一。2003 年，美国政府制定增强企业社会责任感的政策计划，专门对那些不履行社会责任的企业进行严厉制裁。这些组织和政府的宗旨通常都是提倡企业以追求遵守商业道德、节约资源、保护环境等方式获得商业成功。

综上所述，企业社会责任是一个历史范畴，它随着历史的发展而不断变化，在不同的历史时期有着不同的思想含义，人们对企业社会责任问题的认识经历了一个历史演变的过程。从古希腊时期的古代社会责任观到现代企业社会责任观的形成和发展，是社会生产力不断发展的结果，也是人们对社会和企业的认识不断发展的结果。

第二节 企业社会责任的概念

根据国内外学者对于企业社会责任的研究，可知社会责任的本质和内涵随历史的发展而变化，企业社会责任的界定在不同的历史时期也会受到人们所站的角度、知识背景以及对企业与社会关系理解的影响。从概念提出至今，企业社会责任经过长期的实践和发展已形成一个相对成熟的理论体系。然而到目前为止，学术界还未对企业社会责任的概念形成一个能够被社会大众所普遍接受的定义。定义的缺失主要源于理论的分歧。本节根据企业社会责任在不同阶段的发展，对一些具有代表性的定义进行归纳，主要包括以下三个层面。

一、企业经济责任层面

企业经济责任，即站在企业运营和发展的角度探讨什么是企业社会责任。支持企业经济责任学说的学者认为经济责任就是企业唯一的社会责任，企业承担社会责任的唯一目的与意义就是追求企业盈利最大化。在激烈的市场竞争中，企业首先要保证自身的生存和发展，并在法律允许的范围内发挥自己作为社会基本经济单位的作用，否则便不具备基本的责任能力，所以在这种定义下企业经济责任就是企业社会责任。按照时间排序，支持企业经济责任学说的相关定义主要有以下几个。

亚当·斯密（Smith，1776）在《国富论》中认为，盈利是企业存在的主要目的甚至可以说是唯一目的，最大限度地追求股东利益最大化不仅能够满足股东对于企业的期望，而且能够更有效地促进社会的利益。

伯利（Berle，1932）认为，企业作为营利性的经济组织和社会组织，追求利润最大化是其根本使命。

古典经济观的支持者米尔顿·弗里德曼（Friedman，1962）认为，企业经营者大部分是职业经营者，并不拥有他们所经营的企业。作为企业的员工，他们仅向股东负责，而股东只关心一件事情——财务收益，从而企业唯一的社会责任就是在法律允许的范围内追求财务收益最大化。当企业经营者将企业的资源用于社会目的时，将会降低社会机制的调节作用，损害某些利益相关者的利益。

哈耶克（Hayek，1969）认为，企业唯一的具体目标就是保证其资本能够得到最长期的回报，在追求这一目标时，企业应遵守普遍的法律和道德规范的约束。另外企业的首要责任就是提高效率、赚取利润，企业履行社会责任就是以最低的价格向社会提供大量商品和服务。如果企业管理者将资源用于社会目的，就违背了自由原则，削弱了市场调节机制的作用，损害了利益相关者的利益。

德鲁克（Drucker，1984）提出企业的首要任务就是尽力获得盈利，以便能够在未来获得更好的发展，倘若企业经济责任的要求都不能满足，那么其他社会责任也就无从谈起。

关于企业社会责任的界定，持有经济责任观的学者认为企业的首要责任是保障股东利益。这种观点强调企业经营者所拥有的权力是由股东授予的，因此他们应以保障股东的利益为前提，追求最大化的经营利润。

二、企业伦理责任层面

企业伦理责任，即从社会的角度出发考虑什么是企业社会责任。支持企业伦理责任的学者认为，企业作为社会生活的一部分产生于社会之中，随着社会的发展而发展，是为社会服务的工具，因此其社会属性是第一位的。按照给出定义的时间排序，企业伦理责任的代表定义主要有以下几个。

谢尔顿（Sheldon，1924）首次提出了企业社会责任的概念。在他的观点中，企业社会责任就是企业管理者应该满足行业内外各利益相关者需求的责任，同时应受到相关道德因素的制约。

鲍文（Bowen，1953）在其1953年出版的《商人的社会责任》一书中提出了现代企业社会责任的概念，认为商人"有义务按照社会的目标和价值观的要求制定政策，做出决定，以及采取行动"，这被公认为标志着现代企业社会责任概念构建的开始。鲍文在这本著作里明确了两个不同的概念：一是企业；二是商人。鲍文所讲的企业特指当时的数百家大公司，统称为大企业；商人则是那些大公司的经理和董事。他将"人的社会责任"定义为"商人具有按照社会的目标和价值观去确定政策、做出决策和采取行动的义务"。他与大卫·约翰逊（David Johnson）被称为现代企业社会责任研究的开创者。

弗雷德里克（Frederick，I960）提出企业在追求经济和技术的利益时，还需要履行社会责任，即企业的管理者在经营经济组织时应满足社会公众的期望。

艾尔斯和沃尔顿（Eells and Walton，1974）认为，企业社会责任是企业对超出纯粹经济目标的社会需要的关心，也是企业在支持和改善社会秩序方面发挥的作用。

戴维斯和布鲁姆斯特罗姆（Davis and Blomstrom，1975）将企业社会责任定义为企业在追逐经济利益的同时，还要在保护和增加社会福利方面承担起企业应负担的责任。此外，戴维斯在之后的研究中指出，只有企业的决策和行为对社会的贡献超过了经济和技术的收益，其决策和行为才被认为是合理的。那么企业社会责任就是企业对经济、技术和法律之外的问题的考虑和反映，法律未明确的地方就是企业社会责任生效的范围，即伦理责任。

弗里曼（Freeman，1984）认为，企业社会责任是企业应承担的满足企业各利益相关者的相关利益需要的责任。在他的观点中，企业社会责任主要代表了除经济和法律责任之外企业对各利益相关者应承担的社会责任。在这个概念当中，企业社会责任的作用对象是企业的各利益相关者，包括个人、团体以及其他社会组织，利益相关者的概念使企业社会责任的内容得以具体化。

爱普斯坦（Epstein，1987）认为，企业社会责任是指企业在实现其主要目标（即获利）的同时，应考虑到社会、环境、文化和经济等因素，避免对社会、环境、文化和经济造成负面影响。

罗宾斯（Robbins，1991）将企业社会责任定义为企业的决策和行为在满足经济和法律的要求之外，还要承担对社会长期发展有利的目标的义务。

鲍伊（Bowie，1995）认为，企业作为一种社会组织存在于社会之中，以满足社会需求为主要目的，通过向社会提供产品和服务为企业创造利润。社会向企业倾斜资源帮助企业生存和发展，同时企业向社会提供税赋以偿还社会资源的支持。如果企业的赋税不足以偿还社会资源的支持，那么企业应当承担某些社会责任，帮助解决社会问题。

2000 年，世界可持续商业发展委员会（World Business Council for Sustainable Development）将企业的社会责任更详尽地描述为："企业将对可持续的经济发展做出贡献，将通过与员工、他们的家庭、当地社区以及整个社会进行合作，来实现它们对改善公众生活质量的承诺。"

欧盟委员会在 2001 年发表的《欧洲关于企业社会责任的基本条件》绿皮书中，将企业社会责任定义为"从主动性出发，把社会问题和环境问题纳入企业活动中以及利益相关者关系中的一种构想"。经过多年实践，欧盟国家企业在落实社会责任方面具备了相对完备的经验。

2014 年，世界可持续发展工商理事会认为，企业社会责任是指企业针对股东和其他利益相关者的合乎道德的行为，即在推动社会经济发展的同时，应提高员工及家属、所在社区以及社会大众的生活质量。

上述学者和国际组织从社会的角度对企业社会责任进行了界定，强调企业的道德和伦理责任就是企业社会责任，这一观点明确了企业的社会服务性质和其社会属性。这些学者认为尽管从 20 世纪初到 60 年代，社会普遍认为企业的社会责任就是追求利润最大化，但从整个社会历史发展的角度来看，企业的产生和发展始终是为了服务社会的需要，企业是促进社会发展的工具，其社会服务性质应该是第一位的。

三、企业经济责任和伦理（道德）责任层面

企业经济责任和伦理（道德）责任，即同时站在企业和社会的角度考虑什么是企业社会责任。支持这一观点的学者认为，企业本身包含经济属性和社会属性，与之对应的企业社会责任也应包括经济责任和伦理责任。按照定义的时间排序，企业社会责任的相关定义主要有以下几个。

麦克奎尔（McGuire，1963）认为，企业社会责任是企业在满足经济和法律上的义务之外，还要承担超越这些义务的社会责任。

伯科威茨和丹尼尔斯（Berkowitz and Daniels，1964）将企业社会责任定义为企业追逐经济利益之外还应该具有的其他目标或动机，如减少生产过程中污染物的排放和推进绿色技术的应用、改善企业周围社区的环境以及为社区做贡献、改善企业的医疗设施以及工作环境等。

美国经济发展委员会（Committee for Economic Development，CED）在1971 年提出了一个三层同心圆的社会责任层次观：内层圆是最基本的责任，即有效执行经济职能；中层圆是顺应社会价值偏好的变化来执行经济职能，如节约资源、保护环境、向顾客提供真实可靠的信息等；外层圆包括应承担的新出现的和未明确的责任，广泛参与改善社会环境的活动。

代顿（Dayton，1975）提出企业社会责任应包括经济盈利、遵守法律法

规、保持道德和对社会的支持。因此，企业的社会责任必须要满足盈利和遵守法律这两个基本条件。但是，在特定情况下，企业也需要自愿承担更多义务，这些义务是由实际情况决定的。

1980年，琼斯（Jones，1980）也加入了企业社会责任的争论之中，他强调公司不只对股东有义务，而且还对在股东以外的超越法律和合约的成员有义务。这些成员包括消费者、雇员、供应商和社区等。琼斯文章的主要贡献是他强调企业社会责任的过程。当争论以什么构成社会责任很难达成共识时，他提出企业社会责任不应该被看作是一组结果，而应该看作一个过程，而这也被琼斯称为修订或重新定义的概念。在实施企业社会责任的讨论中，琼斯认为公司制定企业社会责任行为是一个企业社会责任决策的过程。琼斯的贡献是重要的，虽然他没有结束与企业社会责任内容有关的辩论。

卡罗尔（Carrol，1991）提出了企业社会责任金字塔说（四责任理论），从下往上依次为经济责任、法律责任、伦理道德责任和慈善责任。首先，经济责任是企业最基础也是最重要的责任，没有经济责任也就无所谓其他的社会责任；其次，企业在实现收益最大化等经济目标的同时应该遵纪守法，在法律所允许的范围内从事经营和生产；再次，企业在遵守强制的法律责任基础上也应承担被社会所公认的不成文的道德规范；最后，社会公众期望企业应该承担的更高层次的慈善责任，当然自愿是基础，主动权和选择权在企业手中。

一个有代表性且影响较大的企业社会责任理论是约翰·埃尔金顿（Elkington，1994）提出的"三重底线"，他认为企业社会责任应包括经济责任、环境责任和社会责任，与之对应的企业行为必须满足经济底线、环境底线与社会底线。三重底线是社会对企业的最低要求，满足三重底线是维护企业合法性、确保企业生存与发展的基本前提。这种多维度的理解为企业社会责任研究提供了一种新的视角和思路。

第三节 对不同层面企业社会责任概念的整合

正是由于所站的角度不同、定义方式不同，再加之企业社会责任的内涵和外延随着社会经济的发展而不断变化，导致对企业社会责任的定义至今无法统一。但是，无论学者站在什么角度、采用哪种方式，都应该在法律和规则许可的范围内进行，都不能偏离对人权、生态和可持续发展的关注。立足于已有研究，要更好地理解这个概念，可以从以下几个方面去把握。

一、企业社会责任是一个历史性的概念

企业社会责任是一个社会历史范畴，它是在一定的历史阶段出现的，是处于一定社会历史中的企业必须履行的义务。企业是社会发展的产物，也是历史的产物。企业社会责任的具体内容，在不同时代的法律和道德环境中是不一样的，它随着时代的变化而"发展"，如企业社会责任中内含的对环境的伦理责任，就是随着环境问题的出现而出现的。

二、企业社会责任是一种广义的伦理责任

广义的伦理概念是指人类的行为只要有利于人类的美好生活，它就应该是符合道德从而合乎伦理的。在这个意义上，我们通常所说的伦理行为和创造财富从而有利于人类美好生活的经济行为都是合乎伦理的行为。当企业社会责任被定义为企业根据"社会期望"所应承担的责任时，社会对于企业的期望就绝不仅是遵守伦理道德，同时也期望企业能够高效率地为社会创造财富。

三、企业社会责任是主体唯一性和客体多维性的统一

企业是企业社会责任存在的主体。虽然企业社会责任涉及的是企业与社会的关系，但是企业社会责任是站在企业的角度探讨企业承担社会责任的应然与实然问题。因此，企业社会责任的主体只能是企业，而不能是社会，也不是其他组织或个人。

企业社会责任的客体即企业社会责任的对象是多维的，股东之外的利害关系人是企业承担社会责任的主要对象，主要包括五大利益团体，即消费者、股东、雇员、政府和社区。企业社会责任要求企业最大限度地增进股东利益之外的其他所有社会利益。由于企业社会责任是一个不断发展的概念，所以企业社会责任的客体即对象是一个开放体系。随着社会的发展和需要，原本属于企业社会责任的对象可能逐渐退出对象范围，原本不是企业社会责任的对象也可能逐渐纳入责任对象范围。

四、企业社会责任是经济责任和伦理责任的统一体

企业社会责任可以而且应当被理解为经济责任与伦理责任内在统一且相互交融的"经济—伦理"责任。在这一共生体中，企业经济责任的担当并不具有天然的优先性，企业伦理责任渗透或嵌入经济责任之中。即"经济—伦理"意义上的企业社会责任否认纯粹的企业经济责任和纯粹的企业伦理责任，认为两者始终是交融互生的。由此，企业社会责任的担当也体现为履行经济责任与伦理责任内在统一的"经济—伦理"责任。例如，一个企业为增加利润而改进产品设计、质量和服务，从而获得更大的市场份额和更高的利润回报，这一趋利行动达到了"满足所有者利益和消费者要求"的向善目标，是企业"经济—伦理"责任内在统一的典型例证。因此"责任"既是对股东的责任，是对员工的责任，也是对社会的责任，还是对自然资源、自然环境的责任，同时也是对人的道德要求。

第四节　企业社会责任的国际趋势

随着经济全球化的深入发展，各国之间的联系日益紧密，这一趋势加速了企业社会责任思想的普及。21 世纪初，企业社会责任思想进入全球性推进时期，社会各界愈加重视企业社会责任的履行情况。在此阶段，企业社会责任的发展呈现出标准化、国际化的趋势。企业社会责任的倡导和研究主体也不再局限于学者和企业家，国际组织成为推动企业社会责任理论和实践向前发展的重要力量。

在 2000 年世界经济论坛上，联合国正式提出了"全球契约计划"（Global Compact），旨在鼓励企业实践社会责任，促进可持续发展和全球化。该计划要求全球企业在其影响范围内遵守十项原则，涉及人权、劳工、环境和反腐败等方面。全球契约计划的提出使企业社会责任的概念逐渐成为国际公认的商业行为标准，并为企业社会责任提供了全球范围内的共同框架，进一步促进了企业社会责任的标准化和国际化发展。在此基础上，越来越多的企业和组织将企业社会责任纳入其业务战略和经营决策之中，以推动全社会的可持续发展。

2003 年，世界经济论坛（World Economic Forum，WEF）提出了"企业公民"的概念，即企业在经营活动中自觉承担以地球环境和人类福祉为出发点的社会责任和义务。根据世界经济论坛的定义，企业公民应包括以下四个方面：一是好的企业治理和道德价值，主要包括遵守有关的法律、法规，防范道德行为准则和商业准则方面的问题以及注重对中小股东的保护；二是对人的责任，主要包括注重员工安全、反对歧视、保障员工薪酬公平以及生育期间福利保障等；三是对环境的责任，主要包括减少污染物的排放，在生产过程中减少能源消耗以及共同应对气候变化和生物多样性的保护；四是对社会发展的广义贡献，主要是指广义的对社会和经济福利的贡献。企业公民理念的出现，引导了企业在经营活动中承担社会责任和义务，并促使企业更注重道德价值观、员工福利、环境保护和社会贡献等方面。在此基础上，企业通过采取具体措施，如推进环保技术、支持公益慈善、关注员工健康等，以达到推动企业可持续发展和社会进步的目的。同时，政府和非政府组织以及社会公众对企业公民理念的认可和支持，不仅对企业在社会责任方面的表现起到了一定的监督和激励作用，也对企业的形象和声誉产生了积极影响。在这种推动下，越来越多的企业开始将社会责任视为企业经营的重要组成部分，并将其纳入企业战略和运营中，实现经济、社会和环境的可持续发展。

世界银行集团（World Bank Group，WBG）2006 年将企业社会责任定义为企业与关键利益相关者的关系、价值观、遵纪守法，以及尊重人、社区和环境等有关政策和实践的集合。该定义表明，企业社会责任既是企业在经济全球化背景下对其自身经济行为的道德约束，也是企业为改善利益相关者生活质量而贡献于可持续发展的一种承诺。从跨国银行的实践看，有社会责任的银行具有下列基本特征：一是自愿履行社会责任，而非法律、规则和习俗使然；二是真诚推动与各利益相关者的互动；三是将经济、社会和环境等的追求都纳入银行战略目标予以考量。

ISO 26000 是国际标准化组织在 2010 年发布的一份社会责任指南国际标准，中国是参与标准制定的成员国之一。这个标准明确了社会责任的原则和核心主题，确定了践行社会责任的核心主题，并且描述了以可持续发展为目标，将社会责任融入组织战略和日常活动的方法，从而将几乎所有国家的私立、公立和非营利部门的组织纳入社会责任体系当中。ISO 26000 标准共有7 大项：组织治理、人权、劳工实践、环境、公平运营实践、消费者、社区参与和发展，7 大项下设有 37 个核心议题和 217 个细化指标。ISO 26000 国际标准侧重于各种组织生产实践活动中的社会责任问题，主要从社会责任范围、理解社会责任、社会责任原则、承认社会责任与利益相关者参与、社会责任核心主题指南、社会责任融入组织指南等方面展开描述，统一社会各界对社会责任的认识，为组织履行社会责任提供了一个可参考的指南性标准，提供了一个将社会责任融入组织实践的指导原则。ISO 26000 系统地总结了社会责任发展的历史，概括了社会责任的基本特征和基本实践，表达了社会责任的最佳实践和发展趋势，是国际各利益相关方代表对社会责任达成基本共识并取得颇具发展潜力的成果。因此，可以说 ISO 26000 是社会责任发展的里程碑和新起点。

总部位于日内瓦的国际贸易中心（ITC）发布的旗舰报告《2019 年全球中小企业竞争力展望》呼吁，应当重视中小企业在实现可持续发展目标中所发挥的关键作用。ITC 提出了"企业可持续发展"的理念，旨在促进企业在经济、社会和环境三个方面实现可持续性发展。该理念要求企业在经营过程中注重维护生态环境、促进社会公正、实现经济可持续发展，同时鼓励企业在生产和运营中更加注重环保和社会责任。可持续发展理念强调了企业在市场经济中的角色和责任，包括推动经济增长、创造就业机会、保护劳工权益、减少环境污染等方面。该理念的提出，使企业开始将可持续性考虑纳入其业务和决策中，促使企业将社会责任视为其业务的一部分，而不仅是企业行为的一个附加项。这种转变使企业在日常经营中开始考虑社会和环境问题，在一定程度上改变了人们对企业角色和社会责任的认知，对促进企业社会责任的演变具有重要意义。

欧盟在《企业社会责任战略 2020》中提出，企业社会责任是企业在开展商业活动时对社会、环境和经济方面造成的影响应承担的责任。具体而言，企业社会责任包括在商业活动中尊重人权和基本劳工权利、管理供应链以确保社会和环境可持续性、关注消费者权益并提供高质量的产品和服务、支持社会和环境的发展与改善以及遵守法律、道德和国际标准。该战略是欧盟推进可持续发展和社会责任的重要战略之一，主要围绕企业社会责任的三方面展开，包括通过企业社会责任的实践来促进可持续发展、推动欧洲绿色经济的发展以及提高企业社会责任的透明度和可追溯性。综合来看，该战略的提出对欧洲绿色经济的发展产生了积极的推动作用，支持了绿色产业的发展和普及，加强了资源效率和环境保护，实现了经济、社会和环境的协同可持续发展。此外，该战略强调加强企业社会责任透明度和可追溯性的要求，包括在企业报告中披露更多的社会责任信息和指标、加强独立审计和监督等，对后续企业社会责任研究和实践具有重要的启示作用。

在责任全球化阶段，各国际组织对企业履行社会责任的倡导极大地推动了企业社会责任理论与实践的发展。这一时期提出的企业社会责任理论在重视责任内容与范畴的同时，也逐渐强调企业应如何履行社会责任。同时，企业社会责任不再仅仅是企业自愿履行的道德义务，而是变成了企业在社会经济环境中的一种责任。在这一阶段，国际组织在企业社会责任方面的提议，主要强调企业的社会责任和可持续发展之间的紧密联系。随着企业社会责任的不断演变，未来的发展方向也将更加注重可持续性。企业需要在实践中更注重环境保护和社会责任，促进社会、环境和经济三方面协同协调发展，推进可持续发展目标的实现。

纵览全球，2019 年以来，各国领导者逐渐认识到环境挑战比经济衰退或包容性受挫更令人忧心。2020 年 1 月，世界经济论坛发布了《2020 年全球风险报告》，报告分析了 2020 年以及未来 10 年可能对世界产生影响的重大风险问题，其中环境风险占据了主导地位：按风险可能性排序的前五大风险皆为环境风险，按风险影响程度排序的前五大风险中亦有三项为环境风险。要求企业承担社会责任的呼声，从就业、平等和医疗等方面的差距，逐渐转为应对污染、气候变化和生物多样性丧失等各类环境威胁。展望未来，企业发展将面临更严峻的困难和挑战。

第三章

企业社会责任在中国的发展

第一节 中国企业社会责任的起源与发展背景

企业社会责任起源于 19 世纪末期，以高涨的劳工运动、人权运动、消费者运动和环保运动为背景。企业社会责任的产生与美国企业和经济的工业化进程相关：一方面，企业在市场上的经济权利不断扩展，因此大企业必须担负起与其职权相符合的社会责任；另一方面，大企业在经济、政治等方面的影响力和其在社会、环境方面承担的责任之间的差距较大，引发了公众对"企业与社会之间关系"的思考，开始要求企业培养"企业良知"。卡耐基（Carnegie，2006）提出了企业社会责任的观点。由此，我们不禁追问，中国企业社会责任的起源在哪里呢？

中国企业社会责任的起源与中国企业的发展密切相关，中国企业经历了从计划经济向市场经济的转型，企业形式也经历了从公有制到混合制的改革。伴随着现代企业制度的建立，企业在整个社会上扮演的角色逐渐清晰，企业社会责任的范围更加明确。加入 WTO 后，中国企业进入国际竞争领域，企业社会责任范围也进一步扩展，关怀员工、企业绩效和市场责任等概念逐渐进入公众视野。本节将中国企业社会责任的发展主要分为计划经济时代的企业社会责任、市场经济初期的企业社会责任和企业社会责任全方位整合时期三个阶段。

一、计划经济时期的企业社会责任

在计划经济时期（1949~1978年），中国虽然拥有许多大型生产性组织，但是产品的种类、生产的数量以及如何生产必须按照国家设定的计划执行，企业没有自主生产权力。在计划经济时期，政府包揽一切，企业只是完成生产任务的行政组织，所以计划经济时期的企业并不是真正意义上的企业，而是政府的附属品。计划经济时期的企业叫工厂，工厂完全由政府管控，企业只需关注年初的预算和年终的决算，并担负国家工业化的政策性责任，致使企业没有承担并履行好相应的经济责任，企业效率和社会效率较低。

计划经济时期，中国企业处于高度集中和全封闭的体系内，企业不仅担负着生产的任务，而且肩负着为员工提供一切日常生活保障的任务。在此阶段，企业为了满足社会主义生产，即满足人们日益增长的物质和文化生活需要，形成了典型的"企业办社会"现象。"企业办社会"使企业承担了过大的社会责任，其经济责任被弱化。在计划经济时期，企业、政府和社会之间的关系极度扭曲，经济责任几乎不在中国企业的考虑范围之内，保护环境的责任等也极少被提及，导致企业社会责任等一系列问题缺乏研究基础。

二、市场经济初期的企业社会责任

1979~1995年，中国市场经济框架初步建立，在社会经济活动中引入了市场机制，但经济增长的波动性和周期性都很显著。在这一阶段，国企持续改革，私营企业和合资企业等迅速发展，逐渐形成了国有企业、私营企业和合资企业等多种形式并存的多元化经济格局。市场经济时代下的企业深刻体会到了竞争带来的压力，企业将"利润最大化"作为唯一的奋斗目标，因此采取各种措施降低成本成为企业管理的重点和关键。但是由于理论指导和政策规范不足，伴随着经济的高速发展，中国出现了较多严重的社会问题，如食品质量问题、环境污染和工资克扣等，成为企业建立良好形象和国家经济发展的障碍。

这一时期，企业追求的目标是短期利益而非长期发展，通过当时的微观环境、宏观环境和市场秩序等都可以看出企业表现出较强的短期性。这一时期的企业仅仅关注股东责任，忽视甚至逃避政府责任、消费者责任和环境责任等。1990年，袁家方出版的《企业社会责任》是中国第一本以企业社会责任命名的书籍，成为中国学术界开始将社会责任问题作为研究方向的标志。

三、企业社会责任全方位整合的时期

从1996年至今，中国的市场经济秩序逐步完善，中国企业的国际竞争力不断提高。但是与其他大型的跨国公司相比，我国企业仍然存在一定的差距。由于法律法规不健全，我国企业的一些活动造成了污染环境、损害消费者权益和扰乱市场价格秩序等问题，由此政府开始意识到建设现代化企业社会责任的重要性。除此之外，非政府组织、非营利组织以及群众等提高了对企业社会责任的关注度。同时，随着"绿水青山就是金山银山"理念的不断深入，企业社会责任也将环境保护和绿色消费等纳入其中。

在企业社会责任全方位整合阶段，政府开始积极引导企业主动承担社会责任。中国政府出台了一系列法律法规和政策等推动全国企业认真落实社会责任：2002年，《中华人民共和国安全生产法》开始生效，有效推动了我国企业加强安全生产工作，减少和防止了生产安全事故的发生，保障了人民的生命安全和财产安全，促进了经济持续健康发展；《中华人民共和国清洁生产促进法》于2003年颁布实施，该法鼓励企业改善生产设备和提高资源利用率，进而从根本上降低和避免生产过程中产生的污染问题，从而达到保护环境、保障人类身体健康和推动经济可持续发展的目的；2008年国务院国资委研究出台了《关于中央企业履行社会责任的指导意见》，促进了中央企业严格履行社会责任，有利于实现企业同社会、环境的全面协调可持续发展；商务部于2009年颁布了《中华人民共和国循环经济促进法》，要求企业在生产、流通和消费等环节贯彻减量化、再利用和资源化原则；环境保护部在2010年发布的《关于加强上市公司环保核查后督查工作的通知》中，指出要健全上市公司环境信息披露制度，各地环保主管部门应督促所属地区内的上市公司认真履行企业环境信息公开等相关规定，促使企业及时并准确地披露环境信息和发布年度环境报告书。

2013年11月，党的十八届三中全会召开，标志着中国进入全面深化改革时期。为确保我国企业社会责任建设在全国范围内的进一步深入，2013年发布的《中共中央关于全面深化改革若干重大问题的决定》指出，国有企业是推动国家现代化和维护人民群众利益的重要力量。尽管国企在经历了几十年的改革后，整体上已融入市场经济，但仍然存在着很多问题和不足，必须进一步改革。此决定将社会责任、规范经营决策、资产保值增值、公平参与竞争、提高企业效率和增强企业活力作为六大改革重点。"社会责任"首次在党的文件中出现，并且被提到深化国有企业改革和完善国有企业现代化制度的战略高度，具有里程碑意义，极大地推动了国有企业承担社会责任工作的开展，对中国国有企业社会责任建设起到了很大的促进作用。2015年4月，中央全面深化改革领导小组第十一次会议审议通过的《党的十八届四中全会重要举措实施规划（2015~2020年）》提出了关于强化企业社会责任立法的建议。中国人民银行研究局（PBC）与联合国环境规划署于2015年发布《构建绿色中国绿色金融体系》，提出了构建我国绿色金融体系和推动我国绿色投资的总体思路和政策构架，具有很高的理论价值和实践意义，填补了我国绿色金融体系系统研究的空白。除此之外，深圳、上海和山东等多地颁布了督促企业承担社会责任的地方性准则。

党的十九大指出，中国特色社会主义已经步入新时期，中国社会的主要矛盾已经转变为人民日益增长的美好生活需要和不平衡不充分的发展之间的矛盾。在新时代，企业应如何更好地适应"人民日益增长的美好生活需要"，如何更好地改变自身以及行业的"不平衡不充分的发展"？为此，党的十九大重新定义了新时期企业社会责任的含义以及未来发展方向，致力于缩小各方面的差距，实现平衡且充分的发展。在新时期，我国企业社会责任发展格局不断完善。据不完全统计，截至2018年底，中国各级政府出台近80项有关企业社会责任的政策文件，20多家商协会制定并出台了大约40项社会责任相关标准（孙孝文，2018）。21世纪以来，中国各级政府部门出台的大量有关企业社会责任的政策和法规成为推动中国企业社会责任向前推进和落实的一大动力。人民网和新华网等多个新闻媒体通过组织企业社会责任论坛和颁发企业社会责任奖项等形式让企业意识到社会责任的重要性，推动了企业社会责任意识的形成。

2020年，新冠肺炎疫情在全球暴发，中国企业结合自身业务，通过各种各样的方式积极应对疫情的考验。波司登国际控股有限公司不仅捐献物资，还调整了生产线，生产一线所需的护具和隔离衣，为解决隔离衣紧缺等问题做出了贡献；伊利集团捐赠6000箱营养液；以岭药业捐赠价值206万元的连花清瘟系列抗疫物资；安踏集团和敏基金会捐赠价值3000万元的现金及物资；京东启动在线义诊活动；滴滴出行在疫情期间组建"医护保障车队"，免费接送一线工作的医务人员等。众多企业在抗击疫情行动中呈现出高度的专业性，将自身资源同生产经营特点相结合，积极承担社会责任。中国作为最大的发展中国家，在应对突发公共健康问题上发挥了重要作用，向世界展示了"中国信心""中国智慧"和"中国力量"。2021 年，河南突发特大洪涝灾害，各企业也表现出了极高的社会责任感：阿里巴巴捐款金额高达 2.5 亿元；方大集团捐献 1 亿元和 1 亿元物资，捐赠金额超过了 2020年净利润的一半；除此之外，腾讯、美团、拼多多和字节跳动等耳熟能详的民族企业分别捐款 1 亿元；以鸿星尔克为代表的营业亏损和面临破产的企业仍然参与到捐款中；经营状况一般的奇瑞汽车捐出近 5 倍净利润的善款。面对突发事件，大量民族企业纷纷伸出援助之手，为受灾民众提供物资和金钱保障。由此可以看出，中国企业在物资捐赠、防疫物资供应、复工复产和稳定就业等领域发挥了重要作用，充分显示了中国企业的责任感和使命感。与此同时，中国企业在发展经济、保护环境、诚信经营和公益慈善等领域也为经济和社会的健康发展做出了巨大的贡献。

第二节　中国企业社会责任的内涵

一、国外及国内企业社会责任概念的演变

关于企业社会责任的观点在不断产生和更新。英国学者谢尔顿（Sheldon，1924）在《管理的哲学》中首次提出了"企业社会责任"这一概念，强调企业不仅要承担对股东、员工和投资者的责任，还要承担起对社会、环境和消费者的责任，实现社会利益最大化。鲍恩（Bowen，1953）出版的《商人的社会责任》一书认为社会责任是指企业做出的决定与实施的行为应符合社会的宗旨与价值，遵守有关政策，该书的出版标志着有关企业社会责任研究的开始。从 20 世纪 50 年代起，有关企业社会责任的概念层出不穷，目前至少有 250 种有关企业社会责任的定义，但对于企业社会责任的定义还没有形成一个完整的体系，这也成为制约我国企业社会责任发展的一个重大阻碍。

有关企业社会责任的定义是多方面多角度的。国际上一些机构对企业社会责任的概念给出了一定的解释，其中最具有代表性的是：世界银行（World Bank）将企业社会责任定义为"企业和主要利益相关者之间的关系、价值观、遵纪守法，以及尊重与人、社区和环境有关的政策和实践的集合"，将其视为企业为提高利益相关者生活质量和促进可持续发展而做出的承诺。欧盟（European Union）对企业社会责任的定义是"企业在利用现有的资源进行生产经营时，应考虑社会与环境，并关注利益相关者之间的相互作用"。世界可持续发展委员会（WBCSD）则将企业社会责任定义为"企业对股东和其他利益相关者的道德行为"。国际标准化组织（ISO）将企业社会责任定义为"组织通过透明和道德的行为，为其决策和活动对社会和环境产生的影响而承担的责任"。

在国外，随着对企业社会责任的研究越来越深入，不同学者对其进行了不同的阐释。1970 年，知名诺贝尔经济学奖获得者弗里曼德在《纽约时报》（*The New York Times*）中发文提到了企业社会责任的含义，他认为"企业社会责任是指按照股东等利益相关者或者所有者的意愿，在法律法规允许的范围内，尽可能地创造更大的利润"。戴维斯等（Davis et al.，1975）学者明确地定义了企业社会责任：决策制定者不仅要寻求自身利益，也要为保护和增加整个社会的利益贡献力量。鲍尔（Bauer，1976）认为，企业社会责任是认真思考企业行为决策对社会产生的影响。美国学者卡罗尔等（Carroll et al.，2000）将企业社会责任界定为"某一段时间内，企业在经济、法律、道德和慈善事业上的义务"。

国内理论界对企业社会责任的研究起步较晚，到 20 世纪 90 年代中期，中国企业才开始重视社会责任问题。进入 21 世纪，企业社会责任在中国受到广泛关注，企业家开始意识到承担企业社会责任有利于提高竞争力和树立良好形象。近年来，国内许多学者以西方的理论和实践经验为依据，对企业社会责任展开了大量研究，逐渐建立起了具有中国特色的理论体系，促进了企业社会责任研究的横向和纵向发展。同时，政府部门和其他相关部门也开始关注企业社会责任建设工作。

在国内，对企业社会责任的理解在不同时期有所不同。袁家方（1990）最早在《企业社会责任》一书中提出：社会责任是企业在谋求生存和发展的过程中，面临社会需求和社会问题时，为了维护国家、社会和人类的根本利益，必须承担的义务。张兰霞（1999）从道德层面重新定义了企业社会责任，指出企业社会责任是指在道德层面上，企业必须对社会利益承担的责任。21 世纪以来，随着我国经济的发展，企业社会责任得到广泛关注，国内学者对企业社会责任的研究也不断加深。陈炳富和周祖成（2000）认为，企业社会责任分为广义和狭义两方面，广义的企业社会责任是指经济责任、法律责任和道德责任等的总和，而狭义的企业社会责任是指道德责任。卢代富（2002）认为，企业社会责任是企业在寻求股东等利益相关者利润最大化的同时，承担的维护和提高社会公共福利的责任。企业社会责任包括员工责任、消费者责任、债权人责任以及对保护生态环境、保护自然资源和提高资源利用效率的责任，如推动地方经济发展和社会公益等。陈志昂和陆伟（2003）从战略管理的视角提出企业社会责任的三角模型，此模型从强制性和基础性两个维度将企业社会责任划分为法规层级、标准层级及战略和道义层级。周祖城（2005）认为，企业社会责任是指企业将利益相关者作为服务对象，包括经济、法律和伦理等在内的综合责任。王加灿（2006）认为，企业社会责任是指企业在法律法规允许的范围内经营，从长期可持续发展和人民利益出发，自觉采取的符合社会发展规律和人民利益的措施，以及为社会发展做出的积极的和有利的贡献。由此可知，应将企业和社会发展联系起来，促使企业和社会和谐发展，这也是企业社会责任的实质。崔新建（2007）认为，企业社会责任是一个复合的概念，存在社会责任与经济责任重叠形成的灰色区域和社会责任与法律责任重叠形成的灰色区域。这两个灰色区域既引起了社会责任概念的争论，而且还随着时代进步而变化。曹凤月（2007）称企业社会责任是高于仅对股东负责任的更广泛的责任，是将促进社会进步和人民健康发展纳入其中的综合责任。李伟阳和肖红军（2008）指出，成功的企业社会责任应该满足 4 条准则，即有效管理企业运营对利益相关者和自然环境的影响；实现经济、社会和环境综合价值的最大化；遵循法律法规、社会规范和商业道德；协调推进企业与社会可持续发展。他们根据这 4 条准则重新定义了企业社会责任：企业社会责任是指企业在道德、法律法规和社会规范的约束下，为实现自身和社会的可持续发展，对企业的经营活动和环境影响进行有效的管理，以实现经济、社会和环境综合价值最大化的行为。

综上所述，无论是国内还是国外，学者们对企业社会责任的定义有着不同的表述形式和理解，但其基本内涵和延伸都是一致的。

二、不同理论视角下的企业社会责任内涵

（一）社会契约理论视角

刘长喜（2005）基于社会契约理论视角将企业社会责任定义为企业对包括股东在内的利益相关者的综合性社会契约责任，包括经济责任、法律责任、伦理责任和慈善责任。根据契约类型，可以认为企业社会责任是错综复杂的契约中的一种，其在本质上既包含显性契约，也包含隐性契约。李淑英（2007）认为，企业社会责任是企业和社会之间的契约关系，企业必须履行契约，为社会和经济发展尽自己的义务。

（二）利益相关者视角

根据利益相关者理论，企业应对股东、债权人、雇员、消费者与供应商等交易伙伴以及政府、社区与环境承担社会责任。屈晓华（2003）认为，企业社会责任是遵循企业制度，对职工、合作伙伴、消费者、政府、社区与环境等承担的责任和履行的义务，是企业经营管理的终极目标。周祖城（2005）从社会角度认为企业社会责任是指企业将利益相关者作为服务对象，承担包括经济、法律和伦理等方面的全面责任。

（三）企业公民理论视角

企业公民理论反映企业在社会发展过程中的地位和价值的演变，要求企业由"经济人"转向"社会人"。企业公民理论的基本观点为：企业是具有人格的法人组织，应该像社会公民一样承担责任和义务，成为企业公民。

（四）战略性慈善理论视角

基于战略性慈善理论，战略性企业社会责任应该把社会目标和经济目标两方面结合起来，并把重点放在竞争环境所涵盖的各个方面，在竞争中充分发挥企业独有的资源优势，达到使企业和社会均受益的效果（肖红军等，2021）。这一理论主张企业应该积极、自觉地参与到慈善事业中来，把慈善行为作为企业的一项战略。

三、不同学科下的企业社会责任内涵

企业究竟应承担什么责任？是只追求利润最大化的经济责任，还是既承担经济责任又承担社会责任？近几年，学术界出现了一种由经济学、伦理学和法学等相结合的多学科和多角度的"综合责任说"。本小节将从经济学、伦理学和法学三个角度分析企业社会责任的内涵。

（一）经济学

根据企业社会责任和经济效益之间的关系，我们主要从古典经济学和社会经济学两方面分析企业社会责任的内涵。古典经济学认为，无论是非国有企业还是国有企业，都应该只将谋取利润最大化作为自己的责任，而不应承担其他社会责任，否则将不利于企业的发展，损害股东的利益。而社会经济学认为，企业的社会责任不只是创造利益和谋求自身发展，还应主动承担社会成本，不应将其转嫁给消费者。企业应该主动承担保护环境、提高资源利用率、尊重雇员、诚信对待消费者、提高产品质量与建立企业信誉等责任，从而促进社会和谐稳定发展。

（二）伦理学

在市场经济环境中，企业具有经济和道德双重属性，具有"经济人"和"道德人"双重性质。从伦理学角度对企业社会责任加以分析有利于深刻认识其本质，由于社会再生产过程主要由生产、交换、分配和消费四个环节组成，所以我们从以上四个环节依次对企业社会责任进行伦理分析。

1. 生产伦理：生产过程中保护环境和提升产品质量的统一

生产是经济运行的起始点，企业的双重属性决定了企业既要对自然环境负责，也要对产品质量负责。企业应在不污染环境的前提下提高生产效率和保证产品质量，从源头上保证利益相关者的利益。

2. 交换伦理：诚信交易

随着交易的复杂化，诚信在企业发展过程中占有举足轻重的地位，有利于企业形成品牌效应，推动企业的可持续发展。

3. 分配伦理

目前中国的分配方式为市场主导的初次分配和政府主导的再分配，但市场上常出现分配失灵和贫富差距过大等问题。为此，厉以宁（1994）提出了第三次分配。它是指由高收入人群通过捐赠和慈善等公益手段，以自愿的方式对社会资源和财富的分配，是对初次分配和再分配的补充。因此，分配伦理要求企业积极参与到公益事业中，促进第三次分配的实现。

4. 消费伦理

企业的双重身份促使其承担起实现消费者需求和健康消费相统一的责任。为响应消费者需求，企业应生产多元化的产品。而面对消费者的浪费与享乐主义等行为，企业应积极引导消费者进行健康消费，构造积极和谐的生活方式。

（三）法学

无论是个人还是企业均具有同等的权力和义务，企业享受了权力也要承担相应的责任。基于法学角度，王汇杰与陈洪娇（2010）认为，企业社会责任是处理企业和社会之间经济利益关系的道德和法律原则的总和。同时，《中华人民共和国公司法》总则第五条第一款规定："公司从事经营活动，必须遵守法律、行政法规，遵守社会公德、商业道德，诚实守信，接受政府和社会公众的监督，承担社会责任。"其中的"责任"是指企业应履行法定义务，为社会发展承担责任。

第三节　中国企业社会责任的发展历程

党的十一届三中全会后，我国把工作重点转移到社会主义现代化上来，并提出了改革开放的思想道路。在宏观层面，我国经济体制不断深化改革，开始了由计划经济转向社会主义市场经济的不懈探索，其过程也是促使政府同市场关系不断深化以及两者之间关系相互调适和磨合的过程。改革开放后，在微观上，我国的市场主体从单一公有制经济下的国有企业转变为国有企业与非公有制经济下的民营企业、外资企业、个体工商业等多种经济主体并存。因此，一方面，国有企业的社会责任体现了国有企业存在的价值，也是国有企业的本质要求。实际上国有企业的每次改革都伴随着国有企业认知的革新和使命的重大变革，因此必然伴随着国有企业履行社会责任的外部环境的变化，并深刻影响着国有企业履行企业社会责任的动力。另一方面，伴随着我国经济体制的改革和变迁，非公有制经济也得到了持续发展，并逐渐成为市场经济的重要组成部分，这对我国的工业转型和社会治理改革起到了很大的促进作用，非公有制经济是我国企业社会责任制度建设中最具有活力的主体。伴随着非公有制经济的不断发展，社会责任履行的范围和内容不断扩大并完善。

党的十一届三中全会提出了改革开放这一重大战略决策方针，伴随着基本经济制度的完善、现代企业制度的确立以及经济体制的建设，中国企业社会责任发展经历了畸形错位时期、探索学习时期、迅速发展时期和创新规范时期等重大阶段。

一、畸形错位时期（1978～1993 年）

1978～1993 年为改革开放初期，这一时期我国以"放权让利"为改革核心进行国营企业改革。此阶段企业改革采取放权让利试点、经济责任制、承包经营责任制和股份试点制等措施促使国营企业树立并加强"经济责任"意识，国有企业具有产品生产、社会保障、社会福利和社会管理等多种职责。但是，通过上述措施，国企并未真正转变为自主经营和自负盈亏的经营主体。由此可知，此阶段的国营企业和社会未完全区分开来，国营企业仍然是"企业办社会"的性质，这使得企业和社会之间的关系仍然模糊不清。

在此阶段，我国企业社会责任主要以国企的经济主体性和能动性为中心，比如 1988 年颁布的《全民所有制工业企业法》、1992 年颁布的《全民所有制工业企业转换经营机制条例》等均为促使国营企业积极承担经济责任的制度，提高了国营企业承担经济责任的意识。然而，在这一阶段，国企对企业内部雇员等利益相关方负有无限的责任，而对外部利益相关方应承担的责任和责任范围却没有清晰的边界。总之，此阶段国营企业的经济责任、法律和法规责任、政治责任、社会慈善责任和环境责任缺乏明确的区分，导致政府公共责任和企业社会责任出现畸形错位。

同时，此阶段的民营经济（民营企业、私营经济、个体经济等）从濒临消亡逐渐得到缓慢发展。1993 年，国家工商行政管理局出台了《关于促进个体私营经济发展的若干意见》等一系列政策条例和指导意见，为我国民营经济的发展提供了有利的政策环境，在一定程度上明确了民营企业与私营企业等的经济责任以及应当向政府承担的政府责任，如规范经营和依法纳税等。但是由于整体上民营与私营企业处于起步期，生产规模较小，盈利能力低，其履行企业社会责任的能力不足，仅能对企业内部员工、股东等承担经济责任以及承担依法纳税的责任，而无法履行消费者、就业、慈善捐赠以及环境保护等方面的社会责任，因此此时民营经济承担的社会责任范围比较小。正如弗里德曼（Fridman，2009）在《资本主义与自由》中对企业社会责任的界定："企业只承担一种社会责任，其责任为在法律允许的范围内，利用企业自有资源创造利润。"

二、探索学习时期（1994～2006年）

这一时期，国有企业在产权与经营权分离、"放权让利"改革和经济利益制约等方面都发生了变化，逐渐意识到了经济责任的重要意义。但由于"企业办社会"的影响，国有企业没有承担起更多的经济责任，所以必须重建国企社会责任。这一时期的国有企业改革，进一步明确了国企社会责任，也明确了政府的权力和社会责任，把经济和政治责任分开，让国有企业有了自主经营权与自负盈亏的能力，大大增加了企业的管理能力和活力。这一时期，国有企业追求利润最大化的目标日渐明确，大量国有企业将追求利润最大化作为企业唯一的经济责任目标。由于受"去社会化"的影响，大量国有企业缺乏企业社会责任意识，执行企业社会责任的能力弱化。总之，此阶段国有企业的社会责任处于迷失的境况。

在探索学习时期，1999年和2004年的两次宪法修正案都明确了我国非公有制经济（私营经济、个体经济等）的市场地位和法律地位。在民营企业的市场合法性地位得到确立的背景下，民营企业履行经济责任的能力不断增强，管理和实践能力也明显提高，主要表现在创造经济价值、组织内部的责任治理结构、创新、税收、就业和慈善事业等方面。

三、迅速发展时期（2007～2012年）

此时期的国有企业发挥着弥补市场失灵的功能，并在控制国民经济方面取得了重大突破。2008年和2010年，国务院国资委明确了国有企业的社会责任内容与履行企业社会责任的五大议题，促使企业在经历了企业社会责任迷失阶段后厘清了企业和社会之间的关系。此阶段的国有企业成为整个社会运转的子系统,同时被称为发展经济和发挥社会功能的现代企业。国有企业同社会融为一体、嵌入其中,并且在为社会创造经济价值、促进企业发展进步以及解决市场失灵等方面起着举足轻重的作用。2010年,中国科学院经济学部企业社会责任研究中心发布了《中国企业社会责任基准调查2010》,并根据调研结果,选出了中国企业社会责任的十大议题,分别为诚信经营、吸纳就业、应对气候变化、能源和资源的可持续利用、安全生产与食品安全、自主创新与技术进步、员工权益与员工发展、企业全球责任、在产品外贸和对外投资中履行的社会责任、公益慈善与资源服务。企业社会责任的理性认知和有效推进,为企业承担社会责任指明了发展方向。同时,国有企业作为承担企业社会责任的重要主体,各级政府、国际组织以及企业社会责任指南等为其提供了理论指导,成为促使国有企业承担社会责任的关键外部力量。此阶段,在国有企业社会责任理论不断深化的背景下,中国移动、国家电网与南方电网等大量国有企业不断探索并寻找合理的社会责任管理和践行模式。因此,在此阶段,社会责任管理体系逐渐建立起来并取得了重大进展。

此阶段,我国经济体制改革逐渐深入,大多数民营企业不断完善内部治理结构,强化自身的科学性、规范性并推进现代化的管理进程(郭朝先,2009)。但是由于美国次贷危机导致全球爆发经济危机,国际市场需求大幅度下降,全球生产要素的生产成本逐渐提高,民营企业的发展迎来了巨大的挑战和威胁。面对如此严峻的发展环境,国务院于2009年和2010年分别发布了《关于进一步促进中小企业发展的若干意见》和《关于鼓励和引导民间投资健康发展的若干意见》等一系列政策,以保证和推动中小微企业的健康发展与转型。在这一时期,虽然世界经济衰退对民营企业的发展产生了很大的冲击,但民营企业在经济责任方面表现出较强的抗逆性。在公益领域,民营企业也积极参加了地震灾害的救援,通过履行社会责任展示了良好的企业形象。此外,在此期间,深交所和上交所分别颁布了《上市公司社会责任指引》和《关于加强上市公司社会责任承担工作暨发布〈上海证券交易所上市公司环境信息披露指引〉的通知》,推动沪深两市上市公司积极披露社会责任信息。然而,在这一时期,我国民营企业的社会责任管理与实践也出现了诸多问题,比如2008年"三聚氰胺"事件、2011年双汇公司"瘦肉精"事件,使得民营企业重新站在了企业社会责任缺失的风口浪尖,阻碍了民营企业履行社会责任的进程。

四、创新规范时期（2013年至今）

随着中国经济发展进入正轨和国有企业分类改革政策的提出，国有企业和利益相关者以及其他社会主体共同演化发展。在此阶段，有关企业社会责任的制度不断增多并日益完善，企业社会责任内容划分也更加明确规范且合乎法律、规章制度。比如，《中共中央关于全面推进依法治国若干重大问题的决定》首次把企业社会责任纳入社会责任范畴。《安全生产法》《食品安全法》《环境保护法》等与企业社会责任相关的法律也逐渐完善。此外，我国还逐步完善了关于企业社会责任的指南和工业标准，如《社会责任指南》《社会责任报告编写指南》《社会责任绩效分类指引》三项国家标准，以及《中国工业企业社会责任管理指南》与《乳制品行业社会责任指南》等行业社会责任标准，使各行各业的企业能够更好地履行企业社会责任。《金蜜蜂中国企业社会责任报告指数2021》是2021年在第十四届中国企业社会责任报告国际研讨会上发表的，此报告提出了十大发现并为企业社会责任的发展提出了五项建议。2022年3月，国务院国资委设立了社会责任局，将其职责划分为五大功能：一是要突出抓好中央企业"碳达峰、碳中和"有关工作，"一企一策"有力有序推进"双碳"工作；二是抓好安全环保工作，推动企业全过程、全链条完善风险防控体系；三是抓好中央企业乡村振兴和援疆援藏援青工作；四是抓好中央企业质量管理和品牌建设，打造一批国际知名高端品牌；五是抓好中央企业社会责任体系构建工作，指导推动企业积极践行ESG理念，主动适应、引领国际规则标准制定，更好地推动可持续发展。

此阶段，在"大众创业，万众创新"的背景下，民营企业承担社会责任的能力和社会责任管理水平得到快速发展。私营企业为GDP增长做出了很大贡献，民营企业在国家税收中的作用也十分显著。同时，民营企业为社会创造了更多的工作机会，缓解了社会就业压力，为国有企业改革和发展创造了有利条件。民营企业承担的社会就业率从1990年的3.51%上升到2016年的39.77%（王海兵和杨惠馨，2018）。这一时期，在其他社会责任方面，民营企业的参与度也不断提高，如慈善捐赠方面。据统计，2016年"中国慈善企业排行榜"显示，前十名的企业中，民营企业占据了八个席位。近年来，越来越多的民营企业参与慈善事业，如2020年奇瑞汽车为疫情防控捐赠1000万元，2021年濒临倒闭的鸿星尔克为河南水灾捐赠5000万元，汇源果汁向河南捐赠 100 万元等。综上所述，民营企业在救灾与社会救助等方面的社会责任参与度不断提高。

第四节 中国企业社会责任的发展现状

一、中国企业社会责任发展的主要影响因素

近年来，受环境污染问题、食品安全问题与假疫苗事件频发的影响，越来越多的公众开始关注企业社会责任相关问题。伴随着中国经济快速发展，人民生活水平不断提高，人们在追求物质生活的同时也更加注重法治、公平、安全和环境保护，特别是公众逐渐意识到环境污染，如生活环境恶化、生态破坏和空气污染等，会严重影响人类健康。因此，公众的高度关注对企业社会责任履行提出了更高的要求。企业积极承担社会责任，公开披露社会责任报告，不仅有利于企业提高同利益相关者的沟通效率，而且有利于企业建立声誉、提高自身竞争力和获取政府等部门的资源支持。事实上，当前中国企业社会责任的履行水平并不高，并且企业之间存在较大差距（陈文和王晨宇，2021）。那么影响企业履行社会责任的因素是什么？通过对以往文献的归纳总结，本节发现企业履行社会责任受制于多方面因素，既受国家影响也受企业自身影响，还受外部其他因素影响。国家层面的影响因素有国家历史、文化蕴含、国家制度和经济发展水平等；企业层面的影响因素有企业规模、企业产权性质和企业财务状况等；外部其他因素有媒体监督与网络关系等。因此，本节将分别讨论上述因素对我国企业社会责任发展的影响。

（一）经济发展水平和社会发展水平

企业属于社会的一部分，企业社会责任履行受国家经济发展水平和社会发展水平的直接影响，企业会随着经济发展采取相应的措施。如当一个国家经济发展落后时，社会更多地关注企业在产品质量和生产安全等方面的责任，因此企业会将发展和提高经济水平作为首要责任；当一个国家的经济发展水平较高时，国家以及企业有足够的资源、精力和能力投入除经济以外的其他方面的建设，社会更多地关注企业在保护环境、慈善事业和社会公平公

正等方面的责任。综上所述，企业履行社会责任的水平与经济发展水平和社会发展程度密切相关。

（二）历史和文化底蕴

企业社会责任的发展受国家历史和文化底蕴的影响。不同国家的历史和文化底蕴不尽相同，因而社会责任也存在差异。中国自古以来深受儒家"天人合一""崇仁贵中""诚信为本""己所不欲勿施于人""入世济世"和"民利优先，群利优先，尊者之力优先"等理念的影响，人们认为个人事业与社会和谐发展是相互促进的。同时，由于企业家受传统文化的熏陶，中国企业的发展过程中贯穿着明显的爱国、仁和、诚信和慈善等社会责任思想。综上所述，由于历史、文化底蕴以及国家制度不同，企业社会责任发展历程也不同。

（三）法律法规

任何行为都需要法律法规加以约束规范，企业社会责任履行如果没有法律法规加以约束，将流于形式。《中华人民共和国公司法》第五条对此做出了明确的规定："公司从事经营活动，必须遵守法律、行政法规，遵守社会公德、商业道德，诚实守信，接受政府和社会公众的监督，承担企业社会责任。"这也是中国首次以法律的形式明确企业社会责任。为促进以上法律法规的实施，我国制定了强制公司披露企业社会责任的会计制度。对于企业来说，决策均需要在法律规定范围内进行，例如确保投资者的利益，为消费者提供全面服务和优质产品，确保员工工作安全、福利、教育等权益，确保按照法律法规纳税和承担社区、环境等责任。

（四）企业治理特征

公司治理是指由股东等利益相关方对企业进行监督与制约的过程。在这样的体制下，股东和管理者的权力与义务得到了合理的分配。现有研究主要探究了股东治理、董事会治理与高管治理等与企业社会责任的关系，研究结论普遍认为企业治理水平和企业社会责任履行水平成正比。现有研究认为企业社会责任履行水平在很大程度上取决于控股股东性质（尹开国等，2014）。国有控股公司既要实现自身的发展，又要追求利润最大化的目标，还要履行提高就业率、维护社会稳定与保护环境和资源等非经济责任，因此会有更多动力披露社会责任信息和履行企业社会责任。股权集中程度对企业社会责任的影响存在两种观点：一种观点认为，股权高度集中更有利于股东监督管理层，提高管理效率，减少机会主义行为，改善与利益相关者的关系，提高社会责任履行效率（Xiao and Yuan，2007）；另一种观点认为，股权高度集中会导致股东为了追求自身利益最大化而侵害其他利益相关者的权益，不利于企业履行社会责任（张正勇等，2012；坚瑞和戴春晓，2020）。

（五）企业战略

企业在发展过程中会遇到众多不确定性因素，如资源匮乏、制度不完善和市场不确定等。企业只有将可持续发展纳入企业战略，才可以积极应对挑战。企业通过节约资源、降低资源消耗、降低生产成本、提高产品竞争力、科技创新和减少环境污染来履行企业社会责任，有利于实现可持续发展。可见，履行企业社会责任是实现企业可持续发展的一条重要路径，是企业的战略决策，只有把可持续发展纳入企业战略，企业才能积极应对发展中不确定性因素带来的挑战。

（六）高管特征

现有研究显示，管理人员的特征对企业社会责任履行具有重要的作用，如高管的学历、年龄、性别和社会声誉等会影响企业社会责任履行效果（张正勇和吉利，2013）。不同学者的研究有不同的结论。王士红（2016）研究发现，在高管年龄、受教育年限和平均任职年限三个特征中，前两个特征对企业履行社会责任的影响不显著，第三个特征不利于企业履行社会责任。除此之外，女性高管的特征也备受瞩目：女性高管占比高，企业会更积极地履行社会责任，有利于提高社会责任履行水平（黄荷暑和周泽将，2015）；而当细化到企业环境信息披露质量和概率时，则得出相反的观点，女性高管比例高不利于企业履行社会责任（张国清和肖华，2016）。伴随着经济全球化，具有海外经历的管理者备受青睐，并且其在企业中具有不可估量的作用。具有海外经历的管理者对社会责任的认知度较高，从而影响企业履行社会责任的主动性。已有研究表明，具有海外经历的高管占比越大，该企业履行社会责任的主动性越高（赖妍等，2020；蒋尧明和赖妍，2019）。

由此可知，企业社会责任履行受高管特征的影响。

（七）外部驱动力

伴随着信息技术的进步，媒体业迅速发展，影响力不断扩大。媒体业的壮大对企业而言是把双刃剑：对于积极承担社会责任的企业来说，媒体的正面报道有利于企业建立声誉与树立良好的形象（Kong et al.，2013），会为企业带来潜在的经济效益，从而进一步促进企业履行社会责任；而对于不积极履行社会责任或在经营过程中损害利益相关者权益的企业来说，媒体对负面事件的曝光不利于企业发展，会影响企业经营状况。此时媒体会发挥治理作用，企业迫于压力，会进行改革，履行社会责任以试图挽回形象（Flipse and Ossewijer，2013；陈晶璞和李艳萍，2014）。

消费者也是外部驱动力之一，维护消费者利益并获得消费者信任是企业的职责。但当企业损害消费者利益时，消费者将不信任企业而选择其他公司产品进行消费，从而导致企业失去市场。消费者甚至可以联合抵制此公司产品或通过法律手段维护自己的利益，这将严重威胁到企业的生存和发展。

二、促进中国企业履行社会责任发展的措施

伴随着环境污染、卫生事件频发与资源配置不平衡等问题的出现，企业社会责任引起广泛关注。越来越多的企业把社会责任列为经营发展的目标。而要使企业履行社会责任成为一种自觉意识和普遍行为，仅靠企业的自觉性和道德约束是不够的。中国作为新兴国家，经济处于转轨时期，有些制度尚不完善，如市场机制、法律制度和股东权益保护机制等（张媛等，2022）。同时企业均追求利益最大化，如果缺乏外界约束，企业将损害其他所有者的权益，将自身利益放在最高位置。因此，企业履行社会责任和完善社会责任体系需要法律和制度约束，需要政府和媒体等部门的监督，以此来实现企业和社会的良性互动、建立良好的社会责任履行体系。

近几年，随着国际市场、消费者、债权人和员工等利益相关者对企业社会责任的理解更加明确，全球呼吁保护环境、低碳生活和企业履行社会责任的思潮迅速蔓延，企业在社会责任方面进行投资已经成为必然趋势。但我国企业在履行社会责任方面面临巨大的挑战，如企业履行社会责任的意识不足、企业生产经营能力不足以及相关的法律制度不完善等。为了促使企业积

极履行社会责任，本节提出以下七条措施。

（一）正确认识企业社会责任

目前大量企业对社会责任的认知不全面，未认识到企业社会责任的重要性，没有将履行企业社会责任纳入企业发展的总体战略和企业决策。一方面，企业高级管理人员未将企业社会责任纳入考核机制，缺少专门负责管理和监督企业社会责任的部门；另一方面，员工企业社会责任意识淡薄。除此以外，仍然有一些企业认为履行社会责任等同于参与慈善事业，将两者画上等号，但两者在本质上存在较大差别。因此，正确认识企业社会责任是当前我国企业社会责任进一步发展面临的挑战之一。

（二）增强社会责任意识，促进企业积极履行社会责任

1. 道德意识

伴随着我国经济高速发展，企业在经营过程中出现了一系列社会问题，如 2013 年的毒生姜事件、2014 年上海福喜肉过期肉事件和 2015 年僵尸肉事件等食品安全问题，以及假疫苗等医疗卫生安全问题，严重损害了人民的健康。由此可知，一些企业在自身发展的过程中罔顾道德、责任和法律，只考虑自身利益。因此，提升基本道德和树立正确的义利观，是促使企业自觉履行社会责任的首要任务。

2. 安全生产意识

安全生产体现了企业对员工的社会责任，在我国经济发展过程中存在许多只顾追求眼前利益、忽视安全生产的现象。无法做到安全生产，必然会损害员工利益，企业必将为此付出惨痛代价，也将不利于企业和社会的和谐发展。因此，提高安全生产意识是企业社会责任建设的必经之路。

3. 法律意识

企业生产经营必须在法律允许的范围内进行。当前，中国企业法治建设仍存在许多薄弱环节：一是职工代表大会和工会组织不健全，无法履行其正常职责。企业员工的民主权利和合法权益无法得到保障。二是许多企业为了抢占市场开展恶性竞争，损害了消费者以及其他利益相关者的权益，破坏了市场秩序，需要国家消耗大量精力和成本进行整顿。三是存在弄虚作假、假冒伪劣、偷税漏税和违约毁约等失信行为，这些失信行为将阻碍我国经济和

社会的和谐发展，因此依法治理企业行为有待深化和加强。

4. 环境意识

随着经济发展，企业逐步认识到环境的重要性。2005 年，我国提出的"绿水青山就是金山银山"理念，推动了经济和社会发展的全面绿色转型。因此，发展经济的同时也要注意保护环境，实现人与自然的协调发展。但较多企业仍缺乏环保意识，在生产环节上无法降低对环境的损害，难以从根本上减少环境污染。让企业加强环保意识、认识到污染环境带来的成本，也是企业社会责任建设的巨大挑战。

（三）提高企业承担社会责任的实力

企业履行社会责任需付出巨大的成本和精力，而中国众多企业由于生产规模较小，没有能力履行社会责任。因此，中国应该首先加速建立现代化企业体系，并持续改进企业内部管理，提高企业盈利能力与综合实力。其次，企业可以通过并购重组提高自身实力，扩大规模效益，以此来提高承担社会责任的实力和提高自身竞争力。最后，企业要想实现自身发展必须转换观念，增强责任意识，实现可持续发展。

（四）强化企业诚信建设

企业要实现可持续发展，必须充分兼顾社会、经济和环境三方面的利益，实现和谐发展。中国企业可以借鉴欧美企业的经营模式，采用财务、环境和社会责任三者相结合的业绩管理模式，通过透明的方式向社会公布年度报告，将企业的财务状况、资源利用情况、环境保护和公共社会福利等方面的信息公开，减少因信息不对称而造成的商业欺诈等行为，从而获得社会的信赖和支持。

（五）完善企业社会责任的社会监管和促进机制

目前，我国出台了许多有关企业社会责任的法律政策，以保障其合法实施。但总体来看，企业社会责任建设的相关机制仍不够完善和成熟，企业主动履行社会责任的积极性不高，难以实现企业社会责任的全面提升。面对经济的高度不确定性和错综复杂的经济市场，通过标准化和立法全面规范企业社会责任履行的任务仍然十分艰巨，需要政府以及其他非营利部门不懈努力。具体来说，主要依靠政府各个职能部门对企业进行监督，如工商部门、税务部门、环保以及质检部门等，引导企业履行法定义务和责任。同时，政府还应该出台一系列有关的政策，以激励和引导企业在法律和伦理方面承担社会责任。要建立健全社会责任激励机制，就必须引导企业建立起"社会责任"观念，可以通过政府的宣传让更多的企业意识到履行企业社会责任的重要性。各界应对主动承担社会责任的企业，如诚信经营、依法纳税、爱护员工、注重环保和参与慈善事业的企业，进行表彰、奖励和宣传，为其他企业树立榜样。

（六）完善企业社会责任的标准及其评价体系

国外已有许多企业社会责任的量化评估系统，但我国经济同西方经济存在较大差异，如果照搬国外企业社会责任评估标准，将误导我国企业，不利于我国企业的发展。因此，我们应在借鉴外国先进经验的基础上，制定出一套适合本国经济的社会责任评级体系并不断完善，使我国企业社会责任与国际接轨。具体来说，社会责任评级体系应将企业的各项社会责任活动规范化、制度化，如规范企业的生产经营、规范企业产品生产和服务质量、规范对员工的保障、规范企业对资源的利用、规范企业竞争和规范企业同社会等各方面的关系，不断完善企业社会责任的标准和评估体系。

（七）创新企业社会责任的践行方式

企业经营活动注重技术创新和研发，而企业履行社会责任的形式也应不断改革创新。比如通过互联网平台参与公益事业，开展"随手拍"、绿色出行、资源共享等活动。这会促使企业履行社会责任，不断推动企业社会责任践行方式的创新。

第五节　中国企业践行社会责任案例

一、案例一：白象食品股份有限公司①

"食泽民众、业润社会"，作为农业产业化国家重点龙头企业，白象食

---

① 笔者根据不同资料整理。

品始终怀揣着企业社会责任，不断通过实际行动展现民营企业的责任和担当，用行动和一直以来的坚持为社会良好发展贡献力量。白象始终坚持用自己的力量去创造更多的社会价值和正能量，用"至诚"的信念来获得全社会的认可和尊敬。

（一）公司背景

白象食品股份有限公司成立于 1997 年，以生产销售方便面为主，涉及面粉、挂面、面点、粉丝、饮料和种植等多个领域，是国内规模最大的综合食品企业，被誉为"河南省粮食深加工和食品生产龙头企业""河南省粮食深加工十家重点保护企业"和全国"农业产业化国家重点龙头企业"，名列国家信息化 500 强第 159 位。据统计，白象目前在河南、河北、山东、吉林、山西、湖南、江苏、四川、陕西和吉林等地拥有 12 个面制品生产基地，20 多家子公司。2019～2020 年，白象公司在方便面和挂面等领域研发的新产品 80 余种。公司现有方便面生产线 90 余条，销售终端近 120 万个，产品畅销全国，并出口国外。白象一直以诚挚之心帮助员工、成就员工，为提高全社会就业率做出了贡献。白象在追求满足全体员工物质与精神需求的同时不断深入洞察未来发展趋势，丰富技术支持，提高自主创新能力，推动食品科学的进步与发展。多年以来，白象一直保持高速发展，不仅能为顾客提供优质面食和现代化食品，还肩负着许多社会责任。白象积极投入公益事业，承担作为社会一分子的责任，对中国企业社会责任的发展起到了巨大的促进作用。

（二）白象公司企业社会责任履行情况

民以食为天，食以面为先。白象一直以"至诚"为经营理念，以高标准生产、良知经营和精益管理为准则，不忘肩负起企业应尽的社会责任。白象在扶贫与教育、临时性危难救助、环境保护和热心公益、食品安全等方面积极履行社会责任，为促进社会和谐稳定发展做出了巨大贡献。

1. 扶贫与教育方面

2007 年，白象集团董事长姚忠良为河南省宋庆龄基金会捐赠了 1000 万元人民币，并于同年设立了"大学生成长公益基金"，用于关爱青少年成长，帮助大学生创新创业发展和实现自我价值。白象还资助了家庭贫困的大学生，帮助他们顺利完成学业，用实际行动践行"和平、统一、未来"三项宗旨。除此之外，白象积极支持基础义务教育，2010 年在汝南县、平舆县和遂平县分别捐赠一所希望小学。截至 2020 年，白象公司共捐赠希望小学 5 所，解决了贫困地区"上学难"的问题，为贫困地区提高儿童入学率和基础教育水平提供了有力帮助。为鼓励大学生毕业返乡创业、建设家乡，2020 年，白象成立了"大学生成长公益基金"并设立大学生兴农报国资助项目。

2. 临时性危难救助方面

2008 年汶川地震发生后，白象公司多次援助汶川、玉树与雅安等地震灾区，并第一时间启动社会责任应急预案，组织募捐，成立救援小组，紧急调配救援所需物资，帮助受灾地区的人民群众渡过难关。2020 年初，新冠肺炎疫情暴发，多地出现生活必需品以及医疗物资短缺等问题，严重影响到人民群众的正常生活和医疗保障。在此时期，白象公司高度重视并积极响应，在加强安全防护的同时积极同慈善机构、医院和防疫站进行联系，并多次捐赠物资。疫情暴发初期，武汉是受影响最严重的城市，白象立刻给火神山医院、雷神山医院和武汉市第三人民医院送去了急需的食物，用实际行动支援前线。除此之外，白象在确保本企业数千名员工零感染的基础上，克服了物流不畅通和原材料不足等众多问题，积极推动企业复工复产，迅速恢复正常生产，积极配合市场生产物资，确保生活必需品的供应。因在确保物资充足和社会稳定等方面做出了巨大贡献，白象荣获"抗疫先锋模范企业"荣誉称号。2020 年，中国多地遭受洪涝灾害，白象积极捐赠物资支持防汛抗灾，与抗灾一线的战士们一起共克时艰。白象一直奔跑在助力抗震救灾、防疫抗疫和防洪抗灾的第一战线。由此可见，白象始终在用自己的方式承担企业社会责任和回报社会。

3. 环境保护和热心公益方面

白象用微薄之力呵护自然环境。2016 年，白象的"带走行动"引起公众广泛关注："五一"期间，白象公司义工在泰安红门登山口共派发了近 3 万个环保袋子；"十一"期间，白象再次将此行动带到泰山。2007～2008 年，白象大力支持南北极科学考察活动。2008 年，白象研制了一种适宜登山运动员快速恢复体力的营养品，此营养品曾作为第七届奥运会登山运动员的特殊后勤保障用品。

4. 食品安全方面

2022 年 "3·15 晚会" 上，公众重新认识了白象，白象公司以一句 "没合作、放心吃，身正不怕影子斜" 充分体现了企业对社会责任的坚守，保证产品百分之百安全健康等措施推动白象产品销量重回高位。

不仅如此，白象公司的员工中有 1/3 为残疾人，这有利于帮助残疾人实现自身价值和提高全社会的就业率。白象曾拒绝日资收购，也是唯一一家拒绝日资收购的国产方便面企业，因此招致了其他品牌的围剿。2020 年，康师傅的市场份额为 46%，白象的份额仅有 7%。面对如此困难的境地，白象仍然坚持招收残疾员工，并对他们一视同仁，让他们和正常员工享受相同的待遇。

以上事例充分体现了白象一直默默奉献，积极履行社会责任，为社会分担压力。据媒体报道，2022 年 3 月 16 日，白象近一周线上直播销售额超 770 万元。白象品牌口碑之所以飙升，是因为其长期以来对企业社会责任的重视，履行社会责任也成功地推动了白象品牌重回高峰。由此可见，长久坚持的社会责任，能在危急关头帮助企业赢得顾客认同。

（三）总结

白象一直坚持以产品立身、责任为命、回馈社会和消费者，积极履行社会责任。白象在各个领域一直努力做一个完美的社会公民：对社会上发生的突发紧急事件，永远冲在最前线，始终秉承负责人的态度；面对突如其来的自然灾害，迅速做出反应、实施应急方案，竭尽全力帮助受灾的人民群众；白象自身产品质量过硬，投资公司和分公司等经过 300 多次抽检，均为合格，始终做到让消费者百分之百放心；面对复杂的外部竞争环境，白象始终坚守民族企业精神，专注于新产品研发并积极进行产品创新。白象不断创新、不断提高产品质量、为广大家庭提供优质面食和为社会做出更大贡献的做法赢得了业界和广大消费者的信任。白象的成功也说明了企业积极履行社会责任可以增强抵抗市场冲击的能力，也有利于获得利益相关者支持、建立良好的声誉和提高产品的市场占有率。

二、案例二：鸿星尔克实业有限公司[①]

"诚信、创新、协同、高效"是鸿星尔克的企业文化理念。它的理念看似简单且平凡，实则蕴含着深远的意义，诚信是一种约束员工的道德规范，也是一种对消费者和社会的责任。

（一）公司背景

鸿星尔克公司成立于 2000 年，历经数年，已发展成为一家集研发、生产和销售于一体的大型服饰企业。鸿星尔克公司在全世界拥有 6000 多家企业，主要销售地区为欧洲、中东、南北美洲和非洲等，总资产超过 400 亿元，先后获得"中国 500 最具价值品牌"和"亚洲品牌 500 强"等荣誉称号。

（二）鸿星尔克与企业社会责任

鸿星尔克积极履行社会责任，在慈善捐赠、积极救灾、教育扶持、保护环境以及爱护员工等方面表现突出。

1. 慈善捐赠方面

2018 年，以"鸿星助力·衣路有爱"为主题的"2 年 6000 万元"助残项目在北京正式启动，6000 万元的物资将用于帮助残疾贫困人员改善生活。此项目涉及范围较广，包括援助"一带一路"沿线的埃塞俄比亚、肯尼亚和乌干达等非洲国家，资助湖北、山东、河北、宁夏、甘肃、云南、贵族七省区贫困残疾人以及中国残疾人体育运动管理中心裁判员和志愿者，这充分展现了中国品牌的影响力和风采。

2. 积极救灾方面

无论是地震，还是新冠肺炎疫情，抑或是河南水灾，鸿星尔克的善举从未缺席。2015 年，尼泊尔大地震涉及日喀则等地区，鸿星尔克公司立即采取紧急措施，组织员工捐赠价值 320 万元的物资送到灾区；2020 年，鸿星尔克捐赠了包含医用口罩、消毒液等在内总价值 1000 万元的物资；2021 年河南郑州水灾牵动全国人民的心，从中央到地方，从国家到企业再到个人，都为灾区捐赠物资。鸿星尔克在 2020 年亏损 2.2 亿元的情况下仍然坚持向

---

① 笔者根据不同资料整理。

河南捐赠价值5000万元的物资，这5000万元对于一个大企业来说也许微不足道，但是对于一个资金短缺、濒临破产的企业而言却是一笔无比重要的资金。在危急关头，鸿星尔克的做法充分展现了民族企业的责任与担当。2021年7月23日晚，大量网友涌入鸿星尔克直播间，使其销售记录再创新高。在此期间，鸿星尔克在直播间呼吁大家理性消费，多关注河南灾情，多帮助其他国货品牌，因为这些企业也是在经济状况不佳的情况下为灾区贡献了一份力量。

3. 教育扶持方面

鸿星尔克大力扶持本地教育事业，除了成立"吴汉杰教育发展基金"、协同知名媒体爱心助学以及直接捐赠外，还通过赞助"梦想基金"大学生网球主题创业计划和"2010年鸿星尔克模特校园大赛"等方式支持教育事业。

4. 保护环境方面

鸿星尔克不仅参与公益事业，还将企业社会责任贯穿于产品研发、生产和销售等各个环节。为了减少环境污染以及保护员工身体健康，鸿星尔克在造鞋技术上引入水性胶技术，制造健康环保的产品。

5. 关爱员工方面

对员工负责是企业承担社会责任的第一要素。鸿星尔克不仅对公众和消费者等外部利益者履行社会责任，也积极履行对员工的责任。鸿星尔克一向视员工如亲人，每年的寒暑假都会设置专门的培训班，帮助他们照看和指导子女。同时，鸿星尔克还定期调查员工的家庭情况，会给孩子升入高校的贫困家庭发放5000元补助。

实践证明，把企业社会责任融入企业的经营与发展过程中，使企业发展有益于公众、环境保护和社会的和谐发展，能让企业得到社会公众的尊重和支持，使企业在市场竞争中处于有利地位，有利于企业实现可持续发展。

（三）总结

当前，国家为企业发展提供了众多优惠政策和条件，帮助企业更好更快地满足社会需求。企业应充分认识到自身发展与企业社会责任之间的关系，良好的经营状况和盈利能力是企业生存与发展的基础，也是企业履行社会责任的基本保障，但企业要想实现可持续发展，就必须不断进行企业社会责任建设，履行好企业社会责任，推动企业和社会协调发展。

第四章

企业社会责任相关理论

自企业社会责任的概念诞生以来，学者们从不同的角度阐述了相关观点，推动着企业社会责任不断发展。本章基于国内外学者关于企业社会责任的研究，对主要观点与理论进行梳理。

第一节　利益相关者理论

利益相关者是从企业行为中受益或受害的群体和个人。从这个角度来看，企业社会责任的概念是企业对社会中相关群体的责任，而不只是对股东的责任和法律所规定的义务（Jones，1980）。

一、利益相关者理论的兴起

现在我们所熟知的"利益相关者"一词，最早出现于1963年斯坦福研究院（Stanford Research Institute，SRI）的一则管理备忘录中，其中将"利益相关者"描述为：没有他们的支持，企业将无法生存。利益相关者名单最初包括股东、员工、客户、供应商、贷方和社会（Freeman，1984）。利益相关者理论认为企业发展需要依靠利益相关者，他们的需求和关注点成为企业制定发展目标的依据，利益相关者所掌握的资源能为企业的生存和发展提供必要的支持。该理论的出现极大地挑战了当时的"股东至上论"，使管理者认识到企业存在的目的并不仅是为股东服务，企业周围也存在着许多关系到自身生死存亡的利益群体。

继 SRI 之后，雷曼（Rhenman，1964）首次应用了"利益相关者"概念。他将 SRI 定义中企业与利益相关者的单边关系扩展到双边关系，即企业需要得到利益相关者的支持，同时利益相关者也受到企业发展的影响。他将"利益相关者"定义为：为了实现自己的目的而依赖于企业的个人或群体，企业也依赖于他们的存在来实现自身的可持续发展，如投资者和员工。弗里曼（Freeman，1984）将与企业形成单边关系或双边关系的利益相关者称为狭义的利益相关者或广义的利益相关者，如表 4 - 1 所示。

表 4 - 1　　　　　　　　　　利益相关者的定义和范围

	定义	范围
狭义的利益相关者	没有他们的支持，企业将无法生存	股东、员工、客户、供应商、相关金融机构和政府
广义的利益相关者	任何能够影响企业目标实现或受企业影响的组织	股东、员工、客户、供应商、相关金融机构、公益团体、政府、社区、竞争对手、工会等

资料来源：笔者整理。

二、利益相关者理论的发展

随着企业与社会伦理观的发展，利益相关者问题逐渐受到学者们的广泛关注。1984 年，弗里曼（Freeman，1984）出版了《战略管理：利益相关者方法》（*Strategic Management：A Stakeholder Approach*）一书，明确提出利益相关者理论。四年后，埃文和弗里曼（Evan and Freeman，1988）基于康德主义的规范性丰富了利益相关者理论。从那时起，利益相关者理论模型得到了广泛传播。后来，弗里曼与合作者（Freeman and Evan，1990；Freeman and Gilbert，1987）又一起巩固了他的初步工作，并对理论进行了一些修改。1993 年，卡森（Carson，1993）通过实验发现利益相关者对企业的重要性存在等级。1995 年，唐纳森和普雷斯顿（Donaldson and Preston，1995）深入研究了利益相关者理论的相关基础。1998 年，克拉克森（Clarkson，1998）提出了七项利益相关者管理原则。学者们的研究进一步丰富和发展了利益相关者理论，研究的具体内容如下：

弗里曼（Freeman，1984）认为"利益相关者"一词与"股东"密切相关，他将股东的概念概括为管理层需要对其负责的唯一群体，并认为利益相关者有两种含义：狭义的利益相关者为对企业生存和发展有至关重要影响的群体；广义的利益相关者包括可以影响或受企业影响的任何团体或个人。埃文和弗里曼（Evan and Freeman，1988）将利益相关者理论的合法性建立在两个原则之上，这两个原则分别被他们称为"企业权利原则"和"企业效应原则"。这两个原则都考虑了康德主义中"对人的尊重"的主张，前者规定企业及其管理人员不得侵犯"他人决定自己未来"这一合法权利，后者声明企业及其职业经理人应对其行为对他人产生的影响负责。他们将企业视为各种利益汇聚的实体，认为企业的发展与影响或受企业活动影响的个人或群体的利益有关，即企业的目的是协调利益相关者的利益以促进自身发展。卡森（Carson，1993）做了一个有趣的实验发现：企业高管有积极维护利益相关者利益的职责，但是维护某些利益相关者的利益比维护其他利益相关者的利益更重要，有时首要利益相关者的较小利益优先于次要利益相关者的较大利益。唐纳森和普雷斯顿（Donaldson and Preston，1995）认为，企业的利润分配必须基于"分配正义"的基本原则，经典分配正义理论背后的所有关键特征都存在于利益相关者理论中。克拉克森（Clarkson，1998）提出了七项利益相关者管理原则：第一，管理者应积极关注所有合法利益相关者的需求，并应在决策和运营中适当考虑他们的利益；第二，管理者应听取利益相关者的意见，并与利益相关者开诚布公地讨论他们各自的需求和贡献，以及他们因参与企业活动而承担的风险；第三，管理者应针对每个利益相关者的诉求和能力采取敏感的行为过程和行为模式；第四，管理者应清楚表明利益相关者对企业的贡献与应得的回报，在分析他们的风险及弱点的基础上，实现责任、利益及义务的公平分配；第五，管理人员应与其他公共和私人实体合作，以确保将企业活动产生的风险和危害降至最低，并在无法避免危害的情况下给予利益相关者适当补偿；第六，管理人员应完全避免可能危害人权（如生命权）的风险活动；第七，管理者应承认他们自己作为企业利益相关者与其他利益相关者之间存在潜在的冲突，承认和解决这些潜在矛盾的途径有公开沟通、适当的报告和激励等，以及在必要时可以进行第三方评议来解决此类冲突。这些原则提出了一个规范的管理模式，是一套尊重利益相关者合法利益和权利的准则。

　　上述学者对利益相关者理论的发展做出了突出贡献，除此之外，还有一些学者解释了什么是"利益相关者"。表4-2按照时间顺序总结了众多学者对利益相关者的定义。

表4-2 谁是利益相关者?

来源	定义
斯坦福研究院(SRI, 1963)	没有其支持企业将不复存在的群体或个人
雷曼(Rhenman, 1964)	依靠企业来实现个人目标,以及企业赖以生存的组织
阿尔塞特和伊德努卡宁(Ahlstedt and Idhnukainen, 1971)	受自身利益和目标的驱动,他们是企业的参与者,也是企业有所依赖的组织
弗里曼和里德(Freeman and Reed, 1983)	狭义:组织持续生存的依赖者 广义:可以影响组织目标或受组织目标影响的群体
弗里曼(Freeman, 1984)	可能影响企业目标实现或受企业目标实现影响的群体
弗里曼和吉尔伯特(Freeman and Gilbert, 1987)	可能影响企业或受企业影响的组织
科内尔和夏皮罗(Cornell and Shapiro, 1987)	拥有契约关系的索取者
埃文和弗里曼(Evan and Freeman, 1988)	在企业中拥有股份或索取权的群体
埃文和弗里曼(Evan and Freeman, 1988)	受益或受害于企业,其权利会受到企业行为侵犯或尊重的群体
鲍伊(Bowie, 1988)	企业生存的必要支持者
阿尔哈拉吉(Alkhalaji, 1989)	企业需要对其负责的群体
卡罗尔(Carroll, 1989)	对从利益到权利(法律或道德)再到对企业资产或财产具有所有权或法定所有权的群体
弗里曼和埃文(Freeman and Evan, 1990)	合同(契约)持有者
汤普森等(Thompson et al., 1991)	与企业有关者
萨维奇等(Savage et al., 1991)	与企业的行为有利益关系并受到影响的群体
希尔与琼斯(Hill and Jones, 1992)	在企业中有合法利益的成员,通过交换关系的存在建立,为企业提供关键资源(贡献)作为交换,希望获得利益满足的群体

来源	定义
比耶内（Brenner，1993）	与企业有某种合法的、重要的关系（如交换交易、行动影响和道德责任）的群体
卡罗尔（Carroll，1993）	拥有企业的股份，可能会受到企业影响或影响企业的群体
弗里曼（Freeman，1994）	参与企业创造共同价值的人文关怀者
维克斯（Wicks et al.，1994）	与企业互动联系，并赋予企业实际意义和内涵的群体
兰特里（Langtry，1994）	企业对其福祉负有重大责任，或者其对企业有道德或法律要求的群体
斯塔里克（Starik，1994）	受到或可能受到企业的影响，或可能是影响企业的群体
克拉克森（Clarkson，1994）	由于在企业中投资了某种形式的人力、财力或有价值的东西而承担某种风险，或由于企业活动而处于风险之中的群体
克拉克森（Clarkson，1995）	拥有或要求拥有企业及其活动的所有权、权利或利益的群体
内西（Näsi，1995）	与企业相互影响从而促进企业运营的群体
比耶内（Brenner，1995）	正在或可能影响企业或受企业影响的群体
唐纳森和普雷斯顿（Donaldson and Preston，1995）	在企业活动的程序或实际操作上拥有合法利益的个人或团体

资料来源：米切尔等（Mitchell et al.，1998）的研究。

第二节 金字塔理论

卡罗尔（Carroll，1991）认为，四种社会责任构成了全面的企业社会责任，分别是经济责任、法律责任、道德责任和慈善责任，企业社会责任的这四个类别或组成部分被描述为一个金字塔。他认为这四个类别中的每一个都值得被仔细考虑，所有类别的责任在某种程度上同时存在。最近几年，道德和慈善责任占据了重要地位。

一、经济责任

企业的首要责任本质上是经济责任。企业是社会的基本经济单位，因此它有责任生产社会想要的商品和服务，并以盈利的方式销售它们。

企业作为经济体系的重要组成部分，盈利是其生存的基本条件或要求，因此企业对利益相关者负有经济责任。将经济视为一种社会责任似乎不太恰当，但实际上，经济责任是要求企业能够维持自己的生存，而实现这一目标的唯一方法是盈利，盈利能够激励所有者或股东投资，确保有足够的资源继续经营。社会将企业视为生产和销售其需要和渴望的商品和服务的机构，社会允许企业获利，企业在增加价值时会创造利润，使企业的利益相关者从中受益。利润对于投资者、所有者以及企业开拓业务领域来说都是必要的，世界上几乎所有的经济体系都认为企业盈利对社会至关重要，优秀的企业家也在不断证明盈利能力对于企业成功的重要性。在当今竞争激烈的全球商业环境中，经济绩效和可持续发展已成为紧迫的话题。那些在经济领域不成功的企业将面临倒闭，在企业无法生存的情况下，再谈除经济责任以外的其他责任便没有意义。因此，经济责任是企业在竞争激烈的商业世界中生存与发展的基本要求。

二、法律责任

尽管社会允许企业承担生产性角色来维持经济体系运转，但企业作为社会的一部分，会受到法律法规等基本规则的约束。企业应该在规则范围内经营，社会期望企业在法律要求的框架内完成其经济使命。

在履行法律责任上，公众对企业的重要期望主要包括以下五个方面：第一，以符合政府和法律期望的方式运营；第二，遵守各种法规；第三，以守法企业的身份运营；第四，履行对利益相关者的所有法律义务；第五，提供至少满足最低法律要求的商品和服务。

三、道德责任（伦理责任）

前两类责任体现了公众对企业的强制要求，但还有一些行为和要求不一定被编入法律，而社会仍然期望企业进行相关的活动，这就是道德责任。道德责任定义不明确，因此也是企业最难处理的责任之一。近年来，道德责任逐渐受到重视，社会对企业的期望超过了法律所要求的责任，尽管关于哪些企业行为符合道德准则和违背道德准则的争论仍在继续。

社会认为法律的规范性对企业的约束是必要的，但不充分。除法律法规的要求外，社会还期望企业以道德的方式运营和处理其事务。承担道德责任意味着企业将接受这些规范和标准，即使它们未被编入法律。履行道德责任意味着企业将以公平和客观的方式处理事务，企业将响应各种规范、标准、价值观和原则，尊重消费者、员工、股东和社会的意愿，尊重和保护利益相关者的道德权利。法律和道德责任之间的区别往往是不明显的，法律责任是道德责任的前提，道德责任进一步丰富和完善了法律责任。卡罗尔（Carroll，1991）认为企业履行道德责任的重要方式包括以下五种：一是以符合社会道德的方式经营；二是承认和尊重社会采用的新的或不断发展的道德规范；三是杜绝以损害道德规范的方式实现企业目标；四是通过做符合道德或伦理要求的事情成为优秀的企业；五是意识到企业道德行为不仅是遵守法律法规。

四、慈善责任（自愿责任）

慈善责任也称自愿责任，是社会没有明确规定的责任，是企业自主选择履行的责任，公众对企业慈善责任的要求比道德责任的要求更少。或许将慈善行为称为责任是不准确的，因为它们是由企业自行决定的，纯粹是企业自愿的，承担这些责任的决定仅取决于企业自身的社会角色定位，这些责任不是强制性的，不是法律要求的，甚至在道德意义上也不是社会普遍期望的。

慈善责任对企业来说更具自由裁量权和自愿性。企业从事货币、产品捐赠，企业员工志愿服务社区发展或其他任何对利益相关者有贡献的行为均属于履行慈善责任。

没有什么比喻是完美的，企业社会责任金字塔理论也不例外。金字塔理论作为一个统一的整体，为企业如何计划、决策和行动提供了依据。经济、法律、道德和慈善责任四部分组成了金字塔理论，为企业划分了须承担的各种责任的类别，每一项责任都只是企业整体社会责任的一部分，尽管这些组成部分被视为单独的概念，但它们并不相互排斥。同时，对企业社会责任各组成部分单独考虑有助于企业看到不同类型的责任义务彼此之间的关系。当然，最关键的关系是经济与法律、经济与道德、经济与慈善之间的关系。唯利润主义者可能会将社会责任视为企业"对利润的关注"与"对社会的关注"之间的冲突。

总之，金字塔理论定义的四个部分构成了一个概念框架，具体可以理解为：经济责任与法律责任是社会对企业的"要求"，道德责任与慈善责任是社会对企业的"期望"（Carroll, 1979）。金字塔的底部到顶部反映了企业社会责任从"强制"到"主动"的递进关系，见图4-1。

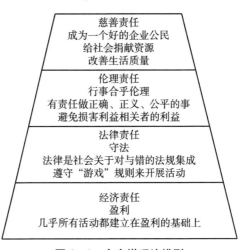

图4-1　金字塔理论模型

资料来源：根据相关信息整理。

第三节　三重底线理论

在讨论可持续发展与企业社会责任时，三重底线（triple bottom line, 3BL，或 people，profit，planet，3P）是最常用的概念之一。1998年，英国学者埃尔金顿（Elkington, 1998）在《食人族的叉子：21世纪商业的三重底线》（*Cannibals with Forks*：*The Triple Bottom Line of* 21*st Century Business*）中定义了三重底线，这一概念创新性地在社会责任体系中加入了环境和社会两个层面，旨在关注企业全面发展的结果。三重底线分别是经济底线、环境底线和社会底线，这三重底线促使企业更加注重可持续发展理念，而不仅追求经济利润。自此，"三重底线"成为实现可持续发展目标的重要工具。

所谓的"食人族"（cannibals）是指在快速发展的经济体系中不断吞噬竞争对手的企业，食人族用来进入新文明阶段的"叉子"（forks）是指可持续经营。埃尔金顿（Elkington，1998）通过论证法国电影业双重底线（经济和环境）不足以满足公众的需求，提出"公众所需的社会正义是目前企业社会责任缺失的关键维度"。因此，为了满足可持续发展的要求，企业需要坚守三重底线。如果食人族采用"分叉"，企业本身、股东、利益相关者、社会和环境都会受益。

"可持续经营"是埃尔金顿为 21 世纪提出的新管理范式。只有达到经济繁荣、环境保护和社会正义的"三重底线"时，企业才是可持续的，这三个底线是相互关联、相互依存和部分相互冲突的，见图 4-2。

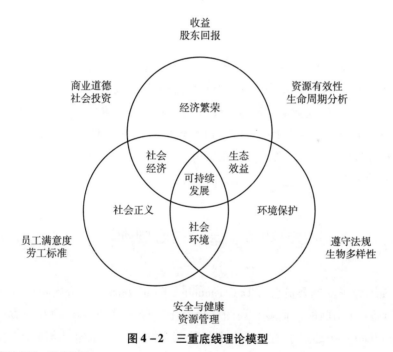

图 4-2 三重底线理论模型

资料来源：笔者整理。

一、经 济 底 线

经济底线是指企业的商业行为对其经济体系的影响（Elkington，1998）。企业经济作为可持续性的子系统，关系到未来的生存与发展（Spangenberg，

2005）。经济底线将企业的经济增长与支持它增长的相关方联系起来，换句话说，它专注于企业为周围的组织提供的经济价值，以促进其他组织繁荣发展。所有企业都担心自己的财务状况，但致力于经济底线的企业不仅关注自身利润，还关注如何更广泛地帮助社区。

二、社会底线

社会底线是指企业开展对员工和社区等利益相关者有益的商业实践，这些做法有利于为社会提供价值并回馈社会。企业不仅对股东负有责任，而且对员工、供应商、客户、开展业务的社区以及受组织直接或间接影响的其他人也负有责任。三重底线的社会底线使企业意识到自身与影响企业运营的所有人际关系具有相互依赖性。

三、环境底线

环境底线是指企业要从事不损害后代环境资源的活动。它涉及能源资源的有效利用、减少温室气体排放和最大限度地减少生态破坏等（Goel，2010）。与社会底线类似，环境底线影响企业业务的可持续性。企业最基本的环境保护措施包括不生产对地球和人类不安全或不健康的产品，但也包括减少资源浪费和废物排放，如使用可再生能源、安全处置有毒物质以及采取一系列绿色措施。

第四节　三个同心圆理论

美国经济发展委员会（The Committee for Economic Development，CED）在其 1971 年出版的《商业公司的社会责任》（*Social Responsibility of Business Corporations*）中通过阐述"社会责任的三个同心圆"来定义不同层次的企业社会责任。三个同心圆（three concentric circles）的内圈为基本经济责任，如为员工提供就业机会、保证产品质量和促进经济发展；中间圈的责任认为履行最内圈的经济责任要适应不断变化的社会价值观，与社会问题紧密结合，如保护环境、建立良好的雇主—雇员关系和满足客户需求等；最外圈是针对社会重大问题形成的更加宽泛的责任，要求企业应该从积极改善社会现状的角度出发履行社会责任，如消除贫困和防止城市衰败。

以前，企业都专注于核心内圈的社会责任活动，只承担它们认为必须承担的基本经济责任，认为经济责任是企业的基本组成部分，企业生存的根本责任是为股东创造收益。现在，大多数企业都开始承担起中圈和外圈的社会责任。卡罗尔（Carroll，1999）将企业社会责任由内圈向外圈不断发展的现象描述为从经典到现代的企业观及其企业社会责任之间的过渡，如图 4-3 所示。

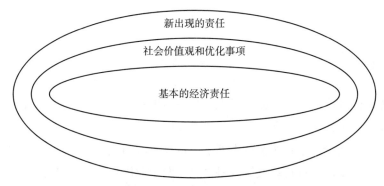

图 4-3　三个同心圆理论模型

资料来源：美国经济发展委员会（CED，1971）的研究。

第五节　可持续发展理论

20 世纪六七十年代，公众普遍认识到人类活动与企业活动对自然环境产生了巨大的和潜在的灾难性影响。由于认识到经济增长导致了严重的环境问题，联合国于 1972 年在瑞典斯德哥尔摩召开了世界首脑会议。该会议是世界各国政府共同讨论当代环境问题、探讨保护全球环境战略的第一次国际会议，是可持续发展观形成的第一个里程碑。

1987 年，世界环境与发展委员会（World Commission on Environment and Development，WCED）发表名为《我们共同的未来》（*Our Common Future*）的报告，该报告提出了"可持续发展"的概念：可持续发展是既满足现代人需求，又不损害子孙后代需求的发展。报告重点关注了人口、粮食、物种与能源等的全球形势，系统讨论了人类面临的一系列重大经济、社会和环境问题，并明确提出三个观点：第一，环境危机、能源危机和发展危机密不可分；第二，地球上的资源和能源不足以满足人类发展的需要；第三，为了后代的利益，必须改变当前的发展模式。

1992 年，联合国在巴西里约热内卢主办了一次环境与发展会议，讨论实施可持续发展的具体方法。会议通过并签署了《关于环境与发展的里约宣言》（*Rio Declaration*）和《21 世纪议程》（*Agenda* 21）。2000 年，联合国新千年首脑会议在纽约联合国总部召开，该会议确定了以发展和消除极端贫困为重点的千年发展目标。2015 年，多位国家元首在纽约联合国总部参加了联合国可持续发展峰会，峰会评估了千年发展目标的实施情况，并通过了《改变我们的世界——2030 年可持续发展议程》（*Transforming Our World：The 2030 Agenda for Sustainable Development*）。可持续发展的目标从根本上改变了传统的发展观，可持续发展观认为在追求经济增长的同时，应注重包容性增长，实现经济、社会与环境的协调发展。

目前，几乎每家企业都意识到了可持续发展的重要性，而且大多数企业都声称已经制定了可持续发展战略，这表明企业已经意识到自身与环境之间的可持续发展逐渐成为重要议题。可持续发展理论包括三个原则：

一是公平性原则。可持续发展追求建立代际和代内的公平机制。代际公平是指本代人的生产经营活动应当对资源环境进行合理有效的开发利用，绝不能以牺牲后代人的利益为代价，同时本代人有责任和义务为后代传递良好的精神文明和物质文明；代内公平是指在不同地区的同代人应当对资源环境进行合理且公平的分配，不同地区具有平等的发展权利，应尽可能实现各地区之间的均衡发展。代内公平是代际公平的前提，代内公平被打破会导致资源利用不合理，后代的利益便无法保障。

二是持续性原则。地球的承载能力是有限的，人类的经济活动和社会发展必须保持在资源与环境的承载能力之内。人类应做到合理开发与利用自然资源，保持适度的人口规模，处理好发展经济与保护环境之间的关系，做到可持续发展。

三是共同性原则。地球是一个整体，地区性问题往往会转化成全球性问题，这要求地方的决策和行动应有助于实现全球整体的协调。例如，要解决全球气候变暖与酸雨蔓延等跨国界问题，就必须进行国际合作。在全球共有的大气、海洋和生物资源问题上，需要在尊重各国主权与利益的基础上，制定各国都能接受的全球性目标与政策。

第六节　循环经济理论

自20世纪70年代末以来，循环经济理论（circular economy）一直在发展。经济学家博尔丁（Boulding，1966）在《即将成为宇宙飞船的地球的经济学》（*The Economics of the Coming Spaceship Earth*）中，通过对宇宙飞船运行的理解将地球描绘成一个封闭的系统。他明确解答了"如何使用有限的自然资源"这一问题：在资源有限的宇宙飞船中，废物必须转化为生存的基础。他认为封闭的经济系统应复制生态系统的功能，一个过程的产出应成为另一个过程的投入。随后，另外两位经济学家皮尔斯和特纳（Pearce and Turner，1990）认为，经济是封闭的和循环的，他们首次提出了"循环经济"的概念，并将其视为生态限度内的经济增长途径。

"循环经济"最著名的定义是由艾伦·麦克阿瑟基金会（Ellen MacArthur Foundation）于2013年提出的，该基金会将"循环经济"解释为"通过意图和设计来恢复或再生工业经济"。同样，耿和多伯斯坦（Geng and Doberstein，2008）通过关注中国对该概念的实施，将"循环经济"描述为"在整个经济系统中实现闭环的物质流动"。韦伯斯特（Webster，2015）认为"循环经济"是一种具备恢复性的经济，旨在始终保持产品和材料的最高效用和价值。袁等（Yuan et al.，2006）指出"循环经济"的核心是物质的循环封闭流动以及多阶段和多层次地对原材料和能源进行合理利用。

循环经济的三个原则：一是减量化（reduce）。减量化原则旨在减少生产和消费过程中投入的材料和能源，也可以被称为材料还原。该原则认为生产产品必须使用尽可能少的资源，并尽量减少浪费。二是再利用（reuse）。再利用原则强调要以各种合理的方式利用自然资源，通过重复使用原材料、副产品和用过的产品，延长产品和服务的寿命，并将生产过程中产生的浪费降至最低。在产品制造过程中，应尽可能使用可再生能源和材料。在产品使用寿命结束时，可再生材料可以重复再利用。三是再循环（recycle）。在涉及技术和生物的循环中，随着时间的推移，要使资源的价值最大化。在循环经济中，生物或可再生材料的设计不应含有毒成分，当再利用不再可行时，可以安全地返回自然。技术材料通过维护、修理、翻新、再制造和再循环回到生产过程中，前提是材料的质量得到保证，这有利于促进循环系统的有效性，消除对环境各种形式的污染。

除学术界对循环经济理论的特别关注之外，这一概念也得到了政策制定者的关注。德国早在 1996 年就率先将"循环经济"纳入国家法律，颁布了《封闭物质循环和废物管理法》（Su et al.，2013）；紧随其后的是日本，日本于 2002 年颁布了《建立循环型社会基本法》（METI，2004）；中国于 2009 年颁布了《中华人民共和国循环经济促进法》；欧盟从 2015 年开始实施"循环经济战略"（European Commission，2015）。

第七节　道德矩阵理论

道德矩阵（virtue matrix）由罗杰·马丁（Roger Martin）于 2002 年提出，描述了产生企业社会责任的力量（动机）。道德矩阵为企业履行社会责任提供了一个概念框架，包括：第一，是什么推动了企业负责任的行为？第二，是什么让公众要求企业承担更多的责任？第三，为什么全球化加剧了公众对企业社会责任的焦虑？第四，增加负责任的企业行为的障碍是什么？第五，哪些力量可以增加企业责任履行？

道德矩阵如图 4 - 4 所示，由四个象限组成，描绘了产生企业社会责任的力量（动机）。根据马丁（Martin，2002）的解释，矩阵底部的两个象限是民事基础，它由规范、习惯和管理企业的法律组成。左下象限为"选择区"，是企业根据规范、惯例和习俗选择的社会责任行为。右下象限是"遵从区"，顾名思义是指企业遵从法律或法规要求而从事的社会责任行为。"选择区"和"遵从区"可以相互转化，并没有明确的界限。例如，曾经只有部分企业向员工家属提供医疗保健福利，由于这种行为产生的收益超过了成本，更多的企业复制了这种做法。最终，政府法规要求企业的健康福利政策应扩展到员工家属，该社会责任由"选择区"走向了"遵从区"。这种转化是为了实现股东利益最大化，因此被称为"工具性行为"。

前沿（自发性）

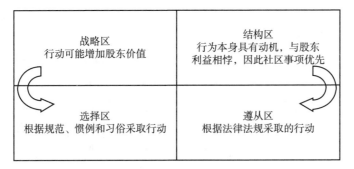

图 4 – 4　道德矩阵理论模型

资料来源：Martin R L. The Virtue Matrix：Calculating the Return on Corporate Responsibility ［J］. Harvard Business Review，2002，80（3）：68 – 75，132.

矩阵上部的两个象限是前沿行为，即"战略"和"结构"前沿。"战略区"的社会责任行为可能通过引起客户、员工或政府的积极反应而缓慢地增加企业价值。该象限的行动虽然有风险，但企业高级管理层会有意识地选择可能盈利的战略。同时，由于企业之间相继效仿，战略前沿的社会责任行为可能会迁移到民事基础层面，直到该行为成为行业惯例和习俗。矩阵的右上象限为"结构区"，这类社会责任是企业出于内在动机而采取的行动，但又与股东利益相悖，因此在此区域中社会利益是第一位的。在这一象限中，企业行为产生的好处主要归于社会，而不是企业，这对企业行动造成了结构性障碍。由于社会利益与股东利益之间存在冲突，解决此类冲突的最好方式就是政府颁布相应的法规要求，从而使这些行为从"结构区"转向"遵从区"。

道德矩阵旨在帮助企业管理者更好地经营，它不能解决或消除股东、社会和政府之间相互竞争利益的现状，但提供了一个评估这些现状的框架，并鼓励企业管理者要积极履行社会责任。

第八节　社会契约理论

苏格拉底（Socrates）和柏拉图（Plato）建立了社会契约理论的雏形

（代博和代建鹏，2022）。以后的几个世纪，这一理论一直受到辩论、批评、修改甚至回避。尽管如此，社会契约论仍然存在，并且已经扩展到社会和政府之外的商业世界。

社会契约理论出现在启蒙运动时期，最著名的定义是由霍布斯（Hobbes，1651）、洛克（Locke，1690）和卢梭（Rousseau，1762）提出。简言之，即人类在进化过程中走到一起，在社会中生存产生了相互依存关系，因此必须就社会成员的关系、责任和权利达成共同协议。它代表了一种隐含的契约，让个体不再是完全自由，形成了现在所呈现的社会状态。

1762年，卢梭出版了《社会契约论》（*On the Social Contract*）一书，该书旨在解释个人与社会、政府之间的关系。他在书中认为，个人自愿放弃某些权利，是为了能让政府为所有公民创造更多的利益（Rousseau，1762）。如今，社会契约理论获得了新的突出地位，它被用来解释企业与社会之间的关系。按照这种观点，企业（或其他组织）对社会负有义务，通过履行义务巩固其在社会中的地位。

1932年，哈佛大学教授多德（Dodd，1932）阐明了企业对整个社会负有责任的理论依据，即法律允许和鼓励企业作向对社区提供服务的组织而存在，而不是主要以盈利为目的，因此企业要与众多利益相关者建立起社会契约，以更好地履行责任义务。麦奎尔（McGuire，1963）建议企业应该建立起与政府、社区、员工以及企业相关的整个社会的契约。弗里曼（Freeman，1984）明确地将企业纳入社会契约之中，他将现代企业视为拥有重要作用和权利的主要社会机构，从而认为企业有承担社会责任的义务。因此，这种隐含的"社会契约"使企业与社会建立了公认的关系，并出现了企业要在社会意愿下运作的观点。该理论观点认为，企业不仅要提供商品和服务，还要通过承担更广泛的责任和实现更广泛的人类价值达到服务社会的基本目的（Carroll，1991）。黎友焕（2007）归纳概括了企业的社会契约模型，具体如图4-5所示。

企业与社会之间的契约一直是不断发展的。唐纳森和邓菲（Donaldson and Dunfee，1994）的综合社会契约理论（integrative social contracts theory，ISCT）与弗里德曼（Friedman，1962）的义务论是目前较为全面的契约理论思想。

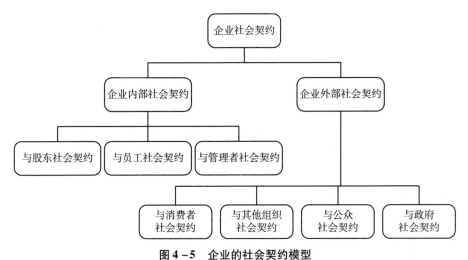

图4-5 企业的社会契约模型

资料来源：黎友焕：《企业社会责任研究》，西北大学博士学位论文，2007年。

ISCT提出了两层规范体系，结合了宏观社会契约和各种组织特有的微观社会契约。前者由代表普世价值的规范组成，认为在任何情况下，每个人都应该遵守规范，无论这个人属于哪个组织；后者是基于个人或组织的规范，每一个组织都可以制定一套属于自己的、与其特定成员相关的道德规则，这些组织可以是正式的，也可以是非正式的，但微观社会契约的规则必须被社会所接受（Donaldson and Dunfee，1994）。此外，微观社会契约反映了组织的特定目标、环境、资源与经验等（Donaldson and Dunfee，1999），由于这些要素在不同社区之间存在差异，因此各自的微观社会契约也有所不同，甚至两个截然不同的微观社会契约的规则可能相互矛盾。然而，它们需要与宏观社会契约相兼容，即不应侵犯宏观社会契约。

弗里德曼（Friedman，1962）对企业管理者的契约期望也包括两套规范：义务论规范和实现利益相关者期望以实现利润最大化的规范。义务论规范适用于所有企业高管，与他们所管理的企业的性质无关。利益相关者的期望是因企业而异的，因为它们各不相同。弗里德曼（Friedman，1962）明确指出，利益相关者的期望只有在不违反义务论规范的情况下才能实现。

总之，社会契约理论和义务论非常相似。社会契约理论认为管理者需要遵守宏观社会契约的普遍规范和各种微观社会契约的组织特定规范，后者不应违反前者。义务论规范与实现利益相关者利益的规范之间也存在类似关系。

第九节　创造共享价值理论

创造共享价值（creating shared value，CSV）由波特和克瑞默（Porter and Kramer，2011）提出，他们将其定义为增强企业竞争力，同时改善企业所在社会经济条件的政策和实践。波特和克瑞默（Porter and Kramer，2011）认为，创造共享价值弥补了道德标准和法律法规对企业规范造成的负面影响，并强调企业是通过改进运营流程来扩大价值进而共享，而不是分享已经创造的价值。

波特和克瑞默（Porter and Kramer，2011）将企业社会责任分为两类：响应型和战略型。"响应型企业社会责任"是为避免惩罚而实施的企业战略（通常为短期），以应对并减少企业在社会责任报告中的风险。企业社会责任报告通过解释企业如何满足利益相关者的诉求，成为满足不同利益相关者信息需求的渠道（Porter and Kramer，2006）。创造共享价值理论以创造价值为目的，要求企业以积极主动的态度尊重利益相关者，因此为短期内企业社会责任报告的质量提供了保证。"战略型企业社会责任"是与核心业务目标和能力相结合的企业战略（通常为长期），旨在创造三重底线回报，推动创新和经济增长。波特和克瑞默（Porter and Kramer，2006）认为，"战略性"使社会责任履行方式从短期履行转向在社会和企业之间建立长期"价值共享"模式，促使企业通过转变经营模式以造福社会，朝着更具包容性的商业模式和竞争环境迈进。

企业需要广泛了解利益相关者的期望，这对推动企业战略实施与创造社会价值至关重要。企业社会责任与创造共享价值是密不可分的，并且不能孤立地理解彼此，也不能单独理解它们对企业职能和运营过程产生的影响（Adams，2008）。

毫无疑问，企业社会责任与创造共享价值、利益相关者等理论有着密切的联系。由于创造共享价值理论在解决社会问题中具有十分重要的地位，因而受到许多学者和企业重点关注。

第十节　小　　结

通过梳理企业社会责任相关理论不难发现，"股东至上"的观点在企业发展过程中被不断诟病。企业被重新赋予了多重身份，社会要求企业对利益相关者负责。企业社会责任在兼顾股东利益的同时，帮助企业健康有序发展，也满足了全社会可持续发展的要求。随着生态环境的恶化，社会责任受到越来越多企业的重视，企业应该清楚地知道与环境和谐相处对于自身发展的重要性，也应该明白企业不是一个孤立的个体。

企业社会责任的相关理论大多来自西方发达国家，但企业作为国家经济的重要组成部分，要充分结合国情特点和经济发展规律，有针对性地进行企业社会责任战略改革。中国正处在经济高质量发展的时代，有关学者和政府部门更应该充分借鉴发达国家在社会责任履行方面的优点，结合中国的发展特点，为企业和环境的可持续发展提出建设性意见和建议。

第五章

企业社会责任测量

受自然灾害及卫生事件频发的影响，利益相关者对企业的要求更高，渴望从企业中获取更多利益。企业社会责任成为实务界、理论界及政策制定者关注的焦点，越来越多的专家、学者及政府人员呼吁企业履行好社会责任。但关于社会责任会对企业产生何种影响尚未达成统一的结论，这成为企业履行社会责任的障碍。正向观点认为履行社会责任有利于企业维护外部形象，帮助企业从社会网络中获取经营所需的资源，促进可持续发展；负向观点认为履行社会责任会侵占企业有限的内部资源，挤压用于生产经营的资源，从而不利于企业发展。在这种矛盾下，履行社会责任充满不确定性，导致企业产生畏缩心理，这不利于企业社会责任战略实施与社会进步。因此，确定社会责任会对企业产生何种影响成为亟待解决的问题，解决这一问题的关键是科学合理的社会责任测量体系，对同一企业运用不同的社会责任测量方法会得出不同的结论，进而影响企业社会责任后果研究的结论。目前，学者们运用了众多社会责任测量方法进行实证研究，本章将对其进行总结与评述，以方便学者、企业与公众开展测量。

第一节　企业社会责任测量方法梳理的重要性

企业社会责任关乎社会发展与企业经营，成为学者们的研究焦点。本节对国内外有关企业社会责任的研究进行汇总与梳理，以便更好地观察企业社会责任研究的发展态势。首先，本节以"企业社会责任"为篇名于中国知网进行文献检索，结果显示，最早研究"企业社会责任"的中文文献发表于1961年，1961~2022年，学者们发表的以"企业社会责任"为题的文献多达15966篇。如图5-1所示，1961年之后的38年里，学术界对这一问题的研究一直处于平静状态。直到2000年，关于企业社会责任的研究迅速增长，于2012年达到顶峰，发表论文1219篇。虽然2012年后企业社会责任研究呈现出下降趋势，但每年仍发表论文达到600篇以上，2021年又呈增长趋势。

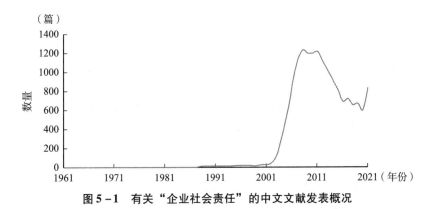

图5-1　有关"企业社会责任"的中文文献发表概况

资料来源：中国知网。

关于英文文献，本节以"Corporate Social Responsibility"为题于Web of Science进行文献搜索。结果显示，1971~2022年，学者们发表的以"Corporate Social Responsibility"为题的英文文献多达6140篇，最早以"Corporate Social Responsibility"为题的英文文献发表于1971年。如图5-2所示，自1971年起，关于"Corporate Social Responsibility"的文献呈现出快速增长的趋势，于2021年达到顶峰，并无下降趋势。

媒体是传递企业信息的载体，更是监督企业的重要手段。在高度信息化时代，企业的各种行为会通过媒体向公众快速传递，新闻媒体在信息传播及舆论引导方面的权威作用不言而喻（Joe et al.，2009；Shao et al.，2018）。为观察媒体对"企业社会责任"的报道概况，本节在中国知网报纸数据库中以"企业社会责任"为题进行报道搜索，结果显示最早报道"企业社会责任"的新闻发表于2001年。2001~2022年，关于"企业社会责任"的报道高达 1756 篇。如图 5 - 3 所示，2001~2003 年，有关企业社会责任的报道较少，自 2004 年起呈现出快速增长趋势，于 2009 年达到顶峰，为 206 篇，虽然 2010 年起呈下降趋势，但每年报道均超过 50 篇。

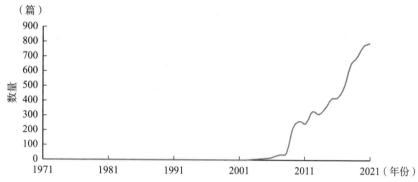

图 5 - 2　有关 "Corporate Social Responsibility" 的英文文献发表概况

资料来源：Web of Science.

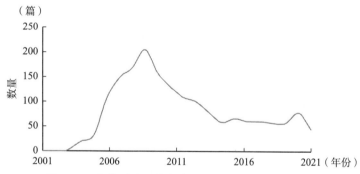

图 5 - 3　有关 "企业社会责任" 的中文报纸报道概况

资料来源：中国知网。

　　从以上文献梳理可以得出结论，2000 年以来，企业社会责任一直是理论界与实务界关注的焦点，可谓 "经久不衰"。理论界与实务界对企业社会责任的广泛关注使企业社会责任测量体系构建的重要性更为突出。经过理论的发展与实践，学者们已经构建了企业社会责任的多种测量方法（刘长安，2014；郑若娟和胡璐，2012）。如果这些测量方法没有区别，那么学者们在进行企业社会责任实证研究时只需要进行随机选择。然而其实不然，众多学者指出，在研究企业社会责任与其他变量之间的关系时，使用不同的测量方法会得出不同的结论，特别是在研究企业社会责任与企业财务绩效的关系时，使用不同的测量方法会使回归系数不同，甚至会得出相反的结论（骆南峰，2017）。

沃多克与格雷夫斯（Waddock and Graves，1997）的研究探究了企业社会责任与企业财务绩效之间的关系。他们指出，以往的研究对企业社会责任与企业财务绩效的关系尚未得出统一的结论，原因可能是学者们采用了不同的企业社会责任测量方法。

格里芬与马洪（Griffin and Mahon，1997）的研究强调了企业社会责任与企业财务绩效的关系之谜。该研究指出，过去40年里，学者们针对两者关系进行了大量研究，但企业社会责任对企业财务绩效的影响仍是一个没有确切结论的研究领域，两者关系的结论有正相关、负相关与不相关。他们指出，企业社会责任的不同测量方法是导致结论不一的关键，为此他们在一项研究中比较了四种不同的企业社会责任测量方法对两者间关系的影响，证实了不同测量方法导致研究结论不同的猜想。他们的研究发现，用声誉指数与KLD数据两种方法衡量的企业社会责任与企业财务绩效呈正相关关系，用慈善捐赠与有害物质排放两种方法衡量的企业社会责任与企业财务绩效不相关。

国内学者卫武（2012）利用Meta分析法对国内外169篇有关企业社会责任与企业财务绩效关系的文章进行了分析，构建了一个有关两者关系的理论模型。研究发现大多数关于企业社会责任与企业财务绩效关系的研究均得出两者是正向关系的结论，并且不同测量方法下的两者关系并无太大差异，但是每种方法的显著性却存在重大差异。

综上所述，企业社会责任是学者们研究的重点问题，而企业社会责任的不同测量方法会对实证结果的一致性产生影响，进而使研究结论存在差异，这不利于理论的发展和实践，因此总结并评价企业社会责任测量方法具有必要性和重要性。基于此，本节在广泛阅读国内外有关企业社会责任的文献的基础上，总结出各种企业社会责任测量方法，进而对各种方法进行比较，指出其共性与特点并进行综合评价，从而为后续研究提供借鉴。

第二节　企业社会责任测量方法综述

通过梳理国内外文献发现，目前应用较为普遍的企业社会责任测量方法主要有 4 种，分别是声誉评级法、内容分析法、利益相关者法与专业评分机构测量法。

一、声誉评级法

声誉评级法是对声誉指数法的改良。声誉指数法是指企业内部员工、专家或研究者依据企业社会责任履行标准，对企业社会责任履行水平进行评价，以此来衡量企业社会责任。声誉指数法运用的典型案例是学者莫斯科韦茨（Moskowitz，1972）于 1972 年依据自己的评判标准选出了自己认为企业社会责任水平较好的 14 家企业，按照学者们的评判标准与自身的理解，将这些企业分成"优秀的""一般的""最差的"三类。声誉指数法的弊端是缺乏客观性，评判标准随着人的意志转移，不同专家、学者对企业社会责任的理解与认识不同，因此声誉指数法缺乏一套客观的评价体系。

在此基础上，声誉评级法对声誉指数法的缺陷进行了改良。20 世纪 80 年代，由《财富》杂志开发的"企业声誉评级法"得到广泛运用，众多学者利用声誉评级法进行企业社会责任研究（李子萍和范丽进，2021；McGuire et al.，1988；Thomas and Simerly，1993）。《财富》杂志对超过 8000 多家企业的高管、公司董事与经济分析师进行调查，并于每年 1 月份公布涉及 30 多个行业的300 多家企业的企业社会责任评级。该杂志企业社会责任评价的标准为四个财务指标和四个非财务指标：财务指标为财务稳健、长期投资价值、资产使用以及管理质量；非财务指标为企业的创新能力，产品和服务质量，人才吸引、培养与使用能力，以及社区和环境责任。该杂志依据调查对企业进行评分，最终得出排名。

声誉评级法相对于声誉指数法的优势在于：第一，声誉评级法拥有了一定程度的客观评价体系，摆脱了声誉指数法主观性强的束缚，利用客观的财务指标与非财务指标数据对企业进行打分，具有一定的客观性；第二，声誉评级法涉及的评价对象数量大，可以满足实证研究的需求，而声誉指数法以个体认知为标准，评价企业的样本量较小。声誉评级法的劣势在于该方法需要大量的人力、物力与财力，只有实力雄厚的科研机构才能实施。

二、内容分析法

内容分析法是指研究者通过收集企业发布的各项文件，如公司年度报告、出版的杂志与社会责任报告等，分析企业社会责任履行状况，形成社会责任评价标准。内容分析法在企业社会责任研究中也被广泛应用（贾明和杨倩，2022；赖妍和刘小丽，2022；Abbott and Monsen，1979），其中比较典型的是阿伯特和蒙森（Abbott and Monsen，1979）的研究。他们使用著名学者恩斯特（Ernst，1978）编著的"财富500强"企业年报摘要中的内容，构建了测量企业是否参与社会责任活动的"社会参与度披露"（SID）指标，该指标包含了产品质量、人力资源、机会平等、生态环境、社区活动及其他六方面内容。

内容分析法的基本假设是：企业公布社会责任信息的多少反映了企业参与社会责任的程度。内容分析法的优势在于：第一，内容分析法的评价过程与评价指标是完全合理客观的，不受个人主观影响，使测量结果具有客观性与可实施性；第二，由于评价过程更加数学化和机械化，所以能够满足大样本研究的需求。内容分析法的劣势在于：企业公布社会责任相关信息是有选择性、隐瞒性和不全面的，虽然该方法具有客观性，但是测量结论不一定具有真实性。原因在于：一方面，由于企业迫切需要得到社会认可，进而提升企业形象，获取更多社会资源，所以会有选择地披露企业社会责任信息，只展示较好的一面。同时企业出于功利心，会进行虚假宣传，导致结论与实际不符。另一方面，企业在披露社会责任信息时会考虑投资者的态度，如果过多履行社会责任会引起投资者不满，导致投资者认为企业忽视了股东利益最大化，企业便会减少社会责任信息披露。

三、利益相关者法

利益相关者理论的发展使企业社会责任研究有了更具体的理论基础，也使企业社会责任测量有了更具体的标准，即社会责任是企业对各方利益相关者的责任。基于利益相关者法的企业社会责任评价体系的突出代表分别是KLD指数法、外部利益相关者法、内部利益相关者法和RADP模式。

1. KLD 指数法

KLD 指数法是由企业社会责任投资基金公司 KLD 创建。如表 5-1 所示，KLD 指数法从环境、社会与治理等方面对企业社会责任进行评价。KLD 指数法的评价过程为：首先，依据入选公司是否是正面的，剔除军备、酒精和烟草等违背社会责任的企业；其次，依据评价标准设置评价指标，如产品安全、社区关系、环境保护、妇女问题及少数民族问题等；最后，根据量表项目对目标企业按五个等级（-2~2）进行评分。

表 5-1　　　　　　　　KLD 指数法企业社会责任评价体系

范围标准	一级指标	二级指标	说明
环境	环境变化	清洁能源	KLD 指数在具体衡量时采用赋值来衡量
	产品或服务	环保的产品或者服务	
	治理与管理	污染治理、资源回收和对环境的管理体系	
社会	社区	慈善捐助、教育支持、基础设置、志愿服务	
	员工多样性	董事会构成、残疾员工比例、妇女员工比例、少数民族员工比例	
	员工关系	健康与安全设施、退休福利、工作环境、员工参与、工会关系	
	人权	人身权、劳工权	
	产品	产品对弱势群体具有经济性、质量情况、研发支出等	
治理	信息披露	政策、经营情况透明度	
	结构	薪资、所有权等	

资料来源：笔者整理。

KLD 指数法的优点是允许评价者跨时间对企业进行社会责任评价，有利于观察企业社会责任的连续变化。除此以外，KLD 指数法是由第三方对企业社会责任进行评估，提升了结果的客观性。该方法的缺点是没有加权算法，仅靠评价者个人倾向（郑若娟和胡璐，2012）。

2. 外部利益相关者法

外部利益相关者法由索尼菲尔德（Sonnenfeld，1982）提出。索尼菲尔德认为，企业履行社会责任的目的是满足利益相关者的需求，维护与利益相关者的关系，企业社会责任履行水平应由外部利益相关者进行评价。他通过向外部利益相关者发放问卷来测评 6 家美国大型林业公司的社会责任履行情况，其中外部利益相关者包括国会议员、社会环保人士、行业协会官员和该领域知名学者等。问卷要求外部利益相关者对企业的社会责任水平及社会问题敏感度进行评价，社会问题敏感度包括重大事件关注程度和对外言论真实性等。题项分为三个等级，分别是良好（4~5 分）、一般（3 分）和较差（1~2 分）。

外部利益相关者法的优点在于：首先，外部利益相关者参与社会责任评价，有利于企业重视外部利益相关者；其次，该种方法实现了对企业社会责任的量化。外部利益相关者法的缺点在于忽视了内部利益相关者的想法。

3. 内部利益相关法

内部利益相关者法的量表由奥佩尔勒等（Aupperle et al.，1985）设计。该量表以卡罗尔（Carroll，1991）的企业社会责任金字塔理论为基础，以经济责任、法律责任、伦理责任与慈善责任为标准，设计了 117 个题项，问卷对象为公司内部员工。

该方法的优点是指标多元，能够全方位地体现社会责任内容；缺点是问卷对象为内部员工，主观性强，同时忽略了外部利益相关者的想法。

4. RADP 模式

RADP 模式由克拉克森（Clarkson，1995）提出，他认为应从企业对员工、股东、顾客、供应商与公众等利益相关方的付出来评价企业社会责任，将企业社会责任归纳为"对抗型""防御型""适应型""预见型"。

该方式的优点是问卷对象包含了内外部利益相关者，能够全方位地体现利益相关者的诉求；缺点是评价的资料与依据来源于企业内部，其真实性与可靠性值得考究。

四、专业评分机构测量法

国外的专业机构主要是 KLD 公司，该公司利用 KLD 法对企业社会责任进行测量。在国内，主要有两个社会责任评价机构，分别是润灵环球与和讯网。润灵环球企业社会责任数据与和讯网社会责任评分被众多中英文研究应用（崔大同，2022；邹萍和李谷成，2022；Yang et al.，2021）。

　　专业评分机构测量法的优点体现在以下方面：首先，该方法的测量指标较为全面，能够系统地评价企业社会责任；其次，该方法测评的企业数量大、种类全，能为研究特别是实证研究提供充足的样本；最后，数据的可复制性有利于学者们重复使用，以便进行研究的比较分析。专业评分机构测量法的缺点在于建立数据库需要大量的时间、财力和人力，另外学者们需要付费才能使用该数据。

第六章

基于和讯网的中国上市企业
社会责任履行现状分析

第一节 企业社会责任测量方法选择

企业社会责任的后果研究，特别是经济后果研究，结论不一。而企业是一个追求利益的主体，在企业社会责任经济后果不确定的情况下，企业会陷入是否应重视社会责任履行的矛盾之中。在这种矛盾中，中国企业社会责任履行程度是怎样的？各地区企业履行社会责任是否存在差异？为观察中国企业社会责任履行的时间与地区差异，本章使用和讯网社会责任评分数据，绘制分年度和分地区的中国企业社会责任履行折线图。

本章选择和讯网社会责任评分的原因有以下三点：第一，和讯网社会责任评价体系完善。和讯网评级企业每年超 1900 家，足以保证数据的全面性。此外，和讯网社会责任评级体系下设 56 个指标，包括股东责任，员工责任，供应商、客户和消费者权益责任，环境责任和社会责任 5 个一级指标，一级指标下设 13 个二级指标和 38 个三级指标，如表 6 - 1 所示。第二，机构评分有利于提升数据的真实性。相比于问卷调查与内容分析法，机构评分数据能够解决主观性强与测量误差等问题，从而提升研究的真实性。第三，和讯网社会责任评分被广泛应用，有利于进行对比分析。在实证研究中，学者们广泛应用和讯网社会责任评分数据（李欣融等，2022；薛有志和西贝天雨，2022；杨海兰等，2022；朱乃平等，2022），足以证明该数据的科学性，使用该数据进行社会责任研究有利于对已有研究开展对比分析。

表 6 - 1 和讯网社会责任评价体系

和讯网一级指标（%）	和讯网二级指标（%）	和讯网三级指标（%）
内部 CSR	股东责任（30） 盈利（10）	净资产收益率（2）
		总资产收益率（2）
		主营业务利润率（2）
		成本费用利润率（1）
		每股收益（2）
		每股未分配利润（1）
	偿债（3）	速动比率（0.5）
		流动比率（0.5）
		现金比率（0.5）
		股东权益比率（0.5）
		资产负债率（1）
	回报（8）	分红融资比（2）
		股息率（3）
		分红占可分配利润比（3）
	信批（5）	交易所对公司和相关负责人处罚次数（5）
	创新（4）	产品开发支出（1）
		技术创新理念（1）
		技术创新项目数（2）
	员工责任（普通行业为15，消费行业为10） 绩效（5）/（4）	职工人均收入（4）/（3）
		员工培训（1）/（1）
	安全（5）/（3）	安全检查（2）/（1）
		安全培训（3）/（2）
	员工关爱（5）/（3）	慰问意识（1）/（1）
		慰问人（2）/（1）
		慰问金（2）/（1）

和讯网一级指标（%）	和讯网二级指标（%）	和讯网三级指标（%）
内部CSR	供应商、客户和消费者权益责任（普通行业为15，消费行业为20）	产品质量（7）/（9）	质量管理意识（3）/（5）
			质量管理体系证书（4）/（4）
		售后（3）/（4）	顾客满意度调查（3）/（4）
		诚信互惠（5）/（7）	供应商公平竞争（3）/（4）
			反商业贿赂培训（2）/（3）
外部CSR	环境责任（普通行业为20，制造行业为30，服务行业为10）	环境治理（20）/（30）/（10）	环保意识（2）/（4）/（2）
			环境管理体系认证（3）/（5）/（2）
			环保投入金额（5）/（7）/（2）
			排污种类数（5）/（7）/（2）
			节约能源种类数（5）/（7）/（2）
	社会责任（普通行业为20，制造行业为10，服务行业为30）	贡献价值（20）/（10）/（30）	所得税占利润总额比（10）/（5）/（15）
			公益捐赠金额（10）/（5）/（15）

注：表中数字代表相应指标所占权重。

资料来源：和讯网，http：//www.hexun.com。

第二节　2010～2020年中国上市企业社会
责任履行情况分析

由于和讯网公布上市公司社会责任评分的开始年份为2010年，截至目前，更新到2020年，因此本章以2010～2020年为研究区间。

和讯网2010～2020年测评的上市公司分省份数量如表6-2所示，2010～2020年和讯网评级企业数分别为2390、2661、2847、3142、3512、3595、3678、4068、4060、4044、4219家。如表6-2和图6-1所示，和讯网评级企业数总体呈现出增长趋势，其中评级企业数量排名前十的地区分别为广东、浙江、江苏、北京、上海、山东、福建、四川、安徽、湖南。

表 6 - 2　　　　　　　　2010 ~ 2020 年和讯网测评企业分省份数量

省份	2010 年	2011 年	2012 年	2013 年	2014 年	2015 年	2016 年	2017 年	2018 年	2019 年	2020 年
安徽	75	81	87	96	102	104	105	125	124	123	131
北京	212	246	267	288	310	316	331	368	366	361	377
福建	83	94	101	114	132	133	136	148	148	147	155
甘肃	25	27	29	31	33	33	33	33	33	33	32
广东	351	398	436	492	576	589	599	667	668	667	706
广西	29	33	35	36	36	37	37	37	37	37	37
贵州	20	20	21	24	28	29	29	31	31	31	31
海南	26	27	27	28	30	30	30	30	30	30	30
河北	45	48	51	51	56	56	57	61	61	60	64
河南	64	69	74	76	78	79	80	86	85	84	85
黑龙江	30	32	35	35	36	36	38	38	37	37	37
湖北	81	85	87	96	98	103	104	111	111	111	115
湖南	71	76	83	91	103	107	107	116	116	116	117
吉林	38	40	40	43	43	43	43	46	45	45	45
江苏	224	265	281	331	387	406	420	480	480	478	509
江西	32	33	36	37	39	41	41	50	49	49	51
辽宁	61	68	72	74	75	76	77	78	77	76	75
内蒙古	22	25	25	25	25	25	25	25	25	25	26
宁夏	12	12	12	12	13	13	13	13	13	13	14
青海	12	11	11	12	12	12	12	12	12	12	12
山东	144	150	157	173	195	199	203	218	219	220	227
山西	36	36	38	38	38	38	38	40	40	40	40
陕西	39	42	43	45	47	47	50	54	54	53	56
上海	191	209	223	248	279	284	301	339	339	338	349
四川	86	90	102	111	121	121	121	132	131	130	135
天津	37	44	44	47	51	50	51	56	56	56	57
西藏	10	10	11	14	16	18	18	20	20	20	20
新疆	41	45	46	53	53	55	55	56	56	56	56

续表

省份	2010 年	2011 年	2012 年	2013 年	2014 年	2015 年	2016 年	2017 年	2018 年	2019 年	2020 年
云南	27	30	30	32	34	35	35	36	35	35	37
浙江	232	274	301	345	417	431	440	508	508	507	537
重庆	34	41	42	44	49	49	49	54	54	54	56

资料来源：和讯网。

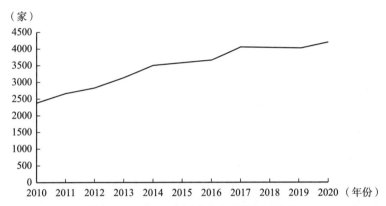

图6-1 2010~2020年和讯网评级企业数

资料来源：和讯网。

图6-2为各年度中国上市公司企业社会责任得分均值折线图。如图6-2所示，2010~2020年中国上市公司企业社会责任得分均值总体呈下降趋势。图6-3为各年度企业社会责任得分高于均值的企业数占总数的比率折线图，如图6-3所示，各年度得分高于均值的企业数占总体数的比率呈上升趋势。这说明，虽然2010~2020年中国上市公司企业社会责任得分均值逐渐降低，但高于企业社会责任履行水平均值的企业越来越多。

图6-4为分地区中国上市公司企业社会责任均值。如图6-4所示，各年度东部地区企业社会责任均值均最大，其次为中部地区，西部与东北地区企业社会责任均值较低。

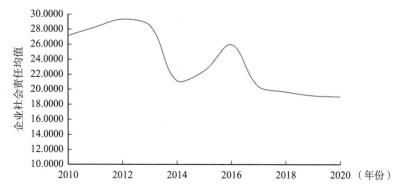

图 6 – 2　2010～2020 年度中国上市公司企业社会责任得分均值

资料来源：笔者整理。

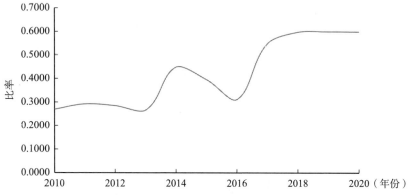

图 6 – 3　2010～2020 年度高于平均值的企业占比

资料来源：笔者整理。

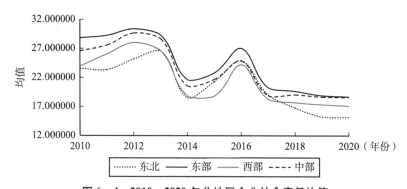

图 6 – 4　2010～2020 年分地区企业社会责任均值

资料来源：笔者整理。

第七章

企业社会责任的影响因素研究

企业家对经济、社会和环境有着更大的影响力，也能发挥更大的作用。因此，企业家应该更加关注环境、保护环境，懂得敬畏自然，必须有可持续发展的理念，绝不能走掠夺式发展的道路。因此本章从高管视角探讨了企业社会责任的影响因素。

第一节　董事会资源多元化和性别构成对企业社会责任及企业声誉影响的实证研究

一、研究背景

企业声誉是指"随着时间的推移，公众对企业的一种累积性评价"（Fombrun and Shamley, 1990）。研究表明，良好的声誉能为企业带来全方位的优势，它不仅能帮助企业吸引求职者，还有助于留住更多优秀员工。如果员工认为他们为之工作的企业被外界予以高度评价，则会提高其工作满意度并降低离职倾向（Wang, 2016）企业的正面声誉可以增强顾客对其品牌的黏性，从而使企业利用它的品牌资产开发新产品、进入新市场。同时，企业的良好的声誉有助于企业财务绩效的改善、赢得机构投资者的青睐和股票价格的提高。美世投资咨询公司的调查指出，46% 的机构投资者在进行投资决策时会考虑外部环境、社会和公司治理等因素；麦肯锡报告则指出机构投资者会对治理良好的企业支付 12% ~ 14% 的信誉溢价（Fombrun, 2006）。成功的企业若拥有良好的声誉，则其保持良好业绩的时间会更长（Wang, Qiu and Kong, 2011）。

丰布兰和山利（Fombrun and Shanley, 1990）提出了对企业声誉产生影响的一系列因素，包括盈利能力和会计风险等会计层面因素，市场价值、市场经营风险和股息率等市场层面因素，机构持股比例、企业规模及社会责任等制度层面因素，广告强度和多元化等战略层面因素。近年来，学术界的研究又陆续发现了几种影响企业声誉的因素：客户满意度（Kang et al., 2015）、利益相关者对企业的熟悉度（McCorkindal, 2008）、企业宣传活动（Scholder et al., 2006），以及企业公民项目等（Gardberg et al., 2006）。本节拟探求董事会资源多元化和女性董事的数量对企业社会责任（CSR）排名的影响，以及 CSR 对企业声誉的影响。

在董事会特征和公司治理机制日益受到重视的同时，公众认为董事会的构成特征尤其是董事会资源多元化和性别构成等特点对企业声誉影响显著。但是现有文献和理论对"多元化"的解释尚缺乏一个统一的标准和定义（Harrison et al., 2007）。本节将董事会多元化定义为董事会成员为董事会提供资源的多元化，以及性别构成的多元化，尤其是女性董事的比例。虽然一些研究表明较多的女性董事有助于提高企业声誉（Brammer, Millington and Pavelin, 2019），然而，现有研究对董事会资源的多元化（如董事会成员多元化的职业背景特征）和性别构成对企业声誉的影响机制一直未受太多关注。有关董事会性别构成和企业声誉之间相关关系的研究通常认为董事会性别构成是向外界传递的一个信号（如企业在雇用、保留和提升女性员工地位方面的投入），这一信号会直接影响外部评价主体（如投资者、有影响力的商业杂志等）对企业行为的解读。因此，董事会资源的多元化和董事会性别构成会影响企业的社会绩效，从而对企业声誉有正面影响。

鉴于 CSR 的重要性日增及 CSR 被视为维护公司声誉的关键（Sonenshein, 2014），同时基于董事会多元化在改善 CSR 方面扮演的重要角色（Post et al., 2011），本节选取 2014 年中国资本市场上市公司的数据，以资源基础论、代理理论和信号理论为依据，验证董事会资源多元化和女性董事数量对企业社会责任排名的影响、企业社会责任对企业声誉的影响，以及企业社会责任的排名对董事会资源多元化、性别构成和企业声誉三者关系的调节效应。

二、文献回顾与研究假设

(一) CSR 和企业声誉

巴内特（Barnett，2007）将 CSR 定义为"任何旨在提升社会福利的企业活动，它是改善企业与利益相关者关系的重要手段"。马丁利和伯曼（Mattingly and Berman，2006）利用金德、莱登伯格、多米尼（Kinder，Lydenberg，Domini，KLD）社会评级数据建立了积极社会责任的两个构念。第一个构念是制度性社会责任，它由对社区和不同利益相关者的积极行为组成，包括针对社会的慈善捐助、志愿服务、对女性和少数族群地位的提升等社会责任活动。第二个构念是技术性社会责任，由针对客户、股东和雇员的积极行为组成，如开发具有社会效益的产品、提高社会和环境绩效报告的透明性以及制定健康和安全计划等社会责任活动。制度性社会责任和技术性社会责任反映了企业建立和提升其声誉的战略计划。加德伯格和弗姆布伦（Gardberg and Fombrun，2006）认为，CSR 和企业公民计划如同企业对研发领域的投资，两者都为企业创造了重要的无形资产，从而提升了企业声誉并加速了企业的全球化进程。

研究表明，企业的 CSR 行为有助于提高企业声誉。布兰科和罗德里格斯（Branco and Rodrigues，2006）认为，CSR 能够提升企业在一系列利益相关者如客户、供应商、竞争者、金融家和投资者中的形象。弗姆布伦和山利（Fombrun and Shanley，1990）发现具有慈善基金和较多慈善捐款的企业拥有更好的声誉。企业的 CSR 行为作为企业对社会问题积极关注的信号，有助于企业在广大利益相关者中建立起良好声誉。更为重要的是，企业向社会公众传递其 CSR 理念和战略，是企业与外界就 CSR 进行的一种沟通，会因此而获得声誉和信誉（Desai，2016），从而有助于提升企业的财务绩效。如卢索和弗茨（Russo and Fouts，1997）发现企业的亲环保声誉对资产回报率具有促进作用，当克等（Donker et al.，2008）以加拿大公司为样本，发现很多公司的伦理准则包含一些反映 CSR 的关键词，如尊重、义务、责任、正直和信任，这些伦理准则能规范管理层与员工行为，帮助企业与利益相关者建立良好关系，从而推动企业绩效的提升。

利益相关者极其看重具有积极 CSR 形象的企业，因为积极承担 CSR 有助于降低企业在经营中的风险。弗姆布伦和加德伯格（Fombrun and Gardberg，2000）认为，企业在 CSR 方面的积极行动，有利于降低企业的声誉损失，降低企业在危机中由于负面事件遭受的经济损失，为企业形成防御策略的安全网（Vanhamme and Grobben，2009）。基于上述分析，本节假设如下：

H7 - 1 - 1：企业 CSR 排名对企业声誉产生正向影响。

（二）董事会多元化、构成及企业社会责任

资源基础论和代理理论作为两种重要的组织理论，为揭示董事会多元化和构成特征对企业 CSR 排名的影响和 CSR 对企业声誉的影响等问题的研究提供了广泛的理论基础。这两种理论的重要性在于它们代表了董事会的两个重要功能（Hillman and Dalziel，2003）。资源基础论认为董事会能够为公司提供组织合法性保障、建议和咨询等重要资源。董事会资源为企业对环境的理解和应对提供了支持，有助于企业更好地处理 CSR 问题。代理理论为董事会代表股东利益而履行监督这一重要功能提供了理论基础。为了有效地行使监督功能，董事会需要具有不同行业经历和能力的专家，以有助于对管理者的能力、企业战略以及他们对 CSR 的影响等问题进行评价。除此之外，信号理论作为本书采用的第三个组织理论，为探讨董事会性别构成与企业声誉之间的联系提供了理论基础。

1. 董事会成员资源的多元化

一个有效的董事会可以为企业提供包括建议、咨询和与其他组织的联系等重要资源。与外部组织建立联系有助于企业获得与外部组织沟通的渠道及外部组织的支持承诺。因此董事会资源有助于企业有效应对其面临的挑战并更加有效地处理与外部组织的关系。董事会的人力资本资源建立在成员集体经验和专业技能的基础之上。专业技能包括董事会内部人的企业战略和运营知识、业务专家的公司战略知识、支持性专家的法律与法规方面的知识、社区影响力人员的知识及与政府和当地社团等外部利益相关者的关系等。有关管理团队的研究表明，成员行业经历差异化是团队的一项重要资源，它可以提供多样化的问题解决方式，从而激发团队的创新性和创造力（Joshi and Roh，2009）。因此，董事会资源多元化程度越高，其理解问题及解决问题的潜力越大，处理环境问题的能力越强，外界对企业 CSR 的评价越有利。

董事会资源的多元化还有助于企业建立广泛的社会网络关系（Charles

and Grewal，2016）。如内部人提供强大的内部网络联系；业务专家提供与重要企业、供应商、客户及其他企业董事会的联系；支持专家提供与专业协会的联系；社区影响力人员则与不同社会网络体系建立联系，如学术专家、医疗科学专家、法律网络体系、投资和商业银行等，同时还与政府机构、社团群体和非营利性组织建立社会关系网络。社会网络的多元化有利于企业有效了解并应对各种环境问题，并为企业提供加强与重要利益相关者协作与合作的途径、建议和专业技能知识（Schmitz and Schrader，2015）。因为这些网络关系有利于企业获得外部组织的支持、专业技能等，因此一个丰富、多元化的关系网络能够提升外界对企业的 CSR 评价。

董事会资源的多元化也会影响董事会对管理层的监督和控制这一重要功能。企业股东和管理者的关系源于委托—代理矛盾及不同风险感知的代理关系。为解决代理问题，股东选出董事会监督和控制管理层。董事会的监督职能包括监督企业战略的实施及监督激励企业 CEO 和高管人员。为了有效地履行监督职能，董事会要具备正确的"技能、经验、专长和知识"，而董事会成员资源多元化则有助于提供这些专业技能。卡朋特和韦斯特法尔（Carpenter & Westphal，2011）通过对董事会的研究发现，董事会对管理层监督和建议的能力与其自身拥有的专业技能有关。这一发现表明董事会成员的背景和经验对有效监督是至关重要的。不同的成员资源能够提供内部人知识、线性管理（line management）技能、支持专家技能（如法律、金融和保险知识等），以及与社区工作的经验等。因此，本节做如下假设：

H7 – 1 – 2：董事会资源多元化对 CSR 排名产生正向影响。

2. 董事会的性别构成

除了董事会成员的资源多元化，性别构成（如董事会中女性董事的数量）也被认为对企业社会资本和 CSR 有积极影响。董事会中，具有博士学位的女性董事一般是男性董事的两倍（Hillman et al.，2002）。与男性董事相比，虽然较多女性董事是从较小的公司获得董事会工作经验，而且具有较少 CEO 或 COO 经历（Singh and Vinnicombe，2008），然而女性董事比男性董事更可能具有非商业领域的专业背景，并将多元化的视角带入董事会（Fernandez – Feijoo et al.，2012）。而且，董事会中的女性比男性更有可能属于支持性专家和社团影响力人员。因此，较多的女性董事能够提高董事会对 CSR 问题的敏感度，提供更有利于处理 CSR 问题的观点和视角。有关研究已表明女性董事比例高的企业具有较高的慈善捐助水平、较优越的工作环境和较好的社会责任表现。

提高董事会性别多元化（即在董事会中增加女性董事的数量）为董事会的决策提供了多元化的视角和观点，使不同的决策结果得以评价，从而有助于提高决策质量（Daily and Dalton，2003）。有研究显示，在公司治理中，与男性董事相比，女性董事能够有效促进董事会成员之间的交流，女性董事参与性更强、更民主、沟通能力更好，因此拥有较多女性的董事会有助于促进董事会成员间更为公开的对话，而且增加女性董事给董事会带来的更为广阔的视野有利于董事会有效识别不同利益相关者的诉求，从而提升董事会处理 CSR 问题的能力（Boulouta，2013）。

研究董事会多元化和企业声誉关系的另一个理论基础是信号传递理论。信号传递理论是指在信息不对称条件下，一方当事人通过可观察的、有意义的行为，有意或无意地向其他当事人传递相关的但是不易观察到的信息。在这种情况下，企业中女性董事的数量则成为企业向外界传递一种彰显其注重女性和少数族群地位的积极信号，表明企业具有社会责任感。对美国《财富》500 强企业年度报告的最新分析揭示，董事会中女性董事比例最高的企业更有可能将女性董事的照片在年度报告中进行展示，这一结果有力地证实了信号理论的观点（Lückerath - Rovers，2013）。如果公众认为董事会具有较多女性这一信号有效，则会预期具有这一强信号的企业具有良好的 CSR 排名，或从更广义的角度上来理解，该企业具有良好的声誉。有研究认为董事会的女性董事比例是公众对企业是否具有社会责任和声誉的理性评价标准。《财富》500 强中具有较高女性董事比例的企业更有可能出现在《道德村杂志》（Ethisphere Magazine）公布的"全球最具商业道德企业"的名单中（Bernardi et al.，2009）。

董事会性别多元化也会影响董事会监督管理层这一重要功能。董事会中较多的女性会增加董事会中具有不同专业经验和高学历的董事数量而提升董事会的专业技能。女性董事赋予董事会的这些特殊优势进一步加强了对管理层的有效监督。另外，女性董事还会增加人员统计特征层面的多元化，从而有助于保证董事会人员不同于管理层的异质性。韦斯特法尔和扎亚克（Westphal and Zajac，1995）研究发现 CEO 们倾向于雇用与自己具有相似背景的董事以确保获得支持，从而获得更高的报酬。因此，董事会的性别多元化有助于确保成员背景特征的差异性，从而提高监督效率。

女性董事在董事会发挥作用的有效性会随着女性董事数量的增加而日益显著。虽然女性董事对公司声誉有积极影响，但也会面临挑战。有研究表明，只具有一个少数族群成员（如一个女性董事会成员）的群体通常视这个成员为"装点门面"的摆设。他们认为这一单个成员能力欠缺、地位不高。因此，群体不会认真考虑这一单个成员的意见或贡献。另外，由于存在迎合大多数人意见的社会压力，少数人的意见在群体中不易表达出来或被接受。然而，随着少数族群成员比例的提高且意见一致时，他们的声音则更容易被重视。经验证据表明这一过程同样作用于董事会。例如，当董事会中存在较多女性时（至少 3 名），她们往往更易于提出具有挑战性的问题，并在决策制定过程中相互支持。然而若在董事会中出现过多的女性董事，则如同拥有全部男性成员的董事会，同样会缺乏多元化及有效性。在当今《财富》500 强企业中，大部分董事会中的女性董事通常都少于 3 名，4 名以上的则非常罕见（Catalyst Census，2009）。

综上所述，由于女性董事常常会有与男性董事不同的教育和专业背景，而且在决策制定过程中参与度更高、更民主，因此通过增加女性董事而使董事会多元化有助于在决策制定过程中集思广益，形成更科学的决策。女性董事带给董事会的特质增加了董事会不同于管理层的异质性，从而可以更好地增强董事会的监督效率。另外，董事会中女性董事的存在和比例向利益相关者传递"企业关注女性及少数族群"的信号，这意味着企业是具有社会责任感的。基于以上原因，本节提出下列假设：

H7 - 1 - 3：董事会中女性董事的数量对 CSR 排名产生正向影响。

3. CSR 作为董事会多元化—企业声誉关系的中介变量

本节认为董事会资源的多元化及女性董事的数量对 CSR 排名具有积极影响，并进一步认为 CSR 排名对公司声誉有积极影响。因此，CSR 评价在董事会多元化和公司声誉关系中起中介作用。基于此，本节提出如下假设：

H7 - 1 - 4a：CSR 排名在董事会资源多元化和公司声誉中起中介效应。

H7 - 1 - 4b：CSR 排名在董事会女性董事数量和企业声誉中起中介效应。

三、研究设计

（一）样本选择与数据来源

本节的样本来自2014年度"最受投资者尊重的上市公司评选"活动的330家入围公司，该活动是中国证监会批准，由中国上市公司协会与投保基金公司联合中国证券业协会、中国基金业协会共同举办的，于2014年10月28日启动。该活动由上市公司自荐、投资者推荐开始，于12月18日结束。12月19日，活动评审专家委员会严格依照入围名单筛选标准，对自荐、推荐公司进行了筛选，并最终产生了330家入围公司。该样本具有一定的代表性和权威性。

本节使用的数据主要来自和讯网（企业声誉、企业社会责任）、国泰安数据库（董事会多元性、女性董事数量和总经埋与董事长两职合一）和东方财富网（股价）。

（二）变量定义

1. 被解释变量

被解释变量为企业声誉。企业声誉来自和讯网对企业的评分。

2. 中介变量

作为中介变量的企业社会责任排名使用的是2014年《上市公司企业社会责任报告》中的有关企业社会责任的排名数据。上市公司社会责任报告专业评价测试体系，从股东责任、员工责任、供应商、客户和消费者权益责任、环境责任和社会责任5个方面进行考察，分别设立二级和三级指标对社会责任进行全面评价，其数据来自上交所以及深交所通过官网发布的社会责任报告以及年报，具有一定的权威性，本节将A、B、C、D、E等级分别赋值为5、4、3、2、1。

3. 解释变量

为了验证研究假设，本节使用董事会多元化和女性董事数量作为解释变量。董事会资源多元化描述了董事会成员在专业背景、经验和社会关系上的差异，董事会成员在背景和商业经验上的多样性有助于加强董事会对企业外部环境的理解和高质量决策，同时也有助于企业扩展社会关系网，增强社会大众对企业合法性的认同。根据希尔曼等（Hillman et al.，2003）的理论，董事会资源的多元化从企业内部成员、商业性专家、影响力人员三方面进行分析，本节将本企业在职和退休的管理人员同时担任本企业董事的人员定义为董事会内部人，商业性专家是指作为本企业董事同时又担任其他上市公司的董事会成员和管理人员，支持性专家是指作为本企业董事同时又是律师事务所、商业银行、投资银行、会计师事务所、广告公司、公共关系机构、咨询公司中的管理人员或私人投资者，影响人员是指本企业董事会中的学者、政府官员、基金和非营利组织创立者。

董事会多元化的重要性在于董事会成员经验和知识的多样性，董事会多元化以赫芬达尔系数表示，它测量了不同经验、专业技能和人员背景的成员分布情况，是统计多样性最常用的衡量方法。测量方法是 1 减去组成群体的每一组成员数量在整体中的比例的平方和来计算，即 $Diversity = 1 - \sum p_k^2$。女性董事的数量是董事会中所有女性董事的总人数。女性董事对于董事会的意义在于她们能够提出有利于董事会理解外部环境的不同观点。

4. 控制变量

此外，为使样本数据更加具有可比性，引入了控制变量——总经理与董事长两职合一和股价变动率。总经理与董事长两职合一会影响董事会管理的效率，所以它作为一个控制变量出现在本节的研究中。因为本节之前的研究表明绩效会影响企业声誉，因此股价变动也作为本节的一个控制变量。

本节变量的指标定义即具体说明如表 7 - 1 所示。

表 7 - 1　　　　　　　　　变量定义

变量类型	名称	标示
被解释变量	企业声誉	reputation
中介变量	2014 年的企业社会责任排名	CSR code
解释变量	董事会资源多元化	diversity
	女性董事数量	woman
控制变量	总经理与董事长两职合一	CEO duality
	股价变动率	Change ratio

资料来源：笔者整理。

四、实证分析与结果

(一) 描述性统计

根据上文所设变量和模型，本节使用统计分析软件 Stata 13.0 对所有变量进行描述性统计，其描述性统计如表 7-2 所示。从表 7-2 中我们可以清楚地看出本节主要变量（企业声誉、股价变动率、总经理与董事长两职合一、董事会女性成员的数量、董事会资源多元化、企业社会责任排名）的样本容量、平均值、标准差、最小值、最大值情况。如表 7-2 所示，企业声誉波动较大，标准差是 15.1241，最小值是 2.54，最大值是 88.16。在 330 个样本中，女性董事的平均值是 1.3758，最小值是 0，最大值是 5，说明拥有女性董事的公司只占了少数，大多数公司并未认识到或重视女性董事在董事会中所能发挥的作用。董事会多元化的标准差在本节所有变量中是最小的，即波动是最小的。

表 7-2 数据描述

变量	样本量	均值	标准差	最小值	最大值
reputation	330	31.6412	15.1241	2.54	88.16
changeratio	330	0.5477	0.9735	-0.6399	2.5376
CEOduality	330	0.2273	0.5885	0	1
woman	330	1.3758	1.2875	0	5
diversity	330	0.4274	0.0960	0.0832	0.6216
CSRcode	330	2.0970	0.7779	1	5

资料来源：笔者整理。

(二) 相关性检验

表 7-3 为各变量之间的相关性分析结果。从表 7-3 可以看出，被解释变量企业声誉与中介变量企业社会责任呈正相关关系，相关系数为 0.2449，且在 1% 的水平上显著，这表明企业社会责任的履行在一定程度上有助于企业声誉的提高。两个解释变量之间没有显著的相关关系，两个控制变量之间

也没有显著的相关关系，多重共线性问题在本章的研究中也并不显著。

表7－3 相关性检验

变量	reputation	Change ratio	CEO duality	woman	diversity	CSR code
reputation	1. 0000					
Change ratio	0. 0250	1. 0000				
CEO duality	－ 0. 0091	0. 0072	1. 0000			
woman	0. 0176	－ 0. 0718	0. 0144	1. 0000		
diversity	0. 0134	0. 0263	0. 1099	0. 0668	1. 0000	
CSR code	0. 2449 ***	－ 0. 0851	0. 0308	0. 0719	0. 0650	1. 0000

注：*** 表示1%显著，** 表示5%显著，* 表示10%显著，下同。
资料来源：笔者整理。

（三）OLS 多元回归分析

本节 OLS 多元回归结果如表 7－4 所示。回归模型 M1 表示，回归方程在整体上是显著的，且 R^2 等于 0. 8508，相关度较高，女性董事数量对企业社会责任排名在 5% 水平下有显著正向影响，其相关系数为 0. 1558，则假设 H7－1－3 成立，即董事会中女性董事的数量对 CSR 评价产生正向影响；董事会资源多元化对企业社会责任在 1% 水平下有显著正向影响，其相关系数为 0. 5596，则假设 H7－1－2 成立，即董事会资源多元化对 CSR 评价产生正向影响。模型 M2 表示，回归方程在整体上是显著的，R^2 等于 0. 2641，但股价变动率和董事长与总经理两职合一与企业声誉之间没有显著相关关系。模型 M3 表示，回归方程在整体上是显著的，且 R^2 等于 0. 7804，相关度较高，女性董事数量对企业声誉在 10% 水平下有显著正向影响，相关系数为 0. 0963；董事会资源多元化对企业声誉在 1% 水平下有显著正向影响，相关系数为 0. 4188。模型 M4 表示，回归方程在整体上是显著的，且 R^2 等于 0. 7878，相关度较高，企业社会责任排名对企业声誉在 1% 水平下有显著正向影响，相关系数为 0. 6671，假设 H7－1－1 成立，即企业 CSR 评价对企业声誉产生正向影响。模型 M5 在模型 M3 的基础上加入中介变量，回归方程在整体上是显著的，且 R^2 等于 0. 8130，与模型 M3 相比，女性董事的显著性消失，说明企业社会责任排名在女性董事与企业声誉之间存在完全中介效应，假设 H7 - 1 - 4b 成立，且中介效应为完全中介效应；董事会多元化虽然显著性没有消失，但正向影响减弱，说明企业社会责任排名在董事会资源多样性与企业声誉之间存在部分中介效应，假设 H7 - 1 - 4a 成立，且中介效应为部分中介效应。

表 7 - 4   OLS 分析结果

	中介变量：CSRcode	被解释变量：reputation			
	M1	M2	M3	M4	M5
控制变量					
Change ratio	- 0. 0150 (0. 0320)	0. 8239 (2. 0935)	0. 0736 (1. 0617)	0. 1587 (0. 9991)	0. 0792 (1. 0612)
CEO duality	0. 0183 (0. 1258)	0. 5369 (5. 3419)	- 0. 0215 (1. 0221)	0. 0213 (2. 2211)	- 0. 0283 (1. 2463)
解释变量					
woman	0. 1558 ** (0. 0366)		0. 0963 * (0. 6172)		0. 0381 (0. 5670)
diversity	0. 5596 *** (0. 1487)		0. 4188 *** (3. 0711)		0. 2096 *** (5. 6943)
中介变量					
CSRcode				0. 6671 *** (0. 5544)	0. 3736 *** (1. 2282)
N	330	330	330	330	330
R²	0. 8508	0. 2641	0. 7804	0. 7878	0. 8130
F	544. 56 ***	29. 00 *	300. 35 ***	325. 72 ***	273. 91 ***

资料来源：笔者整理。

从上述回归分析结果来看，董事会多元化与女性董事都对企业声誉有着积极的正向影响，提高董事会资源多元化与增加女性董事数量，优化公司治理结构，有助于企业声誉的提升。

五、研究结论

本节通过对现有文献的拓展，以我国 2014 年度"最受投资者尊重的上市公司评选"活动的 330 家入围公司为研究样本，通过回归分析方法分析了董事会资源多元化和女性董事对企业声誉的影响，考察了董事会多元化、女性董事与企业声誉之间的关系，并以 CSR 为中介变量，验证了董事会的显著特征多元化（性别构成）和非显著性多元化（职业背景）与企业声誉的相关关系。实证研究发现，董事会多元化与企业声誉之间存在着显著的正相关关系；女性董事赋予董事会诸多特殊优势，如对 CSR 的敏感度和积极的决策制定方式等，因此与企业声誉之间存在着显著的正相关关系；董事会多元化与女性董事有助于促进企业声誉的提高。本节研究为企业建立良好的企业声誉提供了有价值的启示，即企业在公司治理中要加强董事会资源的多元化，重视引入女性董事并充分发挥女性董事的作用，认真履行企业的社会责任，使企业拥有良好的企业声誉，使公司的长远发展受益。

本节的研究对企业董事会和投资者开展活动具有重要的启示作用。第一，对董事会来说，随着女性董事数量的增加，性别多元化的积极效应显著。这一积极影响有助于改善企业 CSR 排名，从而提升企业声誉、财务绩效，吸引机构投资，提高股票价格。第二，对投资者来说，在评价潜在的投资项目时，要考虑到董事会女性董事的数量以及董事会构成的变化，这些因素表明了未来的企业声誉和财务绩效，为投资者提供了重要的评价信号。

本节深化了董事会资源多元化与女性董事与企业声誉之间关系的认识，对董事会结构优化具有一定启示，但依然存在一些不足之处：第一，考察的样本仅仅是受投资者欢迎的一些上市公司，这在一定程度上限制了研究结果的普遍性。第二，考察的期间比较短，仅仅使用了一年的数据。第三，由于这些样本为入围企业，因此都是各行业的较大规模企业，这些企业的董事会在建立企业声誉、提高与利益相关者关系时会更积极，较小规模的企业没有考虑。董事会多元化与女性成员影响企业声誉是一个复杂的过程，这些研究会具有现实的指导意义。

第二节　CEO 个人激励机制与企业社会责任关系研究

——基于 A 股上市公司的实证分析

一、研究背景

作为具有经济与社会双重属性的企业组织，在追求自身利益最大化的同时，是否需要考虑其相应的社会责任？这一问题成为理论界和实务界关注的焦点。无良企业的种种违规操作现象使人们认识到：把商业企业履行社会责任提高到一个新的高度，成为 21 世纪的新趋势。在竞争性的市场环境中，企业社会责任（CSR）关心的是企业和社会的关系，因此企业的社会责任行为不仅是企业重要的战略选择，更是企业整体竞争力的重要表现。CSR 项目改善了企业与关键利益相关者之间的关系（Barnett and Karson, 1989），从而给企业带来多重收益（Eabrasu, 2012）。

《财富》杂志对中国企业 CSR 的调查显示，绝大部分中国企业经理人对 CSR 的认识还处于初级阶段，并没有把社会责任与企业战略的发展有机地结合起来，并转化为企业的自觉行动。现有研究表明，首席执行官（CEO）作为高级管理团队的核心决策者，可以较为充分地体现整个经理层的管理意图。沃德曼等（Waldman et al., 2006）指出，CEO 承担制定企业战略的责任，需要积极参与 CSR 活动，努力提升企业形象。詹森和默菲（Jensen and Murphy, 1990）证明有效的高管薪酬契约能够调动经理层的积极性。投资者责任研究中心和可持续投资研究机构 2013 年的联合报告显示，43% 的《财富》500 强企业中的高管薪酬与 CSR 挂钩。那么，在我国上市企业中，CEO 激励能否提高 CSR？本节将在已有文献的基础上，检验我国上市企业中 CEO 的激励机制（包括货币激励和非货币激励）对 CSR 的影响程度。

本节以 2013～2016 年中国 A 股上市公司为样本，在区分货币激励和非货币激励的基础上，探究 CEO 个人激励对 CSR 的影响。区别于以往研究，本节的主要结论和贡献是：第一，理论方面，本节认为对 CEO 的货币激励不是管理层关注特定目标的唯一驱动因素。尽管薪酬作为一种显性和基本的机制（Mahoney and Thorne, 2006; McGuire, Dow and Argheyd, 2003），可以将管理层注意力引向某个特定目标，但已有研究并未充分考虑到对 CEO 的其他激励措施，如职业发展空间、人员更替及权力和管理防御等。第二，实践方面，本节充分考虑到影响 CSR 因素的复杂性，从而为科学、合理地设计 CEO 薪酬结构提供了有价值的参考信息。第三，研究方法方面，本节在探索 CEO 个人激励对 CSR 的影响时增加了对 CEO 货币性激励与非货币性激励之间的交互作用研究。

二、研究背景与文献回顾

波特和克雷默（Porter and Kramer，2006）剖析了推动企业参与 CSR 的四个动机：（1）道德伦理；（2）可持续性；（3）营运许可；（4）声誉。道德伦理层面的观点认为，企业有责任成为好公民，并"做正确的事"。具体而言，企业需要通过尊重人、社会和自然环境来追求其成功。从可持续性的角度看，要求企业在满足自身商业利润需求的同时，不损害后代满足其需求的能力。而营运许可强调每个企业都需要从众多利益相关方（如政府和当地社区）得到默许或明确许可，才能开展相关业务。因此，CSR 被视为获得这种合法性的有用工具。声誉观点认为企业可以从 CSR 中获益，提高企业声誉，提升企业形象，增强企业品牌。

麦圭尔等（McGuire et al.，2003）利用 KLD 数据库，对 CEO 薪酬结构与企业社会绩效强弱之间的关系展开调查。他们并未发现 CEO 流动性报酬构成与企业强社会绩效之间存在任何相关性，但是证明了 CEO 薪酬和长期激励措施与企业弱社会绩效之间呈正相关。马霍尼和索恩（Mahoney and Thorne，2006）在类似研究中以加拿大企业为样本，得出与以往不同的结论：他们证明长期激励薪酬对企业弱社会绩效有显著负向影响，长期激励薪酬对强社会绩效有显著正向影响。弗赖伊等（Frye et al.，2006）通过对积极履行和尚未履行 CSR 企业的 CEO 薪酬进行比较，发现积极履行 CSR 的企业中，CEO 薪酬和企业绩效之间的关系较弱，而在尚未履行 CSR 的企业中两者关系较强。赵璐（2017）以我国 A 股市场制造业公司为样本研究发现，上市公司 CEO 薪酬与 CSR 信息指数正相关。苏然（2016）在企业自愿性 CSR 的基础上，研究发现中国背景下 CEO 薪酬制度会影响企业自愿性 CSR。

目前，理论界将 CEO 的货币激励机制引入 CSR 的决定因素这一理论框架中，认为 CEO 在决定是否及以何种程度参与 CSR 时，会考虑其个人的利益和成本，因此作为高级管理团队的核心决策者，CSR 的活动和战略最终由企业 CEO 决定和履行。研究发现增加对 CSR 的投资，可以避免企业投资的短视行为，鼓励企业投资与长期效益相关的项目；但若企业目标是追逐"股东利益最大化"，设计 CEO 激励机制时，企业很可能更注重眼前利益以满足股东目标而非其他利益相关者利益。科昌（Kochan，2002）呼吁企业应建立以利益相关者为导向的战略制定和决策过程。近年来国内外所发生的一系列因 CSR 缺失所引发的丑闻，使企业承担的经济效益和社会责任的压力日益增加。而对这一问题的探讨需要首先了解管理层激励机制与 CSR 的相关性。

本节旨在从两个方面拓宽对 CEO 激励机制的探讨。第一，本节对 CEO 激励措施的分析不局限于现金薪酬，同时考虑其拥有的股权激励机制。第二，引入影响 CEO 对 CSR 投资决策的非货币激励机制。具体而言，本节以 CSR 决策作为 CEO 股权激励、年终分红、职业前景关注、CEO 更替和管理防御的函数，公式如下：

$$CSR = f（CEO 金钱激励，CEO 非金钱激励 | 企业特征）$$

三、研究假设

（一）货币激励机制

股权激励作为高管财富中的变量，受股票价格变动的影响。因此，它可以衡量 CEO 激励措施的力度，从而提升企业股票价值。考尔等（Core et al.，2003）认为，以往研究对 CEO 薪酬影响 CSR 尚未形成统一结论，CEO 股权激励对 CSR 的作用很难提前预测。实践中，CEO 个人财富与公司股票价格相关，股权激励促使 CEO 只对有利于提高公司股价的项目进行投资。因此高管们认为提高利益相关者利益也会同时提高股东价值时，才会考虑利益相关者的利益。因此只要 CSR 能够增强企业合法性、提升企业声誉，最终就会提高股东价值。但是 CSR 项目往往需要企业进行重大投入，而这些投入可能会在短时期内降低企业利润和股票价格。鉴于股权激励对 CSR 的影响难以事前预测，所以本节做出以下假设：

H7 – 2 – 1：CEO 股权激励与 CSR 具有相关性。

年度奖金作为第二类货币激励机制，是通过将 CEO 薪酬与企业当期绩效相联系，从而鼓励高管做出有利于提高企业利润的决策。但是这类激励机制的缺陷在于若 CEO 总体薪酬与企业当期利润高度相关，CEO 则会采取短期行为，为提高当期利润而选择对企业长远利益产生不利影响的战略。企业对 CSR 的投入会增加当期成本，消减当期利润，因此对于 CEO 来说，履行 CSR 会成为他们获得高额年度奖金的障碍。故本节做出如下假设：

H7 - 2 - 2：CEO 的年度奖金与 CSR 负相关。

（二）非货币性激励

对于非货币性激励，本节的研究侧重于 CEO 更替、职业前景关注、权力和管理防御四个方面。CEO 的更替是指高管人员在任职时间上的跨度变化。具体而言，即将离任的 CEO 若在第二年离开企业，他们往往会在任期的最后一年中采取机会主义行为。德肖和斯隆（Dechow and Sloan，1991）对有重大持续研发活动行业的公司样本进行了研究，发现 CEO 任期的最后几年会减少企业研发投入。由于即将离职的 CEO 缺少提升企业外部形象和提高企业声誉的动力，因此这类 CEO 会相应地减少 CSR 投入。而刚上任的 CEO 还将有较长的工作时间跨度，因此会有较大动力从事 CSR 活动，以期获得利益相关者的认可以及企业未来数年内的经济收益。故本节提出研究假设 H7 - 2 - 3。

H7 - 2 - 3：即将离职（新任）CEO 可能会较少（较多）地增加 CSR 的履行。

CEO 的职业前景关注是第二项影响 CSR 的非货币性激励机制。本节研究假设的预期基于霍姆斯特罗姆（Holmström，1999）的模型，该模型表明，相对于职龄长的管理者，职龄短的高管对其职业前景关注度更高。模型通过对高管工作业绩进行长期观察，从而对管理者的才能和个人能力进行有效评价。只有经过长时间考察，市场对高管个人能力的评价才会更加精确，因此市场会特别重视高管职业生涯的早期业绩。实践中，在高管职业生涯的初期，市场对其拥有的信息量较少，而对其直接观察得到的结果对判断高管的"类型"更为重要。越是职龄短的高管，越有动力向市场传递积极的产出结果，以期得到市场的迅速认可，因此他们具有较大动力迅速提高企业当期业绩。因此，对于未来才能产生积极、可观察结果的项目，职龄短的高管缺乏动力对其投资。相反，随着 CEO 职龄增长，其声誉已经建立，在职业前景关注方面面临来自市场的压力减少，他们会更倾向于积极解决各方利益相关者关注的、与长期效益相关的问题。这一研究预期与那些认为"职龄决定价值"的文献结论一致，职龄较短的高管往往倾向忽视信任和荣誉等因素，而更注重金钱和晋升（Manner, 2010）。根据以上分析，本节提出以下假设：

H7 - 2 - 4：CEO 的职龄与 CSR 正相关。

最后，本节探究了 CEO 的权利和防御效应。随着 CEO 任期的增长，他们的控制权随之加强，公司治理和监督机制对有较强控制权的 CEO 难以进行替换，存在显著的壕沟防御激励。根据苏罗卡和特里波（Surroca and Tribò, 2008）的研究，任期较长的 CEO 会与各方利益相关者建立良好的关系，以加强他们的管理防御战略。研究者从三个方面论证了 CEO 履行 CSR 从而协调各利益相关者利益的必要性。首先，若高管层损害了利益相关者的利益，利益相关者可以通过参与抵制或媒体宣传对企业高管层进行惩罚，使其声誉受到负面影响。其次，CEO 通过与各方利益相关者合作，可以降低潜在入侵者对企业的威胁。最后，利益相关者的满意度和以 CSR 为导向的企业战略可以作为防御机制来抵消企业内部控制机制的影响。加之任期长的 CEO 面临较少的市场压力，因此他们不会采取短视行为，减少所有只能在未来带来经济收益的项目。基于以上分析，本节提出以下假设：

H7 - 2 - 5：CEO 的权利和防御激励与 CSR 正相关。

四、研究设计

（一）样本与数据来源

本节样本的公司财务数据和 CEO 薪酬数据均来自国泰安（CSMAR）数据库和样本的公司年报。本节运用软件 Stata 14.0 进行数据分析。由于在收集数据期间，CSR 变量的数据在国泰安截至 2016 年，因此本节将以 2013～2016 年在中国沪深两市 A 股主板上市交易的非金融类公司作为研究对象。为使研究结果具有全面性，本节选取所有行业数据，并将其中的重污染行业作为控制变量，将该行业的特殊性考虑在内。初步获取样本 2343 个，剔除金融保险类企业样本，研究期间 ST、PT 的企业和所有者权益为负值的企业以及变量数据不全的企业样本和离群样本量后，共获取 1072 个有效样本和 4288 个有效观测值。

（二）指标衡量

1. 被解释变量：企业社会责任（CSR）

衡量企业社会责任的方法有许多，如污染控制绩效评价法、声誉指数法、内容分析法等，这些方法各有千秋和适用范围。参考唐跃军等（2014）的做法，[①] 本节选用上市企业 2013～2016 年度捐赠支出与主营业务收入的比值度量企业慈善捐赠，这也是度量 CSR 的常见指标。这一指标可以体现一个企业主动承担社会责任的大小，相比于对股东进行分红、向员工支付报酬来说，是一种主动形式，能更真实地体现企业对社会的责任。为了确保数据进行回归分析时的准确性，本节进行了如下的标准化处理：

$$stdcsr_i = \frac{csr_i - min(csr)}{max(csr) - min(csr)}$$

2. 解释变量

本节通过货币性激励与非货币性激励综合考察 CEO 对 CSR 的影响。由于 CEO 在中国引入时间较晚，中国 A 股上市公司中设立 CEO 职位的较少，因此本节的 CEO 职位名称范围包括"CEO""总裁""首席执行官""总经理"等，若同一年份存在多个 CEO、多个薪酬的情况，本节统一以替换后的现任 CEO 为准。

（1）货币性激励。企业对 CEO 的货币性激励包括年终奖的发放和股权的激励。简单的高薪对 CEO 的吸引力在逐渐下降，因此年终奖的发放可能会对 CSR 产生负影响；而通过 CEO 持股，可以让 CEO 站在企业所有者的角度经营企业，包括对 CSR 的重视。因此，企业是否对 CEO 进行股权激励，以及 CEO 的持股数量均会对 CEO 承担 CSR 产生影响。

（2）非货币性激励。本节从 CEO 职业前景关注度、职位更替和权利及防御激励三方面考察 CEO 的非货币激励。

一是职业前景关注度。本节用 CEO 的年龄代表 CEO 的职业前景关注

---

① 唐跃军、左晶晶、李汇东：《制度环境变迁对公司慈善行为的影响机制研究》，载于《经济研究》2014 年第 2 期。

度。年轻 CEO 大多通过公司短期的业绩来展示自己的能力，追逐短期利润最大化；而随着 CEO 年龄的增长，职业上受到市场的压力逐渐减少。因此，相对于较年轻的 CEO，年长者更注重在 CSR 方面的建树。

二是职位更替。即将离任的 CEO 和刚刚上任的 CEO 在 CSR 方面的表现会截然相反。即将离任的 CEO，在职业生涯结束时，会对企业社会责任产生懈怠心理，只注重离职前这段时期内企业的表现；而新任 CEO 未来将在企业工作较长时间，因此会从长远的角度发展企业。为研究即将离任和刚上任的 CEO 对 CSR 的影响，本节设置两个虚拟变量：第一个虚拟变量为即将离任（leaving），CEO 任期的最后一年取值为 1，否则为 0；第二个变量为即将上任（incoming），CEO 在公司上任第一年变量（incoming）的值为 1，否则为 0。

三是权利与防御激励。本节用 CEO 的职龄作为权利与防御激励的指标。随着职龄的增长，CEO 会与各方利益相关者密切合作，以加强其防御措施，从而在增强 CSR 方面更加具有话语权。

3. 控制变量

除上述变量外，CSR 还受诸多因素影响。根据 CSR 的特点，同时参考现有文献，本节选择了六个控制变量：账面市值比、资产收益率、行业信息、企业性质、企业主营业务收入和企业规模。相关变量定义及具体度量方法如表 7 - 5 所示。

表 7 - 5　　　　　　　　　　　变量定义及测量方法

变量名称		标量符号	说明
被解释变量	企业社会责任	csr	企业社会捐赠额
货币性激励	年度奖金	Bonus	CEO 获授的年度奖金
	CEO 持股	CEOshr	CEO 持股数
	股权激励	Incentive	0 ~ 1 变量，CEO 受到股权激励，取值为 1
非货币性激励	职业前景关注度	CEOage	CEO 的年龄
	即将离任	Leaving	0 ~ 1 变量，即将离任取值为 1
	即将上任	Incoming	0 ~ 1 变量，上任一年取值为 1
	权利和防御激励	Tenture	2016 - CEO 任期开始年

变量名称		标量符号	说明
控制变量	账面市值比	BM	账面价值/市场价值
	资产收益率	ROA	净利润/总资产
	行业信息	Indusry	0~1变量，企业为重污染企业取值为1
	企业性质	Nature	0~1变量，企业为国有性质取值为1
	主营业务收入	Income	主营业务收入的自然对数
	企业规模	Size	总资产的自然对数

资料来源：笔者整理。

（三）基本模型构建

依照前文假设以及表 7-5 中对变量定义的表述，在此基础上建立模型（7-1），以此来检验假设 H7-2-1~假设 H7-2-5。

$$stdcsr = \alpha + \beta_1 lnbonus + \beta_2 lnceoshr + \beta_3 incentive + \beta_4 lntenture + \beta_5 lnceoage$$
$$+ \beta_6 coming + \beta_7 leaving + \beta_8 bm + \beta_9 roa + \beta_{10} industry + \beta_{11} nature$$
$$+ \beta_{12} income + \beta_{13} size + \varepsilon \qquad (7-1)$$

五、实证分析与结果分析

（一）描述性统计分析

表 7-6 为描述性统计分析。描述性统计结果显示，用来反映企业承担 CSR 的指数平均值为 0.0282，标准差为 0.09，说明从总体上观察到企业履行 CSR 的意识极低，企业缺乏社会责任感。从 CEO 的持股数指标来看，企业 CEO 持股数的指标最大值为 11，而其平均值仅为 2.237，并且离散程度较大，说明只有少部分企业采用股权激励方式。相对于股权激励，CEO 年终奖指标的最大值要小很多，仅为 7.429，但其平均值却在 CEO 获得的股权激励之上。因此可以看出，在股权与现金两种激励方式下，企业更愿意采用现金激励方式。CEO 的平均年龄为 50 岁，可以看出若想成为一名 CEO，一般都需要具备丰富的阅历及经验；CEO 最低年龄为 28 岁，说明有新想法、新思维的年轻人也可以成为一名 CEO。CEO 的平均任期为 6 年，属于中长

时间段。短期的更换会使企业管理的根基不稳，向外界传递不良信号；而长期固守不变，又会使企业缺乏新思维。

表 7 - 6 描述性统计分析

变量	样本量	均值	标准差	最小值	最大值
stdcsr	1076	0.0282	0.0930	0	1
lnbonus	1076	4.3260	1.0732	0	7.429
lnceoshr	1076	2.2371	3.1881	0	11.69
incentive	1076	0.6468	0.4782	0	1
lntenture	1072	1.8297	0.6450	0	3.045
lnceoage	1076	3.9093	0.1208	3.332	4.369
incoming	1076	0.0474	0.2126	0	1
leaving	1076	0.0186	0.1351	0	1
bm	1076	1.5538	2.5793	0.089	21.92
roa	1076	0.0434	0.0548	-0.691	0.347
industry	1076	0.3550	0.4787	0	1
nature	1076	0.1868	0.3899	0	1
income	1076	13.195	1.5643	9.7872	18.38
size	1076	14.045	1.7091	10.7409	20.55

表 7 - 7 为相关性分析。相关系数数据分析结果显示，自变量与因变量之间的相关性并不显著，控制变量中的账面市值比与 CSR 具有正相关性，在 1% 的水平上显著，说明企业的 BM 越高，在 CSR 方面的表现就越好；行业信息指标将重污染行业设为 1，相关系数为 -0.1061，在 5% 的水平上显著，因此企业是否为重污染企业会对企业承担 CSR 的大小有影响；主营业务收入指标与 CSR 具有较强相关性，因此，企业盈利能力的大小与 CSR 表现的好坏相关；企业的资产规模指标相关系数为正，在 1% 的水平上显著，表明企业规模越大，企业越注重 CSR 的表现。

表7-7

相关性分析

变量	(1)	(2)	(3)	(4)	(5)	(6)	(7)	(8)	(9)	(10)	(11)	(12)	(13)	(14)
stdcsr	1													
lnbonus	0.0202	1												
lnceoshr	0.024	0.141***	1											
incentive	-0.0781**	0.121**	0.509***	1										
lntenture	0.0191	0.113**	0.249***	0.144***	1									
lnceoage	0.0054	0.0301	-0.0174	0.0254	0.22***	1								
incoming	-0.0122	-0.169***	-0.0966***	-0.0182	-0.608***	-0.0644**	1							
leaving	-0.0273	-0.0079	-0.0054	0.0009	-0.0236	0.0043	0.0341	1						
bm	0.342***	0.0779***	-0.109***	-0.0358	-0.119***	0.109***	0.0281	0.0543*	1					
roa	0.0203	0.147***	0.184***	0.0551*	0.095***	-0.0814***	-0.0909***	0.0033	-0.22***	1				
industry	-0.1061**	-0.0676**	-0.0422	0.134***	-0.0403	0.0298	0.0265	0.0129	-0.149***	0.102**	1			
nature	0.0011	0.0405	-0.18***	-0.0599**	-0.0411	-0.0145	-0.0171	0.04	0.0864**	-0.054*	-0.0118	1		
income	0.315***	0.192***	-0.0257	0.0294	-0.0579**	0.135***	0.0722**	-0.0337	0.472***	-0.0494	-0.0945**	0.139***	1	
size	0.372***	0.232***	-0.0681**	-0.0443	-0.0825**	0.148***	0.0574*	-0.0083	0.679***	-0.156***	-0.192***	0.14***	0.86***	1

（二）实证检验结果

表 7-8 为模型（1）采用混合回归与随机面板回归得出的结果，由于随机面板回归结果显示 LR 检验结果显著，因此混合 Tobit 与面板随机 Tobit 相比，应采用后者，并且主要变量影响方向及显著性水平基本保持不变。

表 7-8   模型（7-1）混合 Tobit 与面板随机 Tobit 回归结果

变量	混合 Tobit	面板随机 Tobit
	stdcsr	stdcsr
lnbonus	-0.0101^{**} (-1.97)	-0.0165^{***} (-2.87)
lnceoshr	0.00263 (1.28)	0.00293 (1.09)
incentive	-0.0248^{*} (-1.84)	-0.0348^{**} (-2.03)
lntenture	0.0215^{*} (1.88)	0.0228^{*} (1.78)
lnceoage	-0.116^{**} (-2.48)	-0.139^{**} (-2.27)
incoming	0.0127 (0.37)	0.0100 (0.30)
leaving	-0.0792^{*} (-1.70)	-0.0862^{*} (-1.86)
bm	0.00784^{***} (2.93)	0.00975^{***} (2.85)
roa	0.597^{***} (4.84)	0.693^{***} (4.54)
industry	0.00688 (0.58)	0.00911 (0.58)

变量	混合 Tobit	面板随机 Tobit
	stdcsr	stdcsr
nature	−0.0252* (−1.76)	−0.0268* (−1.71)
income	0.000952 (0.14)	0.00430 (0.45)
size	0.0384*** (4.80)	0.0326*** (3.14)
_cons	−0.186 (−1.03)	−0.0384 (−0.16)
N	1072	1072
Wald chi2	215.37	120.86

注：* 表示 $p<0.1$，** 表示 $p<0.05$，*** 表示 $p<0.01$，下同。

资料来源：笔者整理。

面板随机 Tobit 结果显示总体变量回归系数呈现显著性，在 10% 的水平上显著。其中 lnceoshr 的回归系数为 0.00293，接近于 0，且回归系数不显著；而 incentive 的回归系数为 −0.0348，且在 5% 水平上显著，结果支持假设 H7−2−1，负号表示当 CEO 的财富与股票价格变化更为密切相关时，他们在 CSR 活动中的参与度较低。这一结果表明，虽然 CEO 们认为 CSR 对于利益相关者是有益的，但他们并不认为这对股东也是如此。因此，当他们的个人利益与股东利益严格相关（即股票价格上升）时，他们会将资源从 CSR 投资转移到其他更有利于提升股票价格的项目中。

本节假设 H7−2−2 为 CEO 年度奖金与 CSR 具有负相关性。实证检验结果与预期相符，结果显示 lnbonus 的回归系数为 −0.0165，在 1% 水平上显著，具有较强的显著性，从而证实了 CEO 认为企业承担 CSR 会影响企业当前利润。

根据假设 H7−2−3 的预测，新任 CEO 可能会较多增加对 CSR 的履行。因为他们认为长期投资会在其任职期内产生预期收益。实证检验结果显示，即将上任（incoming）对因变量有正向影响，同预期相同但不显著。即将离任（leaving）的 CEO 会减少对 CSR 的履行，原因在于他们在离任之际更注重公司的现时利益，而不关心企业长远利益；即将离任的回归系数为负值，且具有较强的显著性，结果与预期相吻合。

假设 H7-2-4 为 CEO 的职龄与 CSR 正相关，实证结果显示 lnceoage 对因变量有显著负向影响，同预期和文献结果相反。可能的原因是：目前，中国将企业履行社会责任提高到一个新的高度，社会更关注企业家的长期业绩表现，而非短期绩效。职龄短的 CEO 仍然不会放松对 CSR 的关注，向市场传递的积极信号不仅包括财务绩效，更包括 CSR 行为作为企业对社会问题积极关注的信号。随着利益相关者对自身利益的重视和强调，社会极其看重具有积极 CSR 形象的企业。因此企业在 CSR 方面的积极行动，有利于降低企业的声誉损失，为企业形成防御策略的安全网。职龄较短的 CEO 为了获得包括消费者在内的广大利益相关者的认可，会将 CSR 视为一个重要的发展商机，将 CSR 融合到企业战略中，从而在未来的竞争中获胜。而职龄长的 CEO 虽然在企业中的时间较长，归属感更强，但是由于在职期限较长，或是已建立起一定的社会影响力，无须通过加大对 CSR 的投入得到社会认可，或不愿意轻易尝试改变已经形成的企业战略，因而对 CSR 的投入程度较低。

最后，关于 lntenture 的结果表明更强大和更根深蒂固的 CEO 会在更大程度上参与企业履行社会责任。这一结论与这些管理者认为他们面临的市场压力较小的事实是一致的。因此，他们可以关注超出股东经济利益的问题，假设 H7-2-5 得到数据支持。

（三）CEO 货币性激励与非货币性激励的交互作用

为了进一步研究货币性激励与非货币性激励之间的调节机制对 CSR 的影响，本节选择了非货币激励中的权利与防御机制（lntenture）和货币性激励中的 CEO 年度奖金（lnbonus）、CEO 持股数（lnceoshr）以及是否获得股权激励（incentive），通过模型（7-2）~模型（7-4）来检验货币性激励与非货币性激励之间的相互作用对 CSR 的影响。为避免多重共线性，相关变量均进行标准化处理后构建交互项。

$$stdcsr = \alpha + \beta_1 lnbonus + \beta_2 lnceoshr + \beta_3 incentive + \beta_4 lnceoage + \beta_5 coming$$
$$+ \beta_6 leaving + \beta_7 lntenture + \beta_8 lntenture \times lnbonus + \beta_9 bm + \beta_{10} roa$$

$$+ \beta_{11} \text{industry} + \beta_{12} \text{nature} + \beta_{13} \text{income} + \beta_{14} \text{size} + \varepsilon \qquad (7-2)$$

$$\text{stdcsr} = \alpha + \beta_1 \text{lnbonus} + \beta_2 \text{lnceoshr} + \beta_3 \text{incentive} + \beta_4 \text{lnceoage} + \beta_5 \text{coming}$$

$$+ \beta_6 \text{leaving} + \beta_7 \text{lntenture} + \beta_8 \text{lntenture} \times \text{lnceoshr} + \beta_9 \text{bm} + \beta_{10} \text{roa}$$

$$+ \beta_{11} \text{industry} + \beta_{12} \text{nature} + \beta_{13} \text{income} + \beta_{14} \text{size} + \varepsilon \qquad (7-3)$$

$$\text{stdcsr} = \alpha + \beta_1 \text{lnbonus} + \beta_2 \text{lnceoshr} + \beta_3 \text{incentive} + \beta_4 \text{lnceoage} + \beta_5 \text{coming}$$

$$+ \beta_6 \text{leaving} + \beta_7 \text{lntenture} + \beta_8 \text{incentive} \times \text{lntenture} + \beta_9 \text{bm} + \beta_{10} \text{roa}$$

$$+ \beta_{11} \text{industry} + \beta_{12} \text{nature} + \beta_{13} \text{income} + \beta_{14} \text{size} + \varepsilon \qquad (7-4)$$

表 7 - 9 为交互作用回归结果。模型（7 - 2）结果显示，在非货币性激励 lntenture 的作用下，货币性激励 lnbonus 对 CSR 的负相关性会减弱。图 7 - 1 为 lntenture 与 lnbonus 之间的交互作用图。直线表示 lnbonus 系数变化趋势，阴影表示置信区间。如图 7 - 1 所示，当 lntenure 取较小值时（在 0 ~ 3 之间），lnbonus 系数为负，且置信区间全部在 0 以下，表明此时 lnbonus 对因变量 std_csr 影响显著为负，但影响在逐步减小。随着 lntenure 进一步提升，lnbonus 系数由负变正，但置信区间包括 0 以上区间及以下区间，表明此时 lntenture 对 lnbonus 的交互作用不再显著。研究结果表明，CEO 在其任职 3 年之内更加注重企业短期利益的实现，他们认为企业对 CSR 的投入会增加当期成本，减少当期利润，而履行 CSR 成为他们获得高额年度奖金的障碍。

表 7 - 9　　　　　　　　　　　交互作用回归结果

变量	模型（7 - 2） stdcsr	模型（7 - 3） stdcsr	模型（7 - 4） stdcsr
lnbonus	0.00989 (0.72)	- 0.0167 *** (- 2.90)	- 0.0163 *** (- 2.85)
lnceoshr	0.00297 (1.11)	0.0117 (1.32)	0.00366 (1.36)
incentive	- 0.0338 ** (- 1.99)	- 0.0365 ** (- 2.12)	0.0534 (1.40)
lntenture	0.0866 *** (2.66)	0.0296 ** (2.05)	0.0544 *** (3.08)

变量	模型（7-2）stdcsr	模型（7-3）stdcsr	模型（7-4）stdcsr
lnceoage	-0.136 ** (-2.22)	-0.133 ** (-2.16)	-0.121 ** (-1.98)
incoming	0.0320 (0.94)	0.0146 (0.44)	0.00968 (0.30)
leaving	-0.0838 * (-1.82)	-0.0843 * (-1.82)	-0.0796 * (-1.72)
bm	0.00979 *** (2.88)	0.00954 *** (2.79)	0.00960 *** (2.83)
roa	0.695 *** (4.58)	0.695 *** (4.56)	0.704 *** (4.63)
industry	0.00803 (0.51)	0.00981 (0.62)	0.00913 (0.58)
nature	-0.0223 (-1.42)	-0.0263 * (-1.69)	-0.0271 * (-1.75)
income	0.00506 (0.53)	0.00425 (0.44)	0.00465 (0.49)
size	0.0313 *** (3.02)	0.0331 *** (3.19)	0.0323 *** (3.14)
lntenture × lnbonus	-0.0143 ** (-2.13)		
lntenture × lnceoshr		-0.00425 (-1.04)	
Incentive × lntenture			-0.0504 *** (-2.59)
_cons	-0.160 (-0.66)	-0.0788 (-0.33)	-0.164 (-0.68)
N	1072	1072	1072
Wald chi2	126.05	121.64	128.33

资料来源：笔者整理。

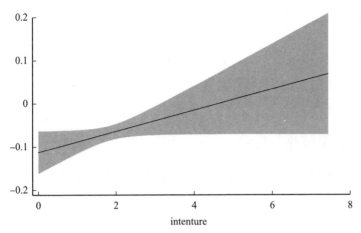

图7-1　lntenture 与 lnbonus 之间的交互作用

资料来源：笔者整理。

模型（7-3）结果显示，lntenture 与 lnbonus 之间的交互作用结果为负向影响，但结果并不显著。模型（7-4）结果显示，在货币性激励的作用下，非货币性指标 lntenture 对 stdcsr 的正相关性有增强作用。图7-2 为 incentive 与 lntenture 之间的交互作用图，直线表示 lntenture 系数变化。图7-2 显示了 incentive 对 lntenture 的负向交互作用，当 incentive = 0 时，主

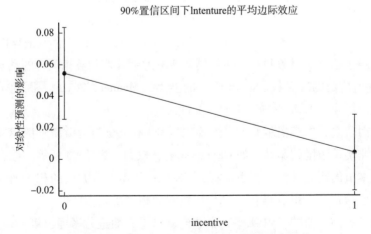

图7-2　incentive 与 lntenture 之间的交互作用

资料来源：笔者整理。

效应为显著的负向影响，当 incentive = 1 时，主效应影响下降至接近零的水平，且不显著，但模型（7－5）回归结果显示其交互效应显著为负，说明在 incentive 不同取值下，非货币性指标 lntenture 对 stdcsr 影响的差异是存在的。因此企业可以结合货币性激励与非货币性激励促使 CEO 承担企业社会责任。

六、研究结论与启示

鉴于 CEO 个人激励对 CSR 的影响甚少从货币激励和非货币激励两个方面同时被关注，本节基于公司治理视角，探究了 CEO 的货币和非货币激励与 CSR 决策的内在关系，主要结论如下：第一，CEO 股权激励对 CSR 有显著负向影响；第二，CEO 的年度奖金对 CSR 有显著负向影响；第三，即将新任的 CEO 对 CSR 的履行有正向影响，但效果不显著；第四，即将离任的 CEO 对 CSR 的履行有显著负向影响；第五，CEO 的职龄对 CSR 有显著负向影响，同预期和文献结果相反；第六，CEO 的权利和防御激励对 CSR 有显著正影响。

本节的实证分析证明 CSR 与 CEO 的股权激励和年度奖金之间为显著负相关，说明当 CEO 个人利益与股东利益（如公司股票价格和会计绩效的提升）密切相关时，CEO 会较少地投资于 CSR。相反，由于新任 CEO 需要获得利益相关者认可，因此会较多地在 CSR 方面进行投入。此外，研究发现，若 CEO 对自身的职业关注度较低，或 CEO 的权利较稳固时，则在 CSR 方面的投入较多。这说明若 CEO 面对较小的市场压力，在制定企业战略时不会仅仅着眼于股东的财务利益，而会更多地考虑到其他利益相关者的利益。由于 CEO 有广泛的决策权和影响 CSR 的能力（Manner，2010），因此本节的研究结论深化了 CSR 影响因素的相关性研究。

总而言之，本节揭示 CEO 对 CSR 的影响不仅受到货币激励的驱动，还会受到非货币激励的驱动，如 CEO 的职龄、权利、离任/新任等。综合上述分析，本节的研究结论一方面丰富了 CEO 在 CSR 决策方面的相关研究，另一方面也深化了 CSR 影响因素和作用机制的相关研究。

为了提高企业的 CSR 水平，企业应从以下方面进行考虑：第一，合理、科学地设计 CEO 薪酬结构。第二，充分考虑影响 CSR 因素的复杂性。在考察 CEO 个人激励机制对 CSR 的影响时，要同时兼顾货币激励和非货币激励两个方面。而之前的研究则较少关注 CEO 的非货币激励机制，这使 CEO – CSR 内在关系的研究是不完整的。为了保证 CEO 激励制度的有效性，企业应发挥货币激励和非货币激励两者的交互作用。

第八章

企业社会责任经济后果研究

本章着重探讨了 CSR 与绿色技术创新（green technological innovation, GTI）的关系。当今世界各方面都在高速发展，尤其企业的竞争日趋激烈化，要使自己的企业立于不败之地，其管理者就应对企业进行不断的变革和创新。对企业来说，"凡事变则立，不变则废"。在不断变化的市场中，企业应以创新之力，寻找生存之道。企业进行创新，是企业为利益相关者服务、实现整个社会发展的行为，即创新就是履行社会责任；同时，社会责任活动中也包含了企业应提供创新产品、满足顾客和市场需求等责任。当前很多企业在技术创新中融入了企业社会责任的行为。企业社会责任和创新分别是企业实现可持续发展和创新能力的重要途径。企业社会责任是企业对可持续发展的承诺，提高企业创新能力的首要任务是促进技术创新。企业通过新技术的运用，改造管理模式、生产模式和销售模式，才能持续领跑行业，成为业内翘楚。气候变暖日益受到全球关注以后，作为工业化时期制造业巨头的通用电气（GE）本身也直接遇到了环保危机。为走出这一困境，通用电气推出了"绿色创想"战略，以满足客户对高能效、低排放产品的需求，同时推动 GE 利润增长。GE 通过树立"绿色即盈利"的理念，研发绿色产品，打造低碳商业链条，推动企业的绿色转型发展，占领了绿色低碳时代的技术、产品与服务制高点。作为世界上最大的零售商，沃尔玛已经宣布其目标是产生零废物，并使用100%可再生能源为其运营提供动力。然而在"创新"与"可持续发展"并重的时代号召下，企业家们陷入了如何配置 CSR 实践与技术创新所需资源的困局，即企业在追求 CSR 与技术创新竞争优势的同时，引发了 CSR 实践与技术创新争夺有限的内部资源。本章拟从战略管理的角度，围绕企业的长期发展战略，考察在企业战略指导下企业的社会责任活动和创新活动会存在什么样的关系，并为未来的研究提供新的思路。

第一节　异质性企业社会责任对绿色技术创新的影响
——基于 CEO 自恋调节效应的实证研究

一、研究背景

在新冠肺炎疫情的冲击下，大多数企业面临着生存危机。在后疫情时代，面对社会、经济甚至全球环境的多变和动荡，企业变革的具体方向在哪里？企业如何保持竞争力和生命力，获得社会的认同与支持？已有研究表明，关注社会和环境问题的企业从长远来看将会有更高的盈利。而企业社会责任（CSR）和绿色技术创新作为企业在危机中生存下来并能进一步获得持续增长的两大因素（李维安、徐建和姜广省，2017），这两者之间是否存在一定的联系？本节拟以时代巨变为背景，以 CSR 和绿色技术创新为研究对象，从内容异质性视角探究 CSR 对绿色技术创新的影响机制。

CSR 是指企业在创造利润的同时，对员工、股东乃至政府、公众承担责任。有关 CSR 履行的已有研究主要集中于动机及其经济后果两个方面。用于解释 CSR 存在合理性的理论主要有代理理论、产权理论、资源基础论、金字塔理论、利益相关者理论、企业公民理论、企业道德发展理论等。关于 CSR 的最新研究集中于以下两个方面：一是从 CSR 对企业的直接经济后果研究转向中间作用机制研究。学者们开始更多地关注 CSR 与其他学科的交叉，研究与企业研发能力、投资效率、品牌价值、员工自豪感等之间的关系（Clarkson et al.，2007；Dangelico et al.，2017），聚焦 CSR 如何通过对利益相关者的支持从而提升企业发展（Luo，Kaul and Seo，2018）。二是将 CSR 行为细化分类，进一步厘清 CSR 的概念并把握 CSR 的本质属性。基于责任内容和责任动机等角度，现有研究主要依据利益相关者性质与履行意愿将 CSR 行为分为内部与外部 CSR、强制与自愿性 CSR（Luo et al.，2017），探究不同 CSR 行为对企业和社会的影响。本节将基于利益相关者理论，从履行内容角度对 CSR 进行分类，着重研究内部和外部 CSR。

绿色技术创新，即企业在创造核心竞争力的同时能达到保护环境目的的创新方式。关于绿色技术创新的影响因素，学者们主要运用经济学和管理学中的理论进行多视角的深入研究。前者着重关注驱动绿色技术创新的宏观和中观层面，如政府规制和市场；后者则从制度、组织和个体因素三个层次剖析微观层面的影响因素（李新安，2021；杨明海、刘凯晴和谢送爽，2021）。关于绿色技术创新最新的研究趋势可概括为两点：一是运用更多管理学的理论分析绿色技术创新的影响因素，如委托代理理论、利益相关者理论、资源基础论和高阶梯队理论等。二是关注多个影响因素交互对企业绿色技术创新产生的影响。现有研究逐渐从考察各种因素对绿色技术的直接影响过渡到关注多个影响因素作用于绿色技术创新的调节效应和中介效应。关于绿色技术创新的影响因素研究逐步由外部规制、组织整体转向内部主动性、高管个体视角。本节在继续探究企业内部资源、外部压力的基础上，深入探究企业主动性及管理者个人对绿色技术创新的影响，丰富不同层次的绿色技术创新影响因素。

企业首席执行官（CEO）是负责企业日常事务的最高行政官，不仅具有决策的权利，更有带领企业向前发展的义务，因此 CEO 会影响企业 CSR 决策，决定企业是否走绿色发展道路。高层梯队理论（upper echelons theory）指出，管理者特质影响战略选择，进而影响企业行为，不同心理特征的 CEO 会对不同问题做出不同选择，而自恋在心理特征中占据着重要地位（Olsen，Oworkis and Young，2014）。从心理学角度看，自恋心态会促使人过分追求权利和赞赏，CEO 自恋促使他做出引人注目的行为，直接对企业产生影响。CEO 自恋会对企业战略产生影响，自恋型 CEO 往往会采取与众不同的策略来凸显自己的优势。那么，自恋型 CEO 是否会通过主动承担 CSR 来获取赞美与认可，以满足虚荣心？本节将从 CEO 自恋这一行为视角出发，研究 CEO 自恋行为是否会促进 CSR 的履行，进而将 CEO 自恋作为调节变量，进一步探究 CEO 自恋是否会调节 CSR 对企业技术创新的影响。

国内外学者已分别在 CSR 履行、绿色技术创新及影响因素和 CEO 自恋领域进行了大量研究。从已有研究看，CSR 是否促进企业绿色技术创新还存在着争议。迪米特罗瓦（Dimitrova，2020）研究发现企业履行 CSR，维护利益相关者利益，会主动进行绿色技术创新；袁建国、程晨和后青松（2015）研究发现企业履行 CSR 会造成企业用于生产经营资源的浪费，使企业过多关注人际关系维护，进而不利于绿色技术创新。CEO 作为核心决策者，其行为对 CSR 和绿色技术创新决策具有重大影响。关于 CEO 自恋是否能促进企业发展，已有文献结论不一。正向观点认为，CEO 承担制定企业战略的责任，需要积极参与 CSR 活动，努力提升企业形象，自恋型 CEO 更倾向于强调外部 CSR，倾向于对外部利益相关者负责，营造良好的公司形象；CSR 是领导者对关注和强化自身形象这一个人需求的回应，因此 CEO 自恋会促进企业履行 CSR（Al – Shammari et al.，2019；Petrenko et al.，2016）。负向观点认为，CEO 自恋与 CSR 负相关，自恋型 CEO 盲目自大，不在乎外界看法，因此不会积极承担 CSR，CEO 自恋会导致错误估计企业风险，使得企业忽视长远发展，因此 CEO 自恋与 CSR 水平负相关（McCarthy et al.，2017；Sauerwald and Su，2019）。研究结论的分歧主要是由于 CSR 变量度量粗糙、细分不明确，缺乏对比研究。

就目前的状况来看，现有研究还存在着三个方面的问题：第一，研究内容方面。依据 CSR 异质性，不同动机与性质的 CSR 对企业影响程度不同，但现有大多数文献的 CSR 变量度量粗糙、细分不明确，缺乏对比研究，提出的有关企业履行 CSR 的政策性建议缺乏针对性。第二，研究视角方面。绿色技术创新受多种因素影响，存在变量与 CSR 交互影响绿色技术创新，但现有研究没有指出是否存在调节变量影响 CSR 对绿色技术创新的作用。第三，研究层次方面。依据利益相关者理论与高阶梯队理论，绿色技术创新不仅受组织影响，同时受管理者个体影响。但现有文献对绿色技术创新影响因素的探究多停留在组织层次，缺乏个体层次的研究。为解决以上问题，本节以 2014～2018 年发布的中国 A 股上市公司为样本，在 CSR 内容异质性基础上，研究 CEO 自恋行为是否会调节 CSR 对绿色技术创新的影响。本节以绿色发展为背景，以 CSR 对绿色技术创新的影响为主线，以 CEO 自恋为调节变量，将三者结合起来进行分析。研究贡献主要表现在三个方面：一是理论方面。本节以不同履行内容的异质性 CSR 为主线，将绿色技术创新及影响因素有机联合，构建异质性 CSR 对绿色技术创新的影响机制，一方面可以拓展 CSR 研究的视角、丰富 CSR 研究文献，另一方面，通过探索绿色技术创新影响机制模型的设置和运行机理，为社会责任履行、绿色技术创新设计出切实可行的提升方案，为中国企业可持续发展提供理论指导。二是实践方面。将 CSR 与企业绿色技术创新有机结合，从战略层面审视二者的关系，帮助企业确立创新的目标和方向，准确分析和判断社会需求，建立创新价值的方向、思路和行动方案，形成一个能规范企业行为、促进充分竞争、保护利益相关者利益、实现自身与社会可持续协同发展的战略。三是研究视角方面。本节将引入 CEO 自恋这一性格特征作为调节变量，探究这一变量在 CSR 对绿色技术创新影响中的作用。

二、理论分析与研究假设

（一）理论背景

结合研究问题与性质，本节综合运用利益相关者理论、高层梯队理论（upper echelons theory）与绿色技术创新的相关研究，剖析异质性 CSR 对绿色技术创新的影响机理，探究 CEO 自恋的调节效应。支持 CSR 的理论众多，可以从多个视角进行考察，利益相关者理论为其提供了最为重要的理论基础（武志勇和杨晨曦，2016）。从利益相关者理论的视角，CSR 可以按照市场和非市场利益相关者划分为内外部 CSR（Gallo, Tapies and Cappuyn, 2008）。内部 CSR 以实现组织结构变革（Hawn and Ioannou, 2016）、提高员工满意度和企业绩效以及改善劳动氛围等为目的（谢玉华、李红和兰果，2016）。外部 CSR 涉及环境和社会实践，有助于加强企业在外部利益相关者之间的合法性和声誉（Carroll, 1979）。

根据高层梯队理论，CEO 自恋心理影响 CEO 行为选择，进而影响企业战略。不同管理者具有不同的管理风格，管理者风格差异与企业绩效紧密联系。自恋型 CEO 往往行为大胆，对企业短期客观业绩不敏感，极易受到社会赞扬的鼓舞，企业战略偏向于冒险活动（Chatterjee and Hambrick, 2011）。自恋型 CEO 渴望获得更多的决策裁决权，使企业战略与其偏好一致，具有强烈的政治意识（Gupta, Nadkarni and Mariam, 2019）。

绿色技术创新相对于传统技术创新具有独特性。传统技术创新依赖于资本、人力进行产品创新，以获得经济效益、占据市场为目的。而绿色技术创新融合自然环境压力、资本与人力，在提升经济效益的同时兼顾环境保护（Thomé and Sousa, 2016）。企业决策兼顾不同利益相关者的利益能促使企业获得更好的社会形象与市场份额。已有文献在利益相关者理论基础上探究了内、外部 CSR 与绿色技术创新之间的关系。如员工环保意识及创新能力提升了企业内部 CSR，促使企业形成绿色创新意识，从而提升绿色技术创新；企业之间博弈竞争、政府环境规制与社会舆论压力对污染企业起到约束作用，促进企业积极履行外部 CSR，从而推动企业进行绿色技术创新，减轻环境污染（Chang，2016；Dangelico，Pujari and Pontrandolfo，2017）。

综上所述，本节认为企业对利益相关者履行社会责任是绿色技术创新的关键影响因素，CEO 自恋能影响 CSR 决策，进而调节 CSR 对绿色技术创新的影响。

（二）研究假设

1. CSR 与绿色技术创新

区别于其他的创新行为，绿色技术创新是由独特工艺和产品形成的创造性行为，高成本和高不确定性往往抑制了企业绿色技术创新。CSR 是企业对利益相关者的回馈，是企业回报社会、善待员工、反馈股东和客户等责任活动。社会责任履行程度越高的企业越顾及利益相关者的利益，与利益相关者的关系越和谐，企业形象与社会地位就越高（Luetkenhorst，2014）。因此，企业在信任的基础上与利益相关者保持良好的关系，会从利益相关者身上获取更多资源进行绿色技术创新，企业也会更加成功（Cox and Wicks，2011）。同时 CSR 会直接影响到投资者，投资者对于 CSR 行为会具有非常明显的正面反应。投资者在做出投资决策时，除了要考虑标的股票的投资收益率，还需要将企业在社会责任方面的表现纳入考虑的范畴。投资者对于 CSR 表现良好的企业更感兴趣（Rangan，Chase and Karim，2012）。因此 CSR 履行程度高的企业更容易吸引优质投资者，从而获得更多资金支持，为企业和投资者创造了良性利益循环。综上所述，注重履行 CSR 的企业会获得更多的收益，拥有更多的忠实客户、获得更多社会资源与投资，会投入更多资源进行绿色技术创新。基于以上分析，本节做出如下假设：

H8-1-1：CSR 履行正向影响绿色技术创新。

2. 异质性 CSR 与绿色技术创新

根据利益相关者理论，企业利益相关者分为市场利益相关者和非市场利益相关者。市场利益相关者包括股东、顾客、供应商、员工等，他们在企业目标实施的过程中有各自既定的物质利益，是与企业产品生产、经营有直接联系的客体。非市场利益相关者包括政府、社区等，他们在企业中没有明确的物质利益，是不直接参与企业生产经营的客体（Driessen and Hillebrand，2013）。加洛等（Gallo et al.，2008）将 CSR 划分为内部社会责任和外部社会责任。内部社会责任强调为社会提供满意的产品和服务，创造经济财富，以及确保企业的持续发展。外部社会责任则努力纠正经济活动对社会造成的损害。从以上分析中可以看出，企业内部社会责任即企业对市场利益相关者的责任，企业外部社会责任即企业对非市场利益相关者的责任。在企业绿色技术创新过程中，企业通过维护市场与非市场利益相关者的利益进而履行内外部 CSR 显得尤为重要。研究发现随着受教育水平的提升与卫生事件频发的冲击，市场利益相关者的环保意识逐步增强。如顾客对产品环保、节能的要求越来越高；受过高等教育的员工环保与可持续发展意识强，能够促进企业形成绿色观点，提升企业绿色技术创新；提供原材料的供应商作为企业绿色技术创新的上游，其参与水平能决定了企业绿色技术创新是否成功，供应商具备可持续发展意识与绿色创新知识能帮助企业提升绿色技术创新（Cheng，2020；Kiefer et al.，2017；张钢、张小军，2013）。注重履行内部CSR 的企业与市场利益相关者关系和谐，会将他们的想法纳入企业发展战略，从而促进企业绿色技术创新。对于非市场利益相关者而言，研究发现受环境恶化影响，政府提出高质量发展经济格局，要求企业保护环境；而媒体作为企业信息向外传递的重要载体，会降低企业与公众之间的信息不对称，公众通过媒体接收企业信息，对企业进行解析与评价，进而影响企业形象（毛蕴诗、王婧，2019）。因此为避免政府惩罚、媒体舆论压力与提升企业在公众心目中的形象，企业会积极参与外部 CSR 活动，从而有助于促进绿色技术创新，积极保护环境。综上所述，企业关注市场与非市场利益相关者、履行内外部社会责任有利于促进绿色技术创新。基于以上分析，本节做出如下假设：

H8 - 1 - 2a：企业内部社会责任履行正向影响绿色技术创新。

H8 - 1 - 2b：企业外部社会责任履行正向影响绿色技术创新。

3. CEO 自恋与绿色技术创新

根据高层梯队理论，CEO 特质影响企业决策。自恋型 CEO 自我意识强且高度自信，乐于向外界展示自己，以享受赞扬与瞩目，对自我认知高度自信。当企业面临战略变革时，自恋型 CEO 会选择大胆、野心勃勃的战略来引人注目（Graham，2011）。自恋型 CEO 具有权利意识，做事独断，往往低估风险而高估收益。当企业面临战略变革如重大技术突破时，自恋型 CEO 偏向于冒险、大胆的企业决策，以吸引注意力为目的进行研发投资（Campbell，Goodie and Foster，2004）。因此自恋型 CEO 强调提升企业研发投入，偏向于新产品产出与技术创新。CEO 自恋程度越高，企业竞争性越强（Kashmiri Nicol and Arora，2017）。综上所述，自恋型 CEO 在意外界看法与关系维护，偏向于大胆而突破性的企业战略，支持企业绿色技术创新，以此获得瞩目与虚荣。基于以上分析，本节做出如下假设：

H8 - 1 - 3：CEO 自恋正向影响企业绿色技术创新。

4. CEO 自恋的调节效应

CEO 作为负责企业事务的最高行政长官，具有最高决策权与带领企业持续发展的义务，因此 CEO 直接影响 CSR 决策。自恋型 CEO 做事果断，且注重企业社会关系维护，对企业 CSR 履行做出更大贡献（Al - Shammari，Rasheed and Al - Shammari，2019）。CSR 可作为领导者形象强化与个人关注的回应，因此 CEO 自恋与 CSR 水平正相关（McCarthy，Oliver and Song，2017）。自恋型 CEO 热衷于慈善活动，会积极履行、支持社会责任，以获得媒体赞美与良好的社会形象（Petrenko，2016）。自恋型 CEO 渴望得到关注与认可，积极履行内部 CSR 以希望得到员工、供应商、顾客的尊重，积极履行外部 CSR 以渴望得到社会荣誉与政府支持，因此 CEO 自恋会促进企业内外部 CSR 的履行，正向调节内外部 CSR 对绿色技术创新的影响。基于以上分析，本节做出如下假设：

H8 - 1 - 4：CEO 自恋正向调节企业内部社会责任履行对绿色技术创新的影响。

H8 - 1 - 5：CEO 自恋正向调节企业外部社会责任履行对绿色技术创新的影响。

基于以上观点，本节提出相关研究模型（见图 8 - 1）。

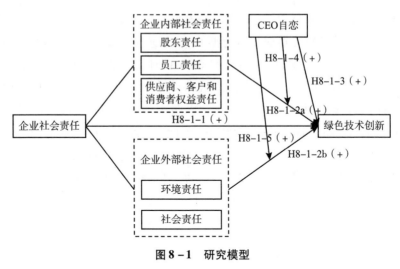

图 8-1　研究模型

资料来源：笔者整理。

三、研究设计

（一）研究样本与数据来源

本节 CSR 指标数据来自和讯网（http：//www. hexun. com）公布的上市公司社会责任评级总得分。和讯网评级企业每年超 1900 家，足以保证数据的全面性，一级指标清晰，能够明确辨析内部 CSR 与外部 CSR，与本节数据收集要求一致。由于和讯网缺乏 2013 年之前规范的 CSR 数据，本节以 2014～2018 年沪深两市 A 股主板上市交易的公司为研究对象，初步获取样本 9625 个，剔除以下三类样本：（1）金融保险类、高新技术类等轻污染企业；（2）核心数据缺失的企业；（3）2014～2018 年出现过 ST、*ST 的企业，最终得到 1745 个有效样本及 13960 个样本观测值。其他变量数据来自佰腾专利网（https：//www. baiten. cn）、全景网（http：//www. p5w. net）、CEO 微博等社交网站、企业网站和公司年报。本节使用软件 Stata 16. 0 进行统计分析。

（二）变量设计及指标测量

1. 因变量

因变量为绿色技术创新，用 gi 表示。国内外绿色技术创新的测度方法很多，包括绿色研发支出、调查问卷法等，这些方法有各自适用的条件。借鉴贝荣等（Berrone et al.，2013）的研究方法，将企业年度绿色专利申请量作为绿色技术创新的衡量指标，这是度量绿色技术创新的常见指标。本节利用佰腾专利网检索上市公司专利申请量，将 SOOPAT 专利搜索、专利汇作为备用网站，利用"节能""减排""环保""绿色""低碳""排放""循环""清洁""污染""保护环境""能耗""噪声""可持续"13 个关键词对企业年度专利申请量进行筛选，得到绿色专利申请量，$gi \geq 0$。考虑样本间绿色专利申请量差异大，本节对绿色专利申请量取自然对数。因存在 gi 为 0 的样本，直接取对数结果接近负无穷，因此将 gi 全部加 1 再取对数。

2. 自变量

企业社会责任为自变量，用 csr 表示。借鉴王站杰、买生（2019）的研究，从和讯企业社会责任评级网站下载样本 2014～2018 年的社会责任评分。和讯网社会责任评级体系下设 56 个指标，包括股东责任，员工责任，供应商、客户和消费者权益责任，环境责任和社会责任 5 个一级指标，一级指标下设 13 个二级指标和 38 个三级指标。和讯网社会责任评价体系见表 8－1。依据加洛等（Gallo et al.，2008）对内外部 CSR 的划分标准，内部 CSR 指为社会提供满意的产品或服务、员工的全面发展、创造财富与促进企业可持续发展，外部 CSR 指企业为纠正经济活动对社会的损害而做出的努力。因此本节将股东责任，员工责任，供应商、客户和消费者权益责任定义为内部社会责任，用 incsr 表示，将环境责任、社会责任定义为外部社会责任，用 excsr 表示。本节分别对其加总，得到企业内外部社会责任总分。考虑到 CSR 得分差异较大，因此对总体 CSR、内外部 CSR 得分取自然对数。

表 8－1　　　　　　　　　　和讯网社会责任评价体系　　　　　　　　单位：%

和讯网一级指标（权重）	和讯网二级指标（权重）	和讯网三级指标（权重）
内部 CSR　股东责任（30）	盈利（10）	净资产收益率（2）
		总资产收益率（2）
		主营业务利润率（2）
		成本费用利润率（1）

续表

和讯网一级指标（权重）	和讯网二级指标（权重）	和讯网三级指标（权重）
内部 CSR	股东责任（30）	盈利（10）	每股收益（2）
			每股未分配利润（1）
		偿债（3）| 速动比率（0.5）
			流动比率（0.5）
			现金比率（0.5）
			股东权益比率（0.5）
			资产负债率（1）
		回报（8）| 分红融资比（2）
			股息率（3）
			分红占可分配利润比（3）
		信批（5）| 交易所对公司和相关负责人处罚次数（5）
		创新（4）| 产品开发支出（1）
			技术创新理念（1）
			技术创新项目数（2）
	员工责任（普通行业为15，消费行业为10）	绩效（5）/（4）	职工人均收入（4）/（3）
			员工培训（1）/（1）
		安全（5）/（3）| 安全检查（2）/（1）
			安全培训（3）/（2）
		员工关爱（5）/（3）| 慰问意识（1）/（1）
			慰问人（2）/（1）
			慰问金（2）/（1）
	供应商、客户和消费者权益责任（普通行业为15，消费行业为20）	产品质量（7）/（9）	质量管理意识（3）/（5）
			质量管理体系证书（4）/（4）
		售后（3）/（4）| 顾客满意度调查（3）/（4）
		诚信互惠（5）/（7）| 供应商公平竞争（3）/（4）
			反商业贿赂培训（2）/（3）

续表

和讯网一级指标（权重）	和讯网二级指标（权重）	和讯网三级指标（权重）
外部 CSR　环境责任（普通行业为20，制造行业为30，服务行业为10）	环境治理（20）/（30）/（10）	环保意识（2）/（4）/（2）
		环境管理体系认证（3）/（5）/（2）
		环保投入金额（5）/（7）/（2）
		排污种类数（5）/（7）/（2）
		节约能源种类数（5）/（7）/（2）
社会责任（普通行业为20，制造行业为10，服务行业为30）	贡献价值（20）/（10）/（30）	所得税占利润总额比（10）/（5）/（15）
		公益捐赠金额（10）/（5）/（15）

注：表中数字代表相应指标所占的权重。
资料来源：笔者整理。

3. 调节变量

CEO 自恋为调节变量，用 ceonar 表示。借鉴韩立岩、李慧（2009）的研究，对未设立 CEO 的企业，本节将采用总裁或总经理替代。借鉴查特吉和汉布里克（Chatterjee and Hambrick，2011）的做法，根据埃蒙斯（Emmons）提出的四个自恋维度，结合本节实际，选取 5 个指标对 CEO 自恋进行测量。5 个测量指标与自恋型人格量表（narcissistic personality inventory，NPI）的四维度关系见表 8 - 2。

指标 1、2、3、5 建立在吴建祖、龚敏（2018）的研究之上，指标 4 借鉴了艾尔—沙马里等（Al - Shammari et al.，2019）的研究，具体来说：（1）指标 1：在公司官方网站中，关于 CEO 的报道占总报道的比例；（2）指标 2：CEO 在微博等社交平台中原创的数量；（3）指标 3：全景网关于 CEO 的采访中，CEO 使用第一人称单数（我）占第一人称（我/我们）的比例；（4）指标 4：CEO 照片在年度报告中所占比例，按四分制评分（CEO 照片单独并占比一半以上得 4 分，CEO 照片单独占比不足一半得 3 分，CEO 照片为合影得 2 分，无照片得 1 分）；（5）指标 5：CEO 照片在该年度企业微博官方账号发博中出现的张数。综合已有文献，对 5 个测量指标进行标准化处理，并取其算术平均值，以衡量 CEO 自恋程度。

表 8-2

CEO 自恋指标与 NPI 四维度的关系

自恋型人格量表（NPI）		本节 CEO 自恋指标及特征				
四个维度	特征	指标1: CEO 报道占总数量的比例	指标2: CEO 社交平台原创数量	指标3: CEO 使用第一人称与第一人称的比例	指标4: CEO 照片在公司年报中的显著性	指标5: CEO 照片在微博官方账号中出现的张数
领导力/权威	我主导一切	我是公司核心人物		成绩都是在我的带领下取得的	我是公司核心人物	我是最高领导，应以我为中心
自我崇拜/自负	会自我欣赏，觉得自己是优秀的人	享受公司以及外界对我的称赞	我的观点都是正确的，他人应当听从	我是领导核心，带领企业走向成功	我拥有光环	我拥有主角光环，是公司最重要的人
傲慢/优越感	喜欢凌驾于他人之上，比他人都优秀	我是最特别的，应当被关注	他人应当认真学习并跟从我的观点	我代表整个公司	我是企业掌门人，只能宣传我	我对公司十分重要，应大力宣传
功利/权力欲望	需要得到敬慕，嫉妒他人的成就	我应当得到大量报道		我掌握公司大权，任何成就都是因为我的参与	我的重要性应得到突出	公司应突出我的重要性，让更多人了解我

资料来源：笔者整理。

4. 控制变量

为控制公司基本特征对绿色技术创新的影响，借鉴于克信、胡勇强和宋哲（2019）的研究，控制以下变量：一是企业所处地区。企业所在地区发展水平会直接影响科技创新水平，经济发达、具有政策优势的地区会更加重视绿色环保与科技创新，企业绿色技术创新能力强。二是企业性质。国有企业相对于大部分私有企业来说，经济实力、响应政策意识更强，绿色技术创新能力强。三是企业行业。高污染行业相对于轻污染行业来说，对环境破坏更严重，保护环境的责任更多，绿色技术创新意识强。四是企业规模。企业规模直接影响研发投入，总资产雄厚的企业研发投入多，规模大的企业绿色技术创新能力强。五是企业盈利能力。企业经济实力会直接影响研发投入，盈利能力强的企业具有经济基础进行研发，绿色技术创新能力强。六是企业技术人员占比。企业技术人员的数量会影响技术成果的产出，技术人员占比高的企业更重视研发，绿色技术创新能力更强。七是企业上市年限。企业上市时间长短会对资本积累、创新经验及综合实力产生影响，进而通过研发投入与创新效率影响绿色技术创新。八是资产负债率。资产负债率越高，说明企业利用债权人提供的资金进行生产经营的能力越强，进而拥有更多资金进行绿色技术创新。九是资产收益率。资产收益率越高，企业盈利能力与综合实力越强，进而拥有资本进行绿色技术创新。

变量的定义见表8-3。

表8-3　　　　　　　　　　　　变量定义及度量方法

变量类型	变量名称	变量符号	变量定义
被解释变量	绿色技术创新	gi	（绿色专利申请数量+1）的自然对数
核心自变量	企业社会责任	csr	和讯网上市公司社会责任评级得分的自然对数
	企业内部社会责任	incsr	和讯网上市公司内部社会责任评级得分的自然对数
	企业外部社会责任	excsr	和讯网上市公司外部社会责任评级得分的自然对数
调节变量	CEO自恋	ceonar	五个测量指标标准化后的算术平均值
控制变量	企业所处地区	area	0~1变量，位于东部取1，否则为0
	企业性质	nature	0~1变量，企业为国有性质取值为1
	企业行业	industry	0~1变量，企业为重污染企业取值为1

续表

变量类型	变量名称	变量符号	变量定义
控制变量	企业规模	size	总资产的自然对数
	企业盈利能力	pro	利润总额/营业收入
	企业技术人员占比	tsrat	技术员工数/总员工数
	企业上市年限	age	企业自上市至 t 年度的年份数加 1 后的自然对数
	资产负债率	loar	负债总额/资产总额
	资产收益率	roa	净利润/资产合计期末余额

资料来源：笔者整理。

（三）模型设定

为验证假设 H8 - 1 - 1，即 CSR 对绿色技术创新的影响，设定回归模型（8 - 1 - 1）。

$$gi_{it} = \alpha_1 + \beta_1 csr_{it} + \beta_2 area_i + \beta_3 nature_i + \beta_4 industry_i + \beta_5 size_{it} + \beta_6 pro_{it}$$
$$+ \beta_7 tsrat_{it} + \beta_8 age_{it} + \beta_9 loar_{it} + \beta_{10} roa_{it} + \varepsilon_{it} \quad (8 - 1 - 1)$$

其中，因变量 gi 为企业绿色技术创新指数，自变量为 csr（企业社会责任指数），ε 代表模型的随机误差项，其余为控制变量。

基于 CSR 异质性，将 CSR 细分为内部、外部 CSR。为检验假设 H8 - 1 - 2a、假设 H8 - 1 - 2b，即内部 CSR、外部 CSR 对绿色技术创新的影响，设定回归模型（8 - 1 - 2）。

$$gi_{it} = \alpha_2 + \beta_{11} incsr_{it} + \beta_{12} excsr_{it} + \beta_{13} area_i + \beta_{14} nature_i + \beta_{15} industry_i + \beta_{16} size_{it}$$
$$+ \beta_{17} pro_{it} + \beta_{18} tsrat_{it} + \beta_{19} age_{it} + \beta_{20} loar_{it} + \beta_{21} roa_{it} + \varepsilon_{it} \quad (8 - 1 - 2)$$

其中，因变量 gi 为企业绿色技术创新指数，自变量为 incsr（企业内部 CSR 指数）与 excsr（企业外部 CSR 指数），ε 代表模型的随机误差项，其余为控制变量。

为检验假设 H8 - 1 - 3、假设 H8 - 1 - 4、假设 H8 - 1 - 5，即 CEO 自恋对绿色技术创新的影响及 CEO 自恋对主效应的调节作用，设定回归模型（8 - 1 - 3）。

$$gi_{it} = \alpha_3 + \beta_{22} c\_incsr_{it} + \beta_{23} c\_excsr_{it} + \beta_{24} c\_ceonar_{it} + \beta_{25} interact_{it}$$
$$+ \beta_{26} interact1_{it} + \beta_{27} area_i + \beta_{28} nature_i + \beta_{29} industry_i + \beta_{30} size_{it}$$

$$+ \beta_{31}\mathrm{pro}_{it} + \beta_{32}\mathrm{tsrat}_{it} + \beta_{33}\mathrm{age}_{it} + \beta_{34}\mathrm{loar}_{it} + \beta_{35}\mathrm{roa}_{it} + \varepsilon_{it} \qquad (8-1-3)$$

其中，gi 为因变量，interact、interact1 分别代表减去样本均值后 CEO 自恋与内部 CSR、外部 CSR 的交乘项，c_incsr、c_excsr、c_ceonar、interact、interact1 为核心自变量，ε 代表模型的随机误差项，其余为控制变量。

经膨胀因子 VIF 检验，ceonar 的 VIF 值为 694.45，incsr 和 ceonar、excsr 和 ceonar 交乘项的 VIF 值分别为 114.45、719.92，与其低次项存在严重的多重共线性。为解决严重共线性问题，借鉴谢宇（2010）的研究，对低次项做对中处理：将 incsr、excsr、ceonar 分别减去其样本均值再构建交乘项，并将减去样本均值的低次项代入回归方程。即：

$$c\_incsr = incsr - \overline{incsr}$$
$$c\_excsr = excsr - \overline{excsr}$$
$$c\_ceonar = ceonar - \overline{ceonar}$$

四、实证结果及分析

（一）描述性统计

描述性统计分析如表 8-4 所示，企业绿色技术创新均值为 1，标准差为 1.03，最小值为 0，最大值为 7.15，说明企业之间绿色技术创新能力差异大，我国企业绿色技术创新能力有待提高。csr 均值为 3.61，标准差为 0.39，最小值为 -1.11，最大值为 4.61，说明企业社会责任的履行存在较大差异，有待提高。企业内部社会责任均值为 2.95，标准差为 0.56，最小值为 -0.34，最大值为 4.09，说明企业之间内部社会责任履行存在明显差异，企业内部社会责任的履行有待提高。企业外部社会责任均值为 3.04，高于内部社会责任，标准差为 0.30，最小值为 0，最大值为 3.97，说明企业之间外部社会责任差异较小，并且离散程度低于内部社会责任，相比于履行内部社会责任，企业更偏向于履行外部社会责任，原因是外部社会责任的履行能够开拓市场、形成好的企业形象。CEO 自恋均值为 0.059，标准差为 0.28，最小值为 0，最大值为 4.89，说明企业间 CEO 自恋程度存在较大差异。

表 8 – 4   描述性统计分析

变量	样本量	均值	标准差	最小值	最大值
gi	1745	1	1.03	0	7.15
csr	1745	3.61	0.39	– 1.11	4.61
incsr	1745	2.95	0.56	– 0.34	4.09
excsr	1745	3.04	0.30	0	3.97
ceonar	1745	0.059	0.28	0	4.89
area	1745	0.55	0.50	0	1
nature	1745	0.66	0.47	0	1
industry	1745	0.67	0.47	0	1
size	1745	24.17	1.60	17.03	27.67
pro	1745	0.11	0.30	– 2.21	4.21
tsrat	1745	0.16	0.12	0	0.74
age	1745	2.830	0.581	0	3.466
loar	1745	0.559	0.204	0.016	3.262
roa	1745	0.031	0.073	– 1.22	0.336

资料来源：笔者整理。

从控制变量来看，企业规模、企业盈利能力、企业上市年限与资产负债率总体差异明显，企业技术人员占比与资产收益率占比总体差异相对较小。企业性质为 0~1 变量，均值为 0.66，说明过半企业为国有性质。企业行业为 0~1 变量，均值为 0.67，说明过半企业为高污染企业。企业所在地区标准差为 0.50，均值为 0.55，说明大部分企业位于东部。

（二）相关性分析与 VIF 检验

主要变量的相关性分析结果如表 8 – 5 所示，以初步检验各变量间的相关关系，并判断是否存在多重共线性。结果显示，相关系数的绝对值普遍低于 0.5（incsr 与 excsr 相关系数除外，为 0.527；roa 与 pro 的相关系数除外，为 0.516）。为进一步验证不存在变量的严重多重共线性问题，本节进行了方差膨胀因子 VIF 检验。结果显示变量的 VIF 均值为 1.39，最小值为 1.07，最大值为 2.04，全部小于 5，说明不存在严重的多重共线性问题。

表 8 - 5 相关性分析及 VIF 检验

变量	gi	incsr	excsr	area	nature	industry	size	pro	tsrat	age	loar	roa	VIF
gi	1												
incsr	0.110***	1											2.04
excsr	0.011	0.527***	1										1.48
area	0.077***	0.146***	0.022	1									1.14
nature	0.03	-0.023	0.076***	-0.167***	1								1.21
industry	0.041*	-0.166***	-0.075***	-0.194***	0.049**	1							1.11
size	0.204***	0.195***	0.189***	-0.007	0.314***	0.056**	1						1.39
pro	-0.062***	0.385***	0.089***	0.049**	-0.002	-0.139***	0.060**	1					1.48
tsrat	0.069***	0.108***	0.093***	0.165***	0.062***	-0.145***	0.135***	0.045*	1				1.07
age	-0.105***	-0.032	0.093***	-0.179***	0.260***	0.093***	0.237***	-0.005	-0.01	1			1.17
loar	0.050**	-0.205***	0.022	-0.109***	0.124***	-0.019	0.296***	-0.301***	0.065***	0.084***	1		1.4
roa	0.080***	0.479***	0.103***	0.112***	-0.146***	-0.081***	-0.003	0.516***	0.033	-0.161***	-0.389***	1	1.77

注：*** $p < 0.01$，** $p < 0.05$，* $p < 0.1$，下同。
资料来源：笔者整理。

调节效应中因变量与核心自变量的相关性分析结果如表 8 - 6 所示，其目的是检验交互项与低次项的多重共线性。相关系数的绝对值普遍低于 0.5（内外部 csr 的相关性除外，为 0.527）。变量的 VIF 均值为 1.33，最小值为 1.22，最大值为 1.40，全部小于 5，说明交乘项与低次项间不存在严重的多重共线性问题。

表 8 - 6　　　　　　　　　相关性分析及 VIF 检验

变量	gi	c_incsr	c_excsr	c_ceonar	interact	interact1	VIF
gi	1						
c_incsr	0.110 ***	1					1.40
c_excsr	0.0110	0.527 ***	1				1.39
c_ceonar	0.148 ***	0.042 *	0.0240	1			1.22
interact	0.108 ***	− 0.081 ***	− 0.0270	0.260 ***	1		1.25
interact1	0.0140	− 0.0250	− 0.051 **	0.411 ***	0.431 ***	1	1.40

资料来源：笔者整理。

（三）回归结果分析

1. 模型选择

本节在进行面板数据回归之前，分别对混合效应、固定效应与随机效应进行检验，以选择基准模型。在混合回归与固定效应回归的比较中，F 检验统计量为 9.61，p = 0，说明固定效应回归明显优于混合回归；在混合回归与随机效应回归的比较中，LM 检验统计量 chibar2 为 1334.29，p = 0，说明随机效应回归优于混合回归；在固定效应回归与随机效应回归的比较中，Hausman 检验的 chi2 统计量为 35.52，p = 0，故采用固定效应模型。因模型包含企业性质、企业所在地区、企业行业等多个不随时间变化的变量，为避免在普通面板固定回归中被删除，采用高维固定效应回归（REGHDFE）并对年份进行控制。本节同样对 REGHDFE 回归与随机效应回归进行 Hausman 检验，其 p = 0.000。本节以混合回归作为参照，高维固定效应回归（REGHDFE）主要变量影响方向及显著性水平基本不变。由于 REGHDFE 回归不汇报截距项，本节回归结果仅汇报了混合回归的截距项。

2. 主效应回归结果

表 8 - 7 为主要模型的回归结果, 包括主效应高维固定效应回归 (REGHDFE)、混合回归。

表 8 - 7　　　　　　　主效应 REGHDFE 回归与混合回归结果

变量	(1) gi	(2) gi
csr	0. 145 ** (2. 12)	0. 131 * (1. 96)
size	0. 137 *** (7. 88)	0. 142 *** (7. 84)
pro	- 0. 497 *** (- 5. 24)	- 0. 505 *** (- 6. 52)
tsrat	0. 280 (1. 35)	0. 285 (1. 29)
age	- 0. 021 *** (- 6. 20)	- 0. 019 *** (- 6. 08)
loar	0. 072 (0. 53)	0. 036 (0. 29)
roa	1. 549 *** (3. 71)	1. 670 *** (5. 27)
area	控制	0. 103 ** (2. 10)
nature	控制	0. 035 (0. 65)
industry	控制	0. 114 ** (2. 22)
Constant		- 2. 642 *** (- 6. 01)

变量	(1) gi	(2) gi
样本量	1745	1745
年份	控制	控制
R^2	0.100	0.093
P 值（F test）	0	0
R^2_a	0.0926	0.0874
F	15.53	20.15

资料来源：笔者整理。

表 8 - 7 中，csr 对 gi 的回归系数为 0.145，在 5% 的水平上显著，与混合回归结果基本一致，说明在控制了其他影响因素后，企业社会责任对绿色技术创新有正向影响，支持研究假设 H8 - 1 - 1。

控制变量回归结果分析如下：在主效应 REGHDFE 回归中，size 对 gi 的回归系数为 0.137，在 1% 的水平上显著；pro 对 gi 的回归系数为 - 0.497，在 1% 的水平上显著；tsrat 对 gi 的回归系数为 0.280，不显著；age 对 gi 的回归系数为 - 0.021，在 1% 的水平上显著；loar 对 gi 的回归系数为 0.072，不显著；roa 对 gi 的回归系数为 1.549，在 1% 的水平上显著。REGHDFE 回归控制了 area、nature、industry 等不随时间变化的变量，但未汇报回归结果。如混合回归结果所示，area 对 gi 的回归系数为 0.103，在 5% 的水平上显著；nature 对 gi 的回归结果为 0.035，不显著；industry 对 gi 的回归结果为 0.114，在 5% 的水平上显著。以上结果说明企业规模、企业技术人员占比、资产负债率与资产收益率正向影响绿色技术创新，企业盈利能力与企业上市年限负向影响绿色技术创新，企业所在地区与企业行业对绿色技术创新有显著影响，企业性质对绿色技术创新影响不大。

3. 基于异质性 CSR 的进一步分析

表 8 - 8 为异质性 CSR 与调节效应回归结果，包括异质性 CSR 高维固定效应回归（REGHDFE）、混合回归、调节效应高维固定效应回归（REGHD-FE）、混合回归。

表 8 - 8　　　　异质性 CSR REGHDFE 回归与混合回归、交乘项
REGHDFE 回归与混合回归结果

变量	(1) gi	(2) gi	(3) gi	(4) gi
incsr	0.212 *** (3.51)	0.226 *** (4.15)		
excsr	-0.240 ** (-2.51)	-0.274 *** (-2.66)		
c_incsr			0.231 *** (3.85)	0.246 *** (4.52)
c_excsr			-0.269 *** (-2.83)	-0.304 *** (-2.99)
c_ceonar			0.036 *** (5.73)	0.035 *** (3.89)
interact			0.082 *** (4.81)	0.081 *** (3.22)
interact1			-0.150 *** (-3.81)	-0.151 *** (-4.27)
size	0.137 *** (7.88)	0.141 *** (7.63)	0.131 *** (7.63)	0.136 *** (7.57)
pro	-0.531 *** (-5.56)	-0.543 *** (-6.80)	-0.512 *** (-5.42)	-0.526 *** (-6.85)
tsrat	0.300 (1.45)	0.303 (1.40)	0.340 * (1.66)	0.343 (1.61)
age	-0.020 *** (-5.84)	-0,018 *** (-5.73)	-0.021 *** (-6.15)	-0.019 *** (-6.00)
loar	0.104 (0.77)	0.078 (0.63)	0.091 (0.67)	0.061 (0.49)
roa	1.320 *** (3.08)	1.379 *** (4.35)	1.202 *** (2.83)	1.269 *** (4.24)

变量	(1) gi	(2) gi	(3) gi	(4) gi
area	控制	0.093 * (1.88)	控制	0.090 * (1.83)
nature	控制	0.043 (0.81)	控制	0.041 (0.77)
industry	控制	0.119 ** (2.28)	控制	0.137 *** (2.72)
Constant		-1.998 *** (-4.57)		-2.041 *** (-5.30)
样本量	1745	1745	1745	1745
年份	控制	控制	控制	控制
R^2	0.104	0.099	0.126	0.120
P 值 (F test)	0	0	0	0
R^2_a	0.0965	0.0928	0.117	0.113
F	15.01	19.38	15.20	18.26

资料来源：笔者整理。

现有大部分研究只观察了反映企业社会责任的综合指标。本节在此基础上进一步探究社会责任分指标对企业绿色技术创新的影响，如高维固定效应回归结果所示。incsr 对 gi 的回归系数为 0.212，在 1% 的水平上显著，与混合回归结果基本一致，说明控制了其他影响因素后，内部社会责任履行对绿色技术创新有正向影响，支持研究假设 H8 - 1 -2a。

excsr 对 gi 的回归系数为 -0.240，在 5% 的水平上显著，与混合回归结果基本一致。负号说明控制了其他影响因素后，外部社会责任的履行对绿色技术创新有负向影响，即外部社会责任履行程度越高，对绿色技术创新的约束程度越高，结果不支持研究假设 H8 - 1 -2b。原因可能是企业过多关注外部 CSR 导致企业资源向外部社会关系维护、市场扩大方面转移，企业由于拥有良好的社会形象，受到政府以及公众的保护，不进行或者减少进行技术创新仍能继续生存。

4. 调节效应回归结果

如表 8 - 8 调节效应 REGHDFE 回归结果所示，c_ceonar 对 gi 的回归系数为 0.036，在 1% 的水平上显著，与混合回归结果基本一致。说明在控制其他因素后，CEO 自恋对企业绿色技术创新有正向影响，支持研究假设 H8 - 1 - 3。

interact 对 gi 的回归系数为 0.082，在 1% 的水平上显著，且主效应显著，表明在 CEO 自恋的作用下，内部 CSR 与绿色技术创新的正相关性会增强，结果支持研究假设 H8 - 1 - 4。图 8 - 2 为 c_incsr 与 c_ceonar 的交互作用图。直线表示 c_incsr 系数的变化趋势，阴影部分表示置信区间。如图 8 - 2 所示，随着 CEO 自恋指数的上升，c_incsr 的系数逐步增加，并且置信区间全部在 0 以上。

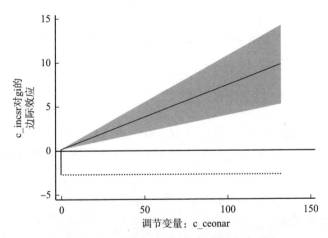

图 8 - 2　c_incsr 与 c_ceonar 的交互作用

资料来源：笔者整理。

interact1 对 gi 的回归系数为 - 0.150，在 1% 的水平上显著，且主效应显著，说明在 CEO 自恋的作用下，外部 CSR 与绿色技术创新的负相关性会增强，结果不支持研究假设 H8 - 1 - 5。原因可能是自恋型 CEO 看重外界对自己的看法，会主动将公司资源倾向于外部关系、自身形象维护，公司技术创新的资源被分散，外部 CSR 对绿色技术创新的负向影响会增强。图 8 - 3 为 c_excsr 与 c_ceonar 的交互作用图。直线表示 c_excsr 系数的变化趋势，阴影部分表示置信区间。如图 8 – 3 所示，随着 CEO 自恋系数的增加，c_excsr 的系数逐步负向增加，并且置信区间在 0 以下。

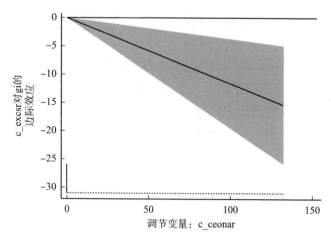

图 8 – 3　c_excsr 与 c_ceonar 的交互作用

资料来源：笔者整理。

（四）统计结果稳健性检验

为验证上述结果的稳健性，本节进行了内生性检验并变更了 CSR 衡量方式、进行了核心解释变量（incsr、excsr）对绿色技术创新影响的时滞性处理，包括面板工具变量固定效应回归内生性检验、csr1（润灵环球企业 CSR 得分）主效应回归、滞后核心解释变量回归，具体做法如下：

1. 内生性检验

CSR 作为企业获取外部资源与提升企业形象的有效途径，会通过研发投入与创新知识的增加促进绿色技术创新，而绿色技术创新作为企业保护环境的重要举措，会提升 CSR，故可能存在双向因果关系。为此，本节选取 csr、incsr、excsr 的滞后一期作为工具变量，工具变量的合理性如下：首先，L. csr、L. incsr、L. excsr 作为 csr、incsr、excsr 的滞后值，两者具有明显相关性；其次，由于滞后变量已经发生，从当期角度看，其取值已固定，因此与扰动项不相关；最后，当期的绿色技术创新不可能影响过去的 csr、incsr、excsr，即 L. csr、L. incsr、L. excsr 是外生的。综上所述，L. csr、L. incsr、L. excsr 满足相关性与外生性。由于本节使用面板数据，因此采用面板工具变量固定效应回归进行内生性检验，检验结果见表 8 - 9。

表 8 - 9　　　　　　　　工具变量回归检验结果

	不可识别检验		弱工具变量检验	过度识别检验	内生性检验	
L. csr	LM = 34.501	p = 0.000	F = 35.438	Sargan = 0	卡方分布 = 0.006	p = 0.939
L. incsr	LM = 27.974	p = 0.000	F = 28.549	Sargan = 0	卡方分布 = 0.057	p = 0.811
L. excsr	LM = 50.988	p = 0.000	F = 53.240	Sargan = 0	卡方分布 = 0.167	p = 0.683

资料来源：笔者整理。

如表 8 - 9 所示，三个工具变量不可识别检验的 p = 0.000，故强烈拒绝不可识别原假设；三个工具变量弱工具变量检验的 F 均大于 16.38，故其真实性水平不可能大于 10%，拒绝弱工具变量原假设；三个工具变量过度识别检验的 Sargan = 0，故不存在过度识别。综上所述，三个工具变量具有合理性。三个工具变量内生性检验的 p 均大于 0.1，故无法拒绝所有解释变量均为外生的原假设，因此本节 csr、incsr、excsr 不存在严重的内生性问题。

2. 变更 CSR 的衡量方式

借鉴李百兴等（2018）的研究，采用润灵环球企业社会责任报告评级数据库的评分来衡量 CSR，将其定义为核心自变量（csr1）进行实证检验。如表 8 - 10 回归结果所示，csr1 对 gi 的回归系数为 0.303，在 10% 的水平上显著，仍支持研究假设 H8 - 1 - 1。

表 8 - 10　　　　csr1 主效应回归、滞后 incsr、excsr 回归结果

变量	(1) gi	(2) gi
csr1	0.303 * (1.96)	
L. incsr		0.107 * (1.83)

续表

变量	(1) gi	(2) gi
L. excsr		- 0. 258 ** (- 2. 23)
area	0. 148 * (1. 85)	0. 112 ** (2. 03)
nature	0. 018 (0. 19)	0. 076 (1. 29)
industry	0. 221 ** (2. 32)	0. 105 * (1. 79)
size	0. 135 *** (4. 90)	0. 126 *** (6. 04)
profitability	- 0. 507 *** (- 5. 33)	- 0. 485 *** (- 5. 80)
tsrat	0. 158 (0. 44)	0. 296 (1. 19)
age	- 0. 022 *** (- 3. 01)	- 0. 020 *** (- 5. 32)
loar	0. 112 (0. 52)	0. 175 (1. 24)
roa	2. 908 *** (3. 71)	1. 836 *** (4. 34)
Constant	- 3. 125 *** (- 3. 94)	- 1. 536 *** (- 3. 07)
样本量	785	1396
年份	控制	控制
R^2	0. 114	0. 096
P 值（F test）	0	0
R^2_a	0. 0975	0. 0867
F	9. 236	12. 37

资料来源：笔者整理。

3. 核心解释变量（incsr、excsr）对绿色技术创新影响的时滞性处理

考虑到企业研发活动具有长期性，因此核心解释变量（incsr、excsr）对绿色技术创新的影响具有时滞性。本节采用滞后自变量的方法，用 t − 1 期的 incsr、excsr 对 t 期 gi 进行回归，以此解决时滞性。如滞后核心解释变量（incsr、excsr）回归结果所示，L. incsr 对 gi 的回归系数为 0.107，在 10% 的水平上显著，L. excsr 对 gi 的回归系数为 − 0.258，在 5% 的水平上显著，仍支持研究假设 H8 − 1 − 2a、H8 − 1 − 2b。

从稳健性检验结果看，变更 CSR 衡量方式、核心解释变量（incsr、excsr）对绿色技术创新影响的时滞性处理 2 种方法的模型拟合效果、变量符号及显著性水平都与之前的回归结果有较好的一致性，并且核心解释变量（csr、incsr、excsr）经检验不存在严重的内生性问题，初步证实了上述统计结果的稳健性。

五、研究结论、启示及展望

（一）研究结论

受全球环境恶化、公共卫生安全事件频发的影响，各国经济受到重创，因此呼吁企业保护环境、提升绿色技术创新能力具有必然性。本节基于高层梯队理论和利益相关者理论，从 CSR 角度出发，在探究 CSR 异质性的基础上，考虑 CEO 自恋的调节作用，构建了企业绿色技术创新的作用机制与影响模式。本节实证结果表明：第一，企业履行社会责任对进行绿色技术创新具有显著正向影响。第二，企业内部社会责任的履行对绿色技术创新具有显著正向影响。第三，企业外部社会责任履行程度越高，则越分散企业资源，将企业重心由提升产品质量、技术创新转移到社会关系维护，企业外部社会责任对绿色技术创新具有显著负向影响。在我国，很多公共资源包括土地、环境、国企资产、财政补贴、融资通道、政府信用等及其处置权还掌握在政府手中，政府的资源分配权相对较大。因此企业政治资源越丰富，可能越容易诱发企业通过寻租活动而不是通过创新活动来提升企业业绩。企业外部社会责任主要是对政府、社区等不直接参与企业生产经营的客体承担的责任。企业履行外部社会责任存在一定的政治动机，即很大程度上是出于与政府建立良好政治关系的动机（杨其静，2011）。为了获得市场准入、税收优惠、

政府补贴等方面的优惠，企业会过度承担外部社会责任以赢得政府的信赖，从而消耗大量精力和资源，严重分散在技术创新活动上的投入，减少技术创新投入（张振刚、李云健和李莉，2016）。因此企业外部社会责任对绿色技术创新具有显著负向影响。第四，CEO 自恋对绿色技术创新具有显著正向影响。第五，CEO 自恋正向调节企业内部社会责任对绿色技术创新的影响。第六，CEO 自恋使偏向履行外部社会责任的企业加重外部关系与企业形象维护，负向调节企业外部社会责任对绿色技术创新的影响。管理者会根据利益相关者相关性和重要性的不同而采取不同的重视程度（De Roeck et al.，2016）。高度自恋的 CEO 渴望外部的关注与认同，希望履行的 CSR 给他们带来更大的社会知名度。因此自恋型 CEO 不太重视内部利益相关者的意见，而是更多关注外部导向型活动，会把更多的时间和资源投入外部社会责任的履行，因为这些活动可以获得更多关注，受到政府和相当多媒体的认同（Tang et al.，2015）。而且自恋型 CEO 重视外界看法与关系维护，因此相对于非自恋型 CEO，他们即使在企业财务表现不佳时仍然会强调 CSR（Chin et al.，2013）。自恋型 CEO 将履行外部社会责任看作是获取外界认可、赢得外界关注与加强外部社会关系维护的工具，因此会倾向于把更多资源用于履行外部社会责任，使得用于创新的资源被挤压。因此自恋型 CEO 加重了外部社会责任与绿色技术创新的负向关系。

（二）研究启示

本节研究启示主要表现在以下三个方面。

第一，尽管社会各界鼓励企业履行社会责任，将履行社会责任看作是企业与社会实现双赢的重要途径，但本节基于异质性角度研究发现，内部社会责任履行有利于增强员工积极性、维护股东利益与供应商和客户等内部利益相关者的关系，进而为绿色技术创新提供良好的内部环境。而外部社会责任履行程度过高会导致企业将外部社会关系维护作为企业重点，将外部社会责任履行看作是投机获取市场的工具，忽视用创新产品去获取市场、忽视绿色技术创新。因此作为经济主体的企业应当积极履行内部社会责任，加强对员工、股东、供应商、客户等内部利益相关者的关系维护。对于外部社会责任的履行，政府、媒体、公众与公司治理层应当加强对外部社会责任的报道与监督，建立多元共治的监督体系。约束企业将履行外部社会责任作为无偿回报社会的方式，不能以投机赢得市场、恶意勾结为目的，否则将会阻碍企业长远发展，成为一把双刃剑。

第二，尽管自恋是一种带有贬义的心理特征，但本节研究发现自恋型CEO大胆、"虚荣"的性格特征一方面会导致企业过度重视外部关系维护，忽视企业以创新为本的发展重心，而另一方面自恋型CEO注重内部关系维护会使企业与员工、供应商、客户、股东的关系融洽，进而通过员工努力、股东认同、供应商长期融洽合作与客户青睐等方式促进绿色技术创新。因此企业应当正确看待CEO自恋心理，不能全盘否定，要合理规避其性格可能导致的负面影响，承认其性格特点中的积极作用。企业应鼓励自恋型CEO维护与员工、股东、供应商与客户的关系；另外，企业应健全内部监督机制，发挥董事会与监事会的监督作用，制定规章制度防止自恋型CEO为获取虚荣与外界认同为目的履行外部社会责任。

第三，绿色技术创新是企业将绿色发展与赢得核心竞争力并重的有效途径，有助于企业实现经济价值与社会价值，是企业在未来取胜的重要方式。为提升绿色技术创新水平，企业应当维护与市场利益相关者与非市场利益相关者的关系，积极并正确履行内外部社会责任，以获取员工积极性、股东支持等内部创新环境与低成本的融资方式、政府政策支持等外部社会资源。除此以外，企业还应善于发挥与利用CEO的自恋心理，利用性格特点中的积极作用来增强社会责任履行对绿色技术创新的积极影响，构建推进绿色技术创新水平提升的多层次影响机制。

（三）不足及展望

尽管本节从理论与实证方面考察了企业绿色技术创新的影响机制，得出了若干有价值的结论，但仍存在局限性，值得进一步探究。首先，本节对绿色技术创新只进行了笼统滞后操作。不考虑企业特殊性进行笼统的滞后操作会影响研究结果的代表性，无法有针对性地指导企业进行绿色技术创新。技术研发活动具有长期性，前期的经验与教训是研发的重要影响因素，但是不同企业经验、教训累积的期限无法确定，因此无法准确确定每个企业具体的创新周期。这将成为后续研究应注意的问题。其次，有关CEO自恋的文章比较缺乏，测量方法仍处于探索阶段，虽然本节在综合已有文献的基础上对CEO自恋进行了衡量，但仍需要改进。

第二节　履行意愿视角下企业社会责任
对绿色技术创新的影响
——CEO 自恋的调节

一、研究背景

在经济高质量发展阶段，企业的发展方向应转向"实现更高质量、更有效率、更加公平、更可持续的发展"（陈钰芬等，2020）。特别是在新经济形势与全球经济不确定性和复杂性背景下，企业社会责任（CSR）与创新也被赋予了绿色发展的新方向和新内涵。企业作为当代经济系统中最为基本和最为重要的组织形式，应当如何在新形势下履行 CSR、进行创新，以保持生命力与竞争力？已有研究表明，关注生态与可持续发展的企业从长远来看会有更高的盈利。CSR 是企业在发展的同时回报利益相关者的行为，绿色技术创新是将环保因素考虑进研发的创新方式，是企业将绿色与发展并重的有效途径（Shahzad et al.，2020）。企业社会责任和绿色技术创新作为助力企业在危机中生存下来并能进一步持续发展的两大因素，两者是否会有一定的联系？

关于 CSR 对绿色技术创新的影响，已有文献结论不一。正向观点认为，履行 CSR 是提升企业形象、获取公众好感的有效途径，履行 CSR 有利于维护与利益相关者的关系，进而吸引投资，使企业具备资金实力进行绿色技术创新（Clarkson et al.，2008）；负向观点认为，履行 CSR 会占用企业资源，使企业将重点放在利用 CSR 获取好感、争夺市场，进而忽视以创新为途径的产品质量提升（张振刚等，2016）。本节通过总结文献发现出现分歧的原因主要是 CSR 变量度量粗糙与细分不明确。CSR 主要按照履行动机分为强制性与自愿性，按照履行内容分为内部和外部 CSR。已有文献已经按照履行内容对 CSR 进行了大量细化研究，但缺乏按照履行动机对 CSR 进行分类研究的文章。因此本节从履行意愿角度将 CSR 细分为自愿性 CSR 与强制性 CSR，探究不同履行意愿下 CSR 对绿色技术创新的影响是否不同。

现有研究大多从组织层面探究了绿色技术创新的影响因素，忽略了个体特质对绿色技术创新的影响。企业首席执行官（CEO）的个人特质对绿色技术创新的影响不言而喻。高阶梯队理论指出，管理者的个人特质会对企业战略产生影响，因此 CEO 的心理特征会直接影响 CSR 与绿色技术创新决策。已有研究表明，自恋是重要的心理特征，因此自恋型 CEO 是否会出于获取关注与虚荣而做出引人注目的企业行为，如能体现社会责任感的 CSR 与彰显优越感的绿色技术创新？已有文献关于 CEO 自恋与 CSR 的研究结论不一，正向观点认为，自恋型 CEO 渴望被关注，会通过各种战略彰显责任与担当，因此会积极履行 CSR（McCarthy et al.，2017）；负向观点认为，自恋型 CEO 盲目自大，以自我为中心，不在乎他人意见，因此不会积极承担 CSR（Sauerwald and Su，2018）。出现分歧的原因同样是 CSR 变量度量粗糙，无法得出有针对性的结论。因此本节以不同履行意愿的 CSR 对绿色技术创新的影响为主线，探究 CEO 自恋的调节作用。

现有文献为本节研究提供了理论基础，但目前还存在以下三点不足：第一，不同性质的 CSR 对绿色技术创新的影响不同，但大多数研究仅关注总体 CSR，没有进行细化分类，使研究结果具有片面性与争议性；第二，绿色技术创新不仅受组织层面的因素影响，同时受个体的影响，现有文献对绿色技术创新影响因素的研究层次单一，缺乏整合研究；第三，绿色技术创新是多因素影响的综合产物，存在变量与 CSR 交互影响绿色技术创新，关于 CSR 与绿色技术创新关系的研究较少，引入调节变量、探究 CSR 对绿色技术创新影响路径的文献更是缺乏。为解决以上问题，本节以异质性 CSR 对绿色技术创新的影响为主线，以 CEO 自恋为调节变量，探究绿色技术创新组织与个体层面的影响因素。研究贡献如下：一是对 CSR 细化分类。本节将 CSR 细化为自愿性 CSR 与强制性 CSR，有针对性地开展研究，可以弥补异质性 CSR 的研究空缺。二是丰富了绿色技术创新影响因素的研究层次。本节从 CSR 这一组织层面与 CEO 自恋这一个体层面探究了其对绿色技术创新的影响。三是引入 CEO 自恋作为调节变量，探究异质性 CSR 对绿色技术创新的影响路径。

二、理论基础与研究假设

（一）理论基础

依据研究问题与性质，本节综合运用利益相关者理论、CSR 金字塔理论、高阶梯队理论与绿色技术创新的相关研究，探究 CEO 自恋调节效应下履行意愿异质性 CSR 对绿色技术创新的影响。

首先，关于 CSR 的理论众多，CSR 金字塔理论和利益相关者理论与本节的研究问题最为相符。CSR 金字塔理论将 CSR 分为经济责任、法律责任、伦理责任与慈善责任，其中经济与法律责任是企业必须履行的，属于强制性的，伦理责任与慈善责任出于企业的主观能动性，是自愿性的（Shin，2015）。利益相关者理论将企业利益相关者划分为股东、员工、顾客、供应商、公众和政府等，企业对政府的责任主要是纳税、法律法规履行，属于强制性的（苏然，2016）。基于以上理论分析，本节将自愿性社会责任定义为企业对股东、员工、顾客、供应商与公众的责任，将强制性社会责任定义为企业对政府的纳税责任。

其次，高阶梯队理论认为管理者特质影响企业战略行为，自恋作为重要的心理特征定会影响企业经营模式。已有文献围绕高阶梯队理论对 CEO 自恋展开了大量研究。自恋型 CEO 排斥董事会的经验与指示，往往采取大胆的举措以彰显优越性（Zhu and Chen，2015），渴望拥有更多决策权，其个人特质影响企业战略选择（Gupta，Nadkarni and Mariam，2019）。

最后，绿色技术创新相对于传统的技术创新具有独特性，它是绿色发展的产物。绿色技术创新即企业在产品设计初期便将环保考虑在内，在赚取利润的同时兼顾可持续发展。绿色技术创新是企业可持续发展的重要举措，在经济发展过程中起到节约资源、减少污染的作用。已有研究从利益相关者与高阶梯队理论视角对绿色技术创新展开研究，研究表明，将利益相关者考虑进企业战略制定有利于维护与利益相关者的关系，进而为绿色技术创新打造良好的资金、技术与市场基础（Goethel，Lucey and Berger，2018）；而高管是企业战略制定与执行的重要因素，高管的个人特质会影响企业是否走可持续发展道路（Bertrand and Schoar，2003）。

综上所述，本节认为与利益相关者有高度联系的异质性 CSR 是绿色技术创新的重要影响因素，而 CEO 作为企业管理者，其自恋特质会调节异质性 CSR 对绿色技术创新的影响。

（二）研究假设

1. 异质性 CSR 与绿色技术创新

利益相关者在企业战略制定中具有重要作用，会影响绿色技术创新

（Mcdermott，2020）。依据利益相关者理论与 CSR 金字塔理论，自愿性 CSR 是企业对股东、员工、顾客、供应商、公众的责任，强制性 CSR 是企业对政府的责任（苏然，2016）。自愿性 CSR 与强制性 CSR 的最大区别在于履行意愿，自愿性 CSR 是企业以维护利益相关者利益、获取社会好感与彰显担当为目标的行为，而强制性 CSR 是企业履行法律规定的责任与义务。强制性 CSR 被公众认为是天经地义的行为，不履行会受到相关处罚与负面影响，因此相比于自愿性 CSR，强制性 CSR 履行在提升企业形象、获取投资方面的作用更低。在强制性 CSR 的基础上，企业发挥主观能动性，自愿履行 CSR，有利于企业脱颖而出，受到公众的关注，使企业形象大幅提升，因此会获得优质投资者与金融机构的信赖，减少融资约束，拥有更多资金进行绿色技术创新（倪恒旺、李常青和魏志华，2015）。而强制性 CSR 是企业履行政府规定的责任，根据企业营业状况缴纳税款，被认为是企业必须履行的义务，不履行或履行程度不够会受到法律与社会制裁，正常履行也不会受到公众过多关注，对企业形象提升的影响微乎其微（Christensen et al.，2021）。此外，强制性社会责任履行程度越高对企业利润的侵占越多，越不利于研发投入，会对绿色技术创新产生不利影响。综上所述，本节认为自愿性 CSR 会提升企业形象，吸引投资者，促进绿色技术创新，而强制性 CSR 对企业吸引投资者的影响不显著，会侵占创新资源，进而不利于绿色技术创新。基于此，本节做出如下假设：

H8-2-1：自愿性社会责任正向影响绿色技术创新。

H8-2-2：强制性社会责任负向影响绿色技术创新。

2. CEO 自恋对异质性 CSR 与绿色技术创新关系的调节

CEO 作为企业最高领导者，具有带领企业可持续发展的责任与义务，因此 CEO 直接影响企业 CSR 决策。自恋型 CEO 渴望关注与虚荣，会通过企业战略彰显自身的责任与担当，以此获取公众认可，提升个人形象，满足虚荣心（Petrenko，Aime and Ridge，2016）。已有研究证明，CSR 是自恋型 CEO 提升个人形象与社会关注的有效途径（Mccarthy，Oliver and Song，2017），因此自恋型 CEO 会积极承担 CSR。自恋型 CEO 会出于维护与政府关系的目的积极履行强制性 CSR，严格遵守法律法规，同时为满足强烈的虚荣心，会通过自愿履行 CSR 来彰显责任感，弥补强制性 CSR 在提升个人形象、获取社会好感方面的不足。一方面，自恋型 CEO 积极履行自愿性 CSR，有利于促进企业形象提升，营造良好的企业社会责任感，进而扩大企业影响力，争取更多资金支持，促进绿色技术创新。另一方面，自恋型 CEO 为维护与政府的关系不会采取合理的避税措施，反而会进一步提升强制性 CSR 履行水平，进而加深强制性 CSR 费用支出，从而不利于绿色技术创新。基于此，本节做出如下假设：

H8 - 2 - 3：CEO 自恋正向调节自愿性 CSR 对绿色技术创新的影响。

H8 - 2 - 4：CEO 自恋负向调节强制性 CSR 对绿色技术创新的影响。

3. CEO 自恋与绿色技术创新

根据高层梯队理论，CEO 特质影响企业决策。自恋型 CEO 自我意识强，高度自信（Campbell，Hoffman and Campbell，2010）。自恋型 CEO 热衷于展示自我，享受赞扬与瞩目，当公司面临战略变革时，自恋型 CEO 会选择大胆、野心勃勃的战略来引人注目（Graham，1977）。自恋型 CEO 具有权利意识，做事独断，往往低估风险而高估收益，偏向了冒险、大胆的企业决策，以吸引注意力为目的进行研发投资，CEO 自恋会提升企业研发投入（Campbell，Goodie and Foster，2004）。综上所述，自恋型 CEO 在意外界看法与关系维护，偏向于大胆而突破性的企业战略，支持企业绿色技术创新，以此获得瞩目与虚荣。基于以上分析，本节做出如下假设：

H8 - 2 - 5：CEO 自恋正向影响企业绿色技术创新。

基于以上假设，本节提出相关研究模型（见图 8 - 4）。

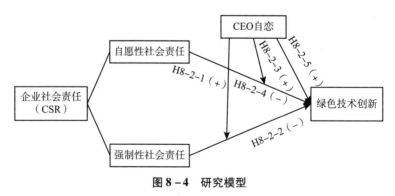

图 8 - 4　研究模型

资料来源：笔者整理。

三、研究设计

（一）样本与数据来源

2014 年，我国完成《中华人民共和国环境保护法》的修订，该法律被称为"史上最严格的环境保护法"（王玉庆，2018），因此从 2014 年起对企业的环保要求更高了。同时由于 2020 年初新冠肺炎疫情暴发，企业经营活动受阻，出现停滞现象，虽然后疫情时代企业创新活动恢复正常，但为保证数据的连续性与代表性，本节将 2014~2018 年作为样本期。本节以中国 A 股上市公司为研究对象，剔除以下三类样本企业：（1）金融业、传媒业与高新技术产业等不涉及绿色技术创新的企业；（2）在 2014~2018 年出现过 ST、*ST 的企业；（3）CEO 自恋核心数据缺失的企业。最终得到 1545 个有效样本及 16995 个样本观测值。本节绿色技术创新数据来自佰腾专利网，自愿性、强制性 CSR 数据及控制变量来自国泰安数据库，CEO 自恋数据来自公司年报、公司官网、全景网等。

（二）变量设计及指标测量

1. 因变量

因变量为绿色技术创新。绿色技术创新的测度方法包括绿色研发支出、访谈法、产品单位能耗等，这些方法有各自适用条件。借鉴伯龙等（Berrone et al.，2013）的研究方法，将绿色专利申请量作为绿色技术创新的度量指标。本节于佰腾网检索样本公司专利申请量，利用"节能""减排""环保""绿色""低碳""排放""循环""清洁""污染""保护环境""能耗""噪声""可持续"13 个关键词对样本期专利申请量进行筛选，得到绿色专利申请量。由于样本企业间绿色专利申请量差异大，同时存在绿色技术创新（GTI）为 0 的样本，因此将 GTI 加 1 取对数。

2. 自变量

自变量为自愿性 CSR 与强制性 CSR。已有研究大多利用和讯网、润零环球网的社会责任评分作为 CSR 的衡量方法，缺乏自愿性与强制性社会责任的衡量研究。苏然（2016）的研究指出，利益相关者理论将企业主要利益相关者分为股东、员工、顾客、供应商、公众和政府等，其中企业对政府的责任大多是纳税、政策履行，属于强制性的（Waagstein，2011）。考虑到数据获取的可能性，借鉴苏然（2016）的研究方法，本节采用政府责任来定义企业强制性社会责任（MACSR），用年度支付税费总额/营业总收入衡量。关于自愿性社会责任，本节利用股东责任、员工责任、顾客责任、供应商责任、公众责任五个维度来衡量。为保证五个维度指标的可比性与综合指标的形成，本节标准化五个维度指标数据，再取五个标准化指标的算术平均值，得到企业自愿性社会责任指数（VOCSR）。评价方法见表 8 – 11。

表 8 – 11　　　　　　　　　**自愿性 CSR 与强制性 CSR 评价指标**

	维度	指标	代码	测量方法
	股东责任	现金分红比例（%）	CDR	应付股利/净利润
	员工责任	员工报酬比例（%）	Wage	应付职工薪酬/营业收入
自愿性 CSR	客户责任	研发支出比例（%）	R&D	研发支出/营业收入
	供应商责任	应付账款周转率	PTR	营业成本/应付账款
	公众责任	捐赠支出比例（%）	Donate	捐赠支出/营业收入
强制性 CSR	政府责任	纳税支出比例（%）	Tax	纳税额/营业总收入

资料来源：笔者整理。

3. 调节变量

CEO 自恋为调节变量。借鉴韩立岩和李慧（2009）的研究，对未设立 CEO 的企业，用总裁或总经理替代。借鉴查特吉和汉布里克（Chatterjee and Hambrick，2003）的研究方法，根据埃蒙斯（Emmons）提出的四个自恋维度，结合本节实际，选取 5 个指标对 CEO 自恋进行测量。具体来说：（1）指标 1：在公司官方网站中，关于 CEO 的报道占总报道的比例；（2）指标 2：CEO 在微博等社交平台中原创的数量；（3）指标 3：全景网关于 CEO 的采访中，CEO 使用第一人称单数（我）占第一人称（我/我们）的比例；（4）指标 4：CEO 照片在年度报告相关页面中所占比例，按 4 分制评分（照片中仅有 CEO 一人且占页面比高于 50% 得 4 分，照片中仅有 CEO 一人且占页面比低于 50% 得 3 分，CEO 照片为合影得 2 分，无照片得 1 分）；（5）指标 5：CEO 照片在该年度微博官方账号发文中出现的张数。借鉴乔朋华、周阳和李小青（2019）的研究，对 5 个测量指标进行标准化处理，并取其算术平均值，以衡量 CEO 自恋程度。

4. 控制变量

为控制公司基本特征对绿色技术创新的影响，借鉴于克信、胡勇强和宋哲（2019）的研究，控制以下变量：（1）企业规模。企业规模直接影响研发投入，规模大的企业绿色技术创新能力强。（2）企业盈利能力。企业经济实力会直接影响研发投入，盈利能力强的企业绿色技术创新能力强。（3）企业成立年限。企业成立年限越长，企业文化与经验越成熟，绿色技术创新能力强。（4）企业财务费用率。财务费用率高，说明财务负担重，融资渠道受限，不利于投入资金进行绿色技术创新。（5）企业所处地区。企业所在地区发展水平直接影响科技创新水平，经济发达的地区更加重视绿色环保与科技创新，绿色技术创新能力强。（6）企业行业。高污染行业相对于轻污染行业来说，对环境破坏严重，保护环境的责任更多，绿色技术创新意识强。

变量定义和度量方法如表 8-12 所示。

表 8-12　　　　　　　　　变量定义及度量方法

变量类型	变量名称	变量符号	变量定义
因变量	绿色技术创新	GTI	ln（1 + 绿色专利申请量）
核心自变量	企业自愿性社会责任	VOCSR	对股东、员工、供应商、客户、公众责任标准化后的算术均值
	企业强制性社会责任	MACSR	年度缴纳税费金额/营业总收入
调节变量	CEO 自恋	CEONAR	5 个测量指标标准化后的算术均值
控制变量	企业规模	SIZE	总资产的自然对数
	企业盈利能力	PRO	利润总额/营业收入
	企业成立年限	AGE	统计年份—成立年份
	企业财务费用率	FER	财务费用/营业收入
	企业所处地区	AREA	0-1 变量，位于东部取 1，否则为 0
	企业行业	INDUSTRY	0-1 变量，高污染行业取值为 1，否则为 0

资料来源：笔者整理。

（三）模型设定

为验证 H8 - 2 - 1、H8 - 2 - 2，即 VOCSR 与 MACSR 对 GTI 的影响，设定回归模型（8 - 2 - 1）。

$$GTI_{it} = \alpha_1 + \beta_1 VOCSR_{it} + \beta_2 MACSR + \beta_3 SIZE_{it} + \beta_4 PRO_{it} + \beta_5 AGE_{it} + \beta_6 FER_{it}$$
$$+ \beta_7 AREA_i + \beta_8 INDUSTRY_i + \varepsilon_{it} \qquad (8-2-1)$$

模型（8 - 2 - 1）中，GTI 为因变量，VOCSR 与 MACSR 为核心自变量，其余为控制变量，ε 代表模型的干扰项。

为检验 H8 - 2 - 3、H8 - 2 - 4、H8 - 2 - 5，即 CEONAR 的调节作用及 CEONAR 对 GTI 的影响，设定回归模型（8 - 2 - 2）。在调节效应检验模型中，为避免严重共线性问题，借鉴谢宇（2010）的研究，对低次项做对中处理：将 VOCSR、MACSR、CEONAR 分别减去其样本均值再构建交互项，并将减去样本均值的低次项（VOCSR*、MACSR*、CEONAR*）与 INTER-ACT（VOCSR* 与 CEONAR* 的交互项）、INTERACT1（MACSR* 与 CEONAR* 的交互项）代入回归方程。即：

$$GTI_{it} = \alpha_2 + \beta_9 VOCSR_{it}^* + \beta_{10} MACSR_{it}^* + \beta_{11} CEONAR^* + \beta_{12} INTERACT_{it}$$
$$+ \beta_{13} INTERACT1 + \beta_{14} SIZE_{it} + \beta_{15} PRO_{it} + \beta_{16} AGE_{it} + \beta_{17} FER_{it}$$
$$+ \beta_{18} AREA_i + \beta_{19} INDUSTRY_i + \varepsilon_{it} \qquad (8-2-2)$$

在模型（8 - 2 - 2）中，因变量为 GTI，VOCSR*、MACSR*、CEONAR*、INTERACT 与 INTERACT1 为核心自变量，其余为控制变量，ε 代表模型的干扰项。

四、实证结果

（一）描述性统计

描述性统计结果如表 8 - 13 所示，GTI 的标准差为 1.049，最小值为 0，最大值为 7.150，说明企业间绿色技术创新水平差距较大，综合能力不足；VOCSR 标准差为 0.399，最小值为 - 1.132，最大值为 6.085，均值为 - 0.004，说明样企业间自愿性 CSR 履行差距大，总体水平有待提升；MACSR 由于是根据政府政策进行的，最小值为 0.0002，最大值为 1.094，差异较小；CEONAR 的最小值为 0.2000，最大值为 132.600，说明企业 CEO

自恋程度差异大。从控制变量来看，企业规模、企业盈利能力、企业财务费用率总体差异明显；企业成立年限差距较大，离散程度高。企业所在地区标准差为 0.499，均值为 0.534，说明大部分企业位于东部；企业行业为 0－1 变量，均值为 0.686，说明过半企业属于高污染行业。

表 8－13　　　　　　　　　描述性统计结果

变量	样本量	均值	标准差	最小值	最大值
GTI	1545	0.990	1.049	0	7.150
VOCSR	1545	－0.004	0.399	－1.132	6.085
MACSR	1545	0.084	0.070	0.0002	1.094
CEONAR	1545	0.556	5.323	0.2000	132.600
AREA	1545	0.534	0.499	0	1
INDUSTRY	1545	0.686	0.464	0	1
SIZE	1545	23.33	1.539	17.030	27.670
PRO	1545	0.101	0.314	－2.210	4.210
AGE	1545	19.41	4.969	4	35
FER	1545	0.046	0.059	－0.096	1.478

资料来源：笔者整理。

（二）相关性分析与 VIF 检验

变量的相关性分析结果如表 8－14 所示，以初步检验各变量间的相关关系，并判断是否存在多重共线性。结果显示，GTI 与 VOCSR、GTI 与 CEO-NAR 均呈显著正相关关系，与 H8－2－1、H8－2－5 一致，GTI 与 MACSR 呈显著负相关，与 H8－2－2 一致。相关系数的绝对值全部低于 0.3，初步说明不存在严重多重共线性问题，为进一步验证，本节进行了方差膨胀因子（VIF）检验。结果显示变量的 VIF 均值为 1.04，最小值为 1.01，最大值为 1.09，全部小于 5，说明不存在严重的多重共线性问题。调节效应中 VIF 最大值为 2.09，最小值为 1.01，平均值为 1.46，说明调节效应中不存在严重的多重共线性问题。

表 8 - 14　　　　　　相关性分析及 VIF 检验

变量	GTI	VOCSR	MACSR	CEONAR	AREA	INDUS ~	SIZE	PRO	AGE	FER	VIF
GTI	1										
VOCSR	0.172 ***	1									1.02
MACSR	0.160 ***	-0.080 ***	1								1.07
CEO ~	0.077 ***	-0.009	-0.011	1							1.01
AREA	0.074 ***	-0.019	0.009	-0.009	1						1.06
INDUSTRY	0.085 ***	0.038	-0.058 **	-0.081 ***	-0.157 ***	1					1.06
SIZE	0.199 ***	-0.017	0.075 ***	0.028	0.046 *	0.0320	1				1.02
PRO	-0.063 **	-0.056 **	0.235 ***	-0.004	0.045 *	0.137 ***	0.095 ***	1			1.09
AGE	0.130 ***	-0.052 **	0.092 ***	0.022	-0.079 ***	-0.010	0.013	0.078 ***	1		1.02
FER	-0.110 ***	0.109 ***	0.024	-0.020	-0.125 ***	-0.044 *	0.046 *	0.004	-0.027	1	1.04

注：*** p < 0.01，** p < 0.05，* p < 0.1，下同。
资料来源：笔者整理。

（三）实证结果

1. 模型选择

本节在进行面板数据回归之前，对随机效应、固定效应、混合效应进行了检验，以确定基准模型。在混合回归与固定效应回归的比较中，F 检验统计量为 8.98，p = 0，表明固定效应回归明显优于混合回归；在混合回归与随机效应回归的比较中，LM 检验统计量为 1025.97，p = 0，表明随机效应回归优于混合回归；在固定效应回归与随机效应回归的比较中，Hausman 检验的 chi2 统计量为 73.67，p = 0，故采用固定效应模型。因 GTI 存在较多为 0 的样本观测值，所以以 GTI 为因变量的模型均进行 Tobit 回归与个体时点双固定效应回归，其余模型进行个体时点双固定效应回归。

2. 主效应回归结果

表 8 - 15 为主效应及调节效应的回归结果，包括个体时间双固定效应回归及 Tobit 回归。

表 8 - 15　　　　　　　　　主效应及调节效应回归结果

变量	主效应		调节效应	
	（FE）	（Tobit）	（FE）	（Tobit）
	GTI	GTI	GTI	GTI
VOCSR*			0.501 *** (4.36)	0.757 *** (7.85)
MACSR*			-1.914 *** (-5.38)	-3.858 *** (-6.17)
CEONAR*			0.037 *** (6.92)	0.040 *** (4.03)
INTERACT			0.210 ** (2.52)	0.238 *** (2.99)
INTERACT1			0.192 * (1.79)	0.131 (0.73)

续表

变量	主效应		调节效应	
	（FE）	（Tobit）	（FE）	（Tobit）
	GTI	GTI	GTI	GTI
AREA	0. 114 ** (2. 30)	0. 188 ** (2. 38)	0. 114 ** (2. 30)	0. 189 ** (2. 41)
INDUSTRY	0. 140 ** (2. 55)	0. 219 ** (2. 55)	0. 158 *** (2. 98)	0. 241 *** (2. 82)
SIZE	0. 144 *** (7. 45)	0. 209 *** (8. 28)	0. 139 *** (7. 36)	0. 202 *** (8. 08)
PRO	− 0. 097 * (− 1. 74)	− 0. 198 (− 1. 32)	− 0. 092 (− 1. 63)	− 0. 189 (− 1. 28)
AGE	− 0. 026 *** (− 4. 68)	− 0. 047 *** (− 5. 97)	− 0. 028 *** (− 5. 08)	− 0. 048 *** (− 6. 12)
FER	− 2. 231 *** (− 6. 31)	− 3. 594 *** (− 5. 15)	− 2. 130 *** (− 6. 36)	− 3. 468 *** (− 5. 02)
VOCSR	0. 436 *** (3. 80)	0. 686 *** (7. 28)		
MACSR	− 2. 002 *** (− 5. 62)	− 3. 948 *** (− 6. 27)		
Constant	− 1. 778 *** (− 3. 88)	− 3. 091 *** (− 5. 11)	− 1. 826 *** (− 4. 05)	− 3. 273 *** (− 5. 43)
样本量	1545	1545	1545	1545
年份	控制		控制	
R^2	0. 140		0. 157	
P 值 （F test）	0	0	0	0
R^2_a	0. 133		0. 148	
F	17. 46		17. 06	

资料来源：笔者整理。

如表 8 - 15 主效应回归结果所示，在个体时间双固定效应回归中，VOCSR 对 GTI 的回归系数为 0.436，在 1% 的水平上显著，MACSR 对 GTI 的回归系数为 - 2.002，在 1% 的水平上显著；Tobit 回归中 VOCSR 对 GTI 的回归系数为 0.686，在 1% 的水平上显著，VOCSR 对 GTI 的回归系数为 - 3.948，在 1% 的水平上显著。以上结果说明 MACSR 对 GTI 有显著正向影响，MACSR 对 GTI 有显著负向影响，支持研究假设 H8 - 2 - 1、H8 - 2 - 2。

3. 调节效应回归结果

如表 8 - 15 调节效应回归结果所示，在个体时点双固定效应回归中，INTERACT 对 GTI 的回归系数为 0.210，在 5% 的水平上显著，INTERACT1 对 GTI 的回归系数为 0.192，在 10% 的水平上显著，CEONAR* 对 GTI 的回归系数为 0.037，在 1% 的水平上显著，主效应仍然显著且方向不变；Tobit 回归中，INTERACT 对 GTI 的回归系数为 0.238，在 1% 的水平上显著，INTERACT1 对 GTI 的回归系数为 0.131，不显著，原因可能是 GTI 存在较多观测值为 0，CEONAR* 对 GTI 的回归系数为 0.040，在 1% 的水平上显著，主效应仍然显著且方向不变。以上结果支持研究假设 H8 - 2 - 3、H8 - 2 - 5，与研究假设 H8 - 2 - 4 结论相反。原因可能是 H8 - 2 - 4 忽视了 CEO 自恋的负面作用，只关注到了自恋型 CEO 会出于虚荣心而履行强制性社会责任。从另一方面考虑，自恋型 CEO 渴望外界关注，但履行强制性社会责任给自恋型 CEO 带来的虚荣感远不及履行自愿性社会责任，原因是强制性社会责任是法律规定的，在社会看来是企业本应履行的义务，而自愿性社会责任能充分体现企业主动性，自恋型 CEO 更偏向于履行自愿性 CSR。自恋型 CEO 往往骄傲自大，不喜欢约束，追求虚荣，会忽视对提升自身形象作用较小的强制性社会责任的履行（Lin，Sui and Ma，2018），因此会正向调节强制性社会责任与 GTI 的负向关系。

CEONAR 对 VOCSR 与 GTI 关系的进一步简单斜率分析如图 8 - 5 所示，CEONAR 较高的被试，其斜率大于 CEONAR 较低的被试，调节作用更为显著且在调节效应中起主要作用。CEONAR 对 MACSR 与 GTI 关系的进一步简单斜率分析如图 8 - 6 所示，CEONAR 较低的被试，其斜率大于 CEONAR 较高的被试，调节作用更为显著。

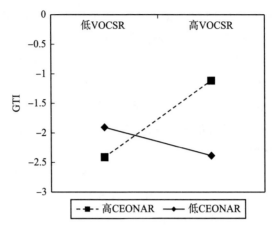

图 8 – 5　CEONAR 对 VOCSR 与 GTI 关系的调节作用

资料来源：笔者整理。

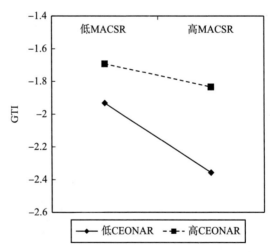

图 8 – 6　CEONAR 对 MACSR 与 GTI 关系的调节作用

资料来源：笔者整理。

（四）稳健性检验

为验证实证结果的稳健性，本节进行了时滞性处理、控制变量分组回归与内生性检验。表 8 – 16 为稳健性检验回归结果，包括滞后 VOCSR 回归、MACSR 回归、高低 SIZE 主效应回归、高低 PRO 主效应回归，表 8 – 17 为核心解释变量的内生性检验。

表 8 − 16 稳健性检验

变量	（时滞性处理）GTI	（高 SIZE）GTI	（低 SIZE）GTI	（高 PRO）GTI	（低 PRO）GTI
VOCSR		0. 470 *** (2. 89)	0. 252 * (1. 72)	1. 394 *** (4. 09)	0. 330 *** (3. 23)
MACSR		− 2. 787 *** (− 5. 02)	− 1. 485 *** (− 3. 87)	− 1. 176 ** (− 2. 46)	− 2. 329 *** (− 4. 83)
AREA	0. 119 ** (2. 14)	− 0. 165 ** (− 2. 13)	0. 309 *** (4. 67)	0. 101 (1. 20)	0. 102 * (1. 67)
INDUSTRY	0. 133 ** (2. 12)	0. 353 *** (3. 93)	− 0. 125 * (− 1. 82)	0. 093 (0. 98)	0. 184 *** (2. 70)
SIZE	0. 129 *** (6. 07)	0. 251 *** (5. 12)	0. 010 (0. 32)	0. 161 *** (4. 11)	0. 139 *** (6. 46)
PRO	− 0. 110 * (− 1. 79)	− 0. 107 (− 1. 37)	− 0. 095 (− 0. 98)	− 0. 201 *** (− 3. 57)	0. 103 (0. 64)
AGE	− 0. 027 *** (− 4. 25)	− 0. 013 (− 1. 60)	− 0. 024 *** (− 3. 32)	− 0. 021 ** (− 2. 27)	− 0. 030 *** (− 4. 58)
FER	− 2. 569 *** (− 5. 08)	− 3. 313 *** (− 3. 65)	− 0. 901 *** (− 2. 64)	− 1. 996 *** (− 3. 15)	− 1. 713 *** (− 4. 45)
L. VOCSR	0. 274 *** (2. 76)				
L. MACSR	− 2. 185 *** (− 5. 29)				
Constant	− 1. 471 *** (− 2. 86)	− 4. 339 *** (− 3. 63)	0. 996 (1. 46)	− 2. 196 ** (− 2. 44)	− 1. 637 *** (− 3. 20)

续表

变量	（时滞性处理）GTI	（高 SIZE）GTI	（低 SIZE）GTI	（高 PRO）GTI	（低 PRO）GTI
样本量	1236	780	765	530	1015
年份	控制	控制	控制	控制	控制
R^2	0.127	0.178	0.126	0.173	0.135
P 值（F test）	0	0	0	0	0
R^2_a	0.120	0.166	0.113	0.154	0.125
F	15.81	12.97	10.73	10.66	10.71

资料来源：笔者整理。

表 8 – 17　　　　　　　　　内生性检验

工具变量	不可识别检验		弱工具变量检验	过度识别检验	内生性检验	
L. VOCSR	LM = 36.306	p = 0.000	F = 37.582	Sargan = 0	X2（1）= 0.090	p = 0.7639
L. MACSR	LM = 15.916	p = 0.000	F = 16.107	Sargan = 0	X2（1）= 0.084	p = 0.7720

资料来源：笔者整理。

具体做法如下：

1. 滞后核心解释变量处理绿色技术创新的时滞性问题

借鉴张兆国等（2020）的研究方法，考虑到强制性与自愿性社会责任对企业形象提升与吸引投资的影响具有时滞性，同时绿色技术创新过程具有长期性，本节用滞后一期的 VOCSR、MACSR 对绿色技术创新进行回归。回归结果如表 8 – 16（时滞性处理）所示，L. VOCSR 对 GTI 的回归系数为 0.274，在 1% 的水平上显著，L. MACSR 对 GTI 的回归系数为 – 2.185，在 1% 的水平上显著，仍支持研究假设 H8 – 2 – 1、H8 – 2 – 2。

2. 控制变量分组回归

为观察不同 SIZE、PRO 水平上的企业 VOCSR 与 MACSR 对 GTI 的影响是否不同，本节将企业划分为大小企业规模组与高低企业盈利能力组，分组进行主效应回归。如表 8 – 16 回归结果所示，高 SIZE 组中，VOCSR 对 GTI

的回归系数为 0.470，在 1% 的水平上显著，MACSR 对 GTI 的回归系数为 -2.787，在 1% 的水平上显著；低 SIZE 组中，VOCSR 对 GTI 的回归系数为 0.252，在 10% 的水平上显著，MACSR 对 GTI 的回归系数为 -1.485，在 1% 的水平上显著。结果显示，高 SIZE 组中 VOCSR 与 MACSR 对 GTI 的影响更大。在高 PRO 组中，VOCSR 对 GTI 的回归系数为 1.394，在 1% 的水平上显著，MACSR 对 GTI 的回归系数为 -1.176，在 5% 的水平上显著；低 PRO 组中，VOCSR 对 GTI 的回归系数为 0.330，在 1% 的水平上显著，MACSR 对 GTI 的回归系数为 -2.329，在 1% 的水平上显著。结果显示，高 PRO 组中 VOCSR 对 GTI 的影响更大，MACSR 对 GTI 的影响较小。以上控制变量分组回归仍支持研究假设 H8 - 2 - 1、H8 - 2 - 2。

3. 内生性检验

为检验核心变量 VOCSR、MACSR 的内生性问题，本节选取 VOCSR、MACSR 的滞后一期作为工具变量进行内生性检验。如表 8 - 17 所示，所有工具变量不可识别检验的 p = 0.000，故强烈拒绝不可识别原假设；所有工具变量弱工具变量检验的 F 均大于 8.96，故其真实性水平不可能大于 15%，拒绝弱工具变量原假设；所有工具变量过度识别检验的 Sargan = 0，故不存在过度识别。综上所述，两个工具变量具有合理性。工具变量内生性检验的 p 均大于 0.1，故无法拒绝所有解释变量均为外生的原假设，因此本节核心解释变量（VOCSR、MACSR）不存在严重的内生性问题。

五、研究结论、启示及展望

(一) 研究结论

在新经济形势下，经济朝更高质量发展，要求企业转换传统的发展方式，进行绿色技术创新，因此探究绿色技术创新的提升路径具有必然性。本节通过探究异质性企业社会责任对绿色技术创新的影响机制，引入 CEO 自恋探究个人特质的调节作用。研究发现：第一，自愿性社会责任对绿色技术创新具有显著正向影响；第二，强制性社会责任对绿色技术创新具有显著负向影响；第三，CEO 自恋正向调节自愿性 CSR 对绿色技术创新的影响；第四，CEO 自恋正向调节强制性 CSR 对绿色技术创新的影响；第五，CEO 自恋正向影响绿色技术创新。

（二）研究启示

本节的研究启示主要分为以下三方面：

第一，社会责任作为企业回报社会的重要途径，会反作用于企业，但不同性质的社会责任对企业影响不同。如本节结论所示，强制性社会责任作为法律规定是企业必须执行的，其对企业绿色技术创新的作用是负向的，因为会挤占企业用于研发的资金，而自愿性社会责任会提升企业形象，吸引投资者进而促进企业绿色技术创新，因此企业在履行好强制性社会责任的同时，应积极履行自愿性社会责任。

第二，自恋看似是一个略带贬义的词汇，但根据本节的结论，企业CEO自恋会促进企业实施冒险性的策略与履行自愿性社会责任，会促进绿色技术创新。因此企业应当善于利用 CEO 的自恋心理，并加强监督，避免委托代理问题。

第三，绿色技术创新作为发展经济与保护环境并举的措施，为提升绿色技术创新水平，企业应当积极履行社会责任，同时也应注意管理者特质对绿色技术创新的影响，构建推进绿色技术创新水平提升的多层次影响机制。

（三）不足及展望

本节从理论与实证角度探究了异质性社会责任对绿色技术创新的影响机制与路径，得出了若干有价值的结论，但是仍存在以下不足：一是绿色技术创新作为一项长期性活动，不同企业创新周期不同，本节虽然对绿色技术创新的时滞性进行了控制，但不考虑企业特殊性进行笼统的滞后操作会影响研究结果的代表性，无法有针对性地指导企业进行绿色技术创新。二是本节在综合已有文献的基础上制定了 CEO 自恋与强制性社会责任的衡量方法，但仍有待改进。

第三节　异质性企业社会责任对绿色技术创新
影响的 Vensim 仿真分析

一、研究背景

推动低碳经济发展、缓解气候变化是我国承担的国际义务和责任，事关中华民族永续发展和构建人类命运共同体。在经济高质量发展阶段，企业的发展方向应转向"实现更高质量、更有效率、更加公平、更可持续的发展"（陈钰芬等，2020）。企业作为碳排放的重要责任主体与环境污染的主要制造者，必须依法履行环保责任。一方面，企业需要承担社会责任，维护与利益相关者的友好关系，满足利益相关者需求，将碳中和目标纳入企业长期发展战略，减少温室气体排放，对气候变化产生积极影响，实现可持续发展（贾明等，2022）。另一方面，企业要实现温室气体减排和持续的经济增长目标，必须依靠技术进步，尤其是环境领域的技术进步，即绿色技术创新，实现高耗能产业的低碳转型（Tang et al.，2021；史作廷，2021）。绿色技术创新这一议题的推进，既关系到企业的可持续发展，对推动我国实现碳达峰、碳中和目标也至关重要。企业社会责任和绿色技术创新都是企业运用自身资源来提高社会福利的行为。然而在"可持续发展"与"技术创新"并重的时代要求下，企业家们陷入了怎样分配企业社会责任与技术创新所需资源的困局（Yang et al.，2021；邹萍，2018）。作为新式战略投资与企业层面的差异化手段，企业社会责任对绿色技术创新有何种影响：促进还是削弱？

企业首席执行官（CEO）是负责企业日常事务的最高行政官，不仅具有决策的权利，更有带领企业向前发展的义务，因此 CEO 会影响 CSR 决策，决定企业是否走绿色发展道路。高层梯队理论指出，管理者特质影响战略选择，进而影响企业行为，不同心理特征的 CEO 会对不同问题做出不同选择，而自恋在心理特征中占据着重要地位（Olsen et al.，2014）。从心理学角度看，自恋心态会促使人过分追求权利和赞赏，CEO 自恋促使他做出引人注目的行为，直接对企业产生影响。CEO 自恋会对企业战略产生影响，自恋型 CEO 往往会采取与众不同的策略来凸显自己的优势。那么，自恋型 CEO 是否会通过主动承担 CSR 来获取赞美与认可，以满足虚荣心？本节将从 CEO 自恋这一隐性心理特征出发，进而将 CEO 自恋作为调节变量，进一步探究 CEO 自恋是否会调节 CSR 对绿色技术创新的影响。

国内外学者已分别在 CSR 履行、绿色技术创新影响因素和 CEO 个人特征领域进行了丰富的研究。首先，驱动因素与经济后果视角下的 CSR 研究不计其数，但关于 CSR 与绿色技术创新的关系仍是一个悬而未决的话题（Ratajczak and Szutowski，2016），已有文献关于 CSR 对绿色技术创新影响的结论不一（Dimitrova，2020；袁建国等，2015），形成企业社会责任对绿色技术创新作用机制的"黑箱"。其次，CEO 作为核心决策者，其行为对 CSR 和绿色技术创新决策具有重大影响。CEO 自恋作为隐性特征，在研究中往往被忽视，已有研究中关于 CEO 自恋是否能促进 CSR 与绿色技术创新结论不一（Al – Shammari et al.，2019；McCarthy et al.，2017）。最后，有关绿色技术创新的研究大多聚焦于其驱动因素，已有研究分别从经济学与管理学角度对其影响因素进行挖掘（Horbach and Jacob，2018；怀谦等，2020），但研究层次单一，没有进行多维度探究。CSR 对绿色技术创新的影响、CEO 自恋对 CSR 的影响结论不一，原因如下：CSR 存在异质性。具体来说，在利益相关者视角下，CSR 可划分为内部 CSR 和外部 CSR；履行意愿视角下，CSR 行为可划分为自愿性 CSR 和强制性 CSR。不同性质和动机的 CSR 对企业和社会的影响不同，CEO 自恋对不同性质 CSR 的影响也不同（季桓永等，2019；Dung，2021；Li，2020）。

从文献梳理看，虽然企业社会责任、技术创新、CEO 自恋的已有研究成果为本节研究奠定了重要的理论基础，是本节研究的出发点，但我们认为以下方面还需要进一步研究：一是 CSR 细化分类。现有大多数文献的 CSR 变量度量粗糙、细分不明确，缺乏对比研究。二是 CSR 与绿色技术创新关系之间的个体隐性情境因素研究缺乏。现有关于 CSR 与绿色技术创新关系之间情境因素的研究主要集中于环境规制、政治关联等宏观层面，缺乏管理者层面特别是管理者隐性特征的研究。CEO 个人特质的研究往往忽视 CEO 自恋这一隐性特征，这不利于理论发展。同时，根据高阶梯队理论，CEO 自恋影响企业决策，但关于 CEO 自恋对 CSR 及绿色技术创新影响的文献较少，将三个变量联合起来进行研究的更是缺乏。三是绿色技术创新影响因素的多层次研究。依据利益相关者理论（stakeholder theory）与高阶梯队理论，绿色技术创新不仅受组织影响，同时受管理者个体影响。但现有文献对绿色技术创新影响因素的探究多停留在组织层次，缺乏个体层次与多层次研究。基于此，本节以 2014～2018 年发布的中国 A 股上市公司为样本，在 CSR 履行内容与意愿异质性基础上，研究 CEO 自恋这一管理者隐性特征是否会调节异质性 CSR 对绿色技术创新的影响。在得出实证结论的基础上，进行异质性企业社会责任对绿色技术创新影响机制的仿真分析，以分析在本节引入的影响因素联合作用下绿色技术创新呈何种变动趋势，以及绿色技术创新对各变量取值范围变动的反应灵敏度。

二、研究设计

各变量测量方法见本章第一节和第二节，本节设置以下模型对变量间关系及系数进行检验：

$$gti_{it} = \alpha_1 + \beta_1 incsr_{it} + \beta_2 excsr_{it} + \beta_3 age_{it} + \beta_4 size_{it} + \beta_5 pro_{it} + \beta_6 fer_{it}$$
$$+ \beta_7 loar_{it} + \beta_8 roa_{it} + \beta_9 area_i + \beta_{10} nature_i + \beta_{11} industry_i + \varepsilon_{it}$$

$$(8-3-1)$$

其中，被解释变量 gti 为企业绿色技术创新指数，解释变量为 incsr（内部 CSR 指数）与 excsr（外部 CSR 指数），ε 代表模型的随机误差项，其余为控制变量。

$$gti_{it} = \alpha_2 + \beta_{12} vocsr_{it} + \beta_{13} macsr_{it} + \beta_{14} age_{it} + \beta_{15} size_{it} + \beta_{16} pro_{it} + \beta_{17} fer_{it}$$
$$+ \beta_{18} loar_{it} + \beta_{19} roa_{it} + \beta_{20} area_i + \beta_{21} nature_i + \beta_{22} industry_i + \varepsilon_{it}$$

$$(8-3-2)$$

其中，被解释变量 gti 为企业绿色技术创新指数，解释变量为 vocsr（自愿性 CSR 指数）与 macsr（强制性 CSR 指数），ε 代表模型的随机误差项，其余为控制变量。

$$gti_{it} = \alpha_3 + \beta_{23} c\_incsr_{it} + \beta_{24} c\_excsr_{it} + \beta_{25} c\_ceonar_{it} + \beta_{26} tj1_{it} + \beta_{27} tj2_{it}$$
$$+ \beta_{28} age_{it} + \beta_{29} size_{it} + \beta_{30} pro_{it} + \beta_{31} fer_{it} + \beta_{32} loar_{it} + \beta_{33} roa_{it}$$
$$+ \beta_{34} area_i + \beta_{35} nature_i + \beta_{36} industry_i + \varepsilon_{it} \qquad (8-3-3)$$

其中，gti 为被解释变量，tj1、tj2 分别代表减去样本均值后 CEO 自恋与内部 CSR、外部 CSR 的交乘项，c_incsr、c_excsr、c_ceonar、tj1、tj2 为解释变量，ε 代表模型的随机误差项，其余为控制变量。

$$gti_{it} = \alpha_4 + \beta_{37} c\_vocsr_{it} + \beta_{38} c\_macsr_{it} + \beta_{39} c\_ceonar_{it} + \beta_{40} tj3_{it} + \beta_{41} tj4_{it}$$
$$+ \beta_{42} age_{it} + \beta_{13} size_{it} + \beta_{44} pro_{it} + \beta_{45} fer_{it} + \beta_{46} loar_{it} + \beta_{47} roa_{it}$$
$$+ \beta_{48} area_i + \beta_{49} nature_i + \beta_{50} industry_i + \varepsilon_{it} \qquad (8-3-4)$$

其中，gti 为被解释变量，tj3、tj4 分别代表减去样本均值后 CEO 自恋与自愿性 CSR、强制性 CSR 的交乘项，c_vocsr、c_macsr、c_ceonar、tj3、tj4 为解释变量，ε 代表模型的随机误差项，其余为控制变量。

三、基于样本企业 CSR 与绿色技术创新水平的进一步分析

为更加直接地观察样本企业 CSR 履行状况与绿色技术创新水平，本节在实证测量数据的基础上，使用 Excel 软件绘制了 2014～2018 年中国分地区 CSR 履行状况及绿色技术创新水平柱状图，以进一步分析变量地区与年度差异。

（一）CSR 履行状况的年度与空间差异性分析

图 8－7 至图 8－11 分别为基于本节样本企业的 2014～2018 年中国分地区 CSR 履行水平柱状图。由统计可得，样本企业多集中于北京、上海、山东、浙江、广东等一线城市及东部沿海城市。从横向看，东部地区 CSR 履行水平明显高于中部、西部和东北地区，原因是东部地区经济较发达，同时企业资源与实力较强，因此有实力履行社会责任；从纵向看，自 2014 年起东部地区与其他地区部分省份 CSR 履行水平逐渐提升，原因是近年来政府及利益相关者对于企业的要求更高，企业责任意识随之变强，同时面对激烈的竞争，企业逐渐意识到维护利益相关者利益以获取社会资源的重要性，此外随着员工受教育水平的提升，企业责任意识随之更强。

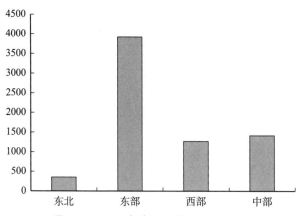

图 8－7　2014 年中国分地区 CSR 履行

资料来源：笔者整理。

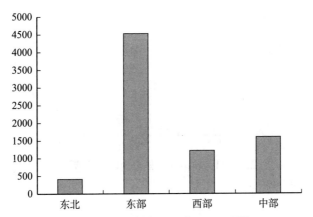

图 8 - 8　2015 年中国分地区 CSR 履行

资料来源：笔者整理。

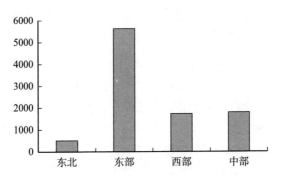

图 8 - 9　2016 年中国分地区 CSR 履行

资料来源：笔者整理。

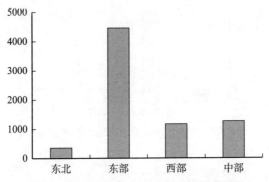

图 8 - 10　2017 年中国分地区 CSR 履行

资料来源：笔者整理。

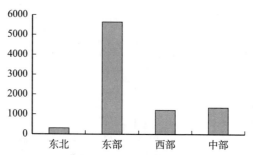

图 8 - 11　2018 年中国分地区 CSR 履行

资料来源：笔者整理。

（二）绿色技术创新水平的年度与空间差异性分析

图 8 - 12 至图 8 - 16 分别为基于样本企业的 2014～2018 年中国分地区绿色技术创新水平柱状图。从横向看，东部地区绿色技术创新水平明显高于中西部地区，原因可能是东部地区经济较发达，企业综合实力与企业间协作能力强，因此绿色技术创新能力强；从纵向看，自 2014 年起中部地区绿色技术创新水平逐渐增强，东部地区仍处于领先地位，原因是近年来政府积极推动东部与中西部企业交流合作，促进了资源共享。除此以外，受环境污染与卫生事件频发的冲击，企业作为环境污染的责任主体，受到的约束与要求更高，敦促企业寻求一种同时能保护环境与保持竞争力的双赢举措，即绿色技术创新。

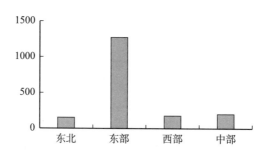

图 8 - 12　2014 年中国分地区绿色技术创新水平

资料来源：笔者整理。

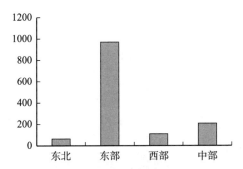

图8-13 2015年中国分地区绿色技术创新水平

资料来源：笔者整理。

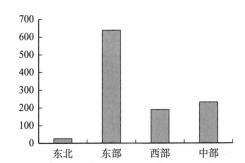

图8-14 2016年中国分地区绿色技术创新水平

资料来源：笔者整理。

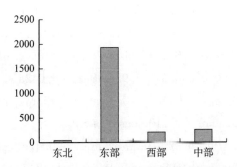

图8-15 2017年中国分地区绿色技术创新水平

资料来源：笔者整理。

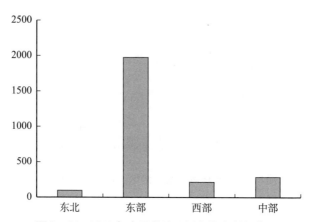

图 8 – 16　2018 年中国分地区绿色技术创新水平

资料来源：笔者整理。

通过以上分析可得出下列结论：虽然企业间与地区间 CSR 与绿色技术创新差距逐渐降低，但是东西部地区之间、企业之间仍存在较大差距，并且企业 CSR 与绿色技术创新总体水平有待提升。

四、实 证 结 果

本节综合本章第一节和第二节的研究问题，设置四个模型，经实证检验，模型（8 – 3 – 1）至模型（8 – 3 – 4）回归结果如下：

$$\mathrm{gti}_{it} = -2.639 + 0.357\mathrm{incsr}_{it} - 0.493\mathrm{excsr}_{it} - 0.043\mathrm{age}_{it} + 0.188\mathrm{size}_{it}$$
$$- 1.36\mathrm{pro}_{it} - 2.8\mathrm{fer}_{it} + 0.071\mathrm{loar}_{it} + 3.413\mathrm{roa}_{it} + 0.092\mathrm{area}_{i}$$
$$+ 0.120\mathrm{nature}_{i} + 0.259\mathrm{industry}_{i} + \varepsilon_{it} \qquad (8-3-1)'$$

$$\mathrm{gti}_{it} = -3.444 + 0.670\mathrm{vocsr}_{it} - 3.936\mathrm{macsr}_{it} - 0.042\mathrm{age}_{it} + 0.223\mathrm{size}_{it}$$
$$- 0.814\mathrm{pro}_{it} - 3.073\mathrm{fer}_{it} - 0.3\mathrm{loar}_{it} + 3.752\mathrm{roa}_{it} + 0.109\mathrm{area}_{i}$$
$$+ 0.125\mathrm{nature}_{i} + 0.210\mathrm{industry}_{i} + \varepsilon_{it} \qquad (8-3-2)'$$

$$\mathrm{gti}_{it} = -2.893 + 0.379\mathrm{c\_incsr}_{it} - 0.574\mathrm{c\_excsr}_{it} + 0.41\mathrm{c\_ceonar}_{it} + 0.074\mathrm{tj1}_{it}$$
$$- 0.225\mathrm{tj2}_{it} - 0.044\mathrm{age}_{it} + 0.18\mathrm{size}_{it} - 1.303\mathrm{pro}_{it} - 2.671\mathrm{fer}_{it}$$
$$+ 0.049\mathrm{loar}_{it} + 3.157\mathrm{roa}_{it} + 0.093\mathrm{area}_{i} + 0.116\mathrm{nature}_{i}$$
$$+ 0.287\mathrm{industry}_{i} + \varepsilon_{it} \qquad (8-3-3)'$$

$$\mathrm{gti}_{it} = -3.603 + 0.734\mathrm{c\_vocsr}_{it} - 3.839\mathrm{c\_macsr}_{it} + 0.042\mathrm{c\_ceonar}_{it}$$
$$+ 0.213\mathrm{tj3}_{it} + 0.305\mathrm{tj4}_{it} - 0.042\mathrm{age}_{it} + 0.216\mathrm{size}_{it} - 0.77\mathrm{pro}_{it}$$

$$-2.923\text{fer}_{it} - 0.328\text{loar}_{it} + 3.513\text{roa}_{it} + 0.106\text{area}_i + 0.127\text{nature}_i$$
$$+0.237\text{industry}_i + \varepsilon_{it} \tag{8-3-4}'$$

五、基于 Vensim 的绿色技术创新提升路径仿真

(一)基于实证结果的绿色技术创新影响因素因果关系分析与模型构建

依据利益相关者理论、资源基础理论与高阶梯队理论,本节认为异质性 CSR,包括内外部 CSR、自愿性 CSR、强制性 CSR,是绿色技术创新的重要影响因素,而作为管理者特质的 CEO 自恋会调节异质性 CSR 对绿色技术创新的影响。根据实证结果,绿色技术创新会受到内部 CSR 等因素的正向影响、受到外部 CSR 等因素的负向影响。因此本节以绿色技术创新专利数量为积量,设置如图 8-17 所示的因果关系图。从图中可以看出,因果关系包含两条回路:一是"绿色技术创新水平—研发投入增加—绿色专利申请量增加—绿色技术创新水平"组成的正反馈回路;二是"绿色技术创新水平—管理费用增加—绿色专利申请量减少—绿色技术创新水平"组成的负反馈回路。

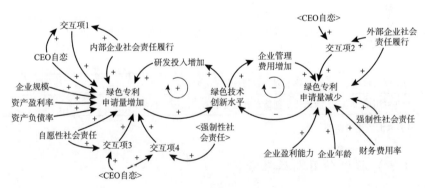

图 8-17 因果关系模型

资料来源:笔者整理。

(二)系统流图与方程设计

本节研究系统流图如图 8-18 所示,方程设计见表 8-18。其中连续变

量均用随机函数 RANDOM UNIFORM（｛min｝，｛max｝，｛seed｝）来表示，min 表示变量测量中的最小值，max 为变量测量中的最大值。

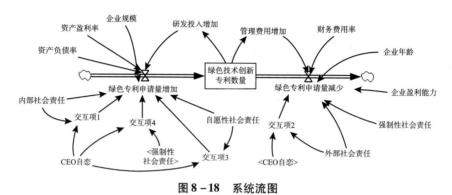

图 8－18　系统流图

资料来源：笔者整理。

表 8－18　　　　　　　　　　模型变量及方程式

变量名称	方程表达式
绿色技术创新专利数量	绿色专利申请量增加 – 绿色专利申请量减少
绿色专利申请量增加	内部社会责任 ×0.238 + 自愿性社会责任 ×0.435 + 企业规模 ×0.127 + 资产盈利率 ×1.362 + 资产负债率 ×0.198 + 交互项 1 ×0.8 + 交互项 3 ×0.209 + 交互项 4 ×0.335 + 研发投入增加 ×0.05
绿色专利申请量减少	外部社会责任 ×0.284 + 企业年龄 ×0.024 + 企业盈利能力 ×0.478 + 财务费用率 ×1.917 + 交互项 2 ×0.153 + 强制性社会责任 ×2.038 + 0.2 × 管理费用增加
研发投入增加	绿色技术创新专利数量 ×0.4
管理费用增加	绿色技术创新专利数量 ×0.1

资料来源：笔者整理。

（三）模型仿真与结果分析

1. 绿色专利水平增长趋势分析

本节仿真期为 100 个月。如图 8－19 所示，100 个月中"绿色专利申请量增加"呈现出波动上涨的趋势，在 0~800 区间内起伏。出现起伏的原因是绿色技术开发具有长期性，因此本节主要变量（内部 CSR、自愿性 CSR等）对绿色技术创新的积极影响具有滞后性。

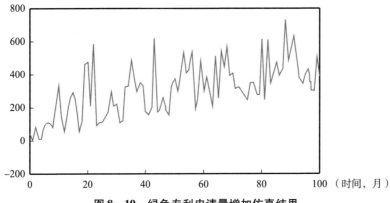

图8－19　绿色专利申请量增加仿真结果

资料来源：笔者整理。

如图8－20所示，100个月中"绿色专利申请量减少"呈现出波动上涨的趋势，且斜率高于增加的斜率，在0～400区间内起伏。出现起伏的原因同样是绿色技术开发具有长期性，因此本节主要变量（外部 CSR、强制性 CSR 等）对绿色技术创新的消极影响具有滞后性。

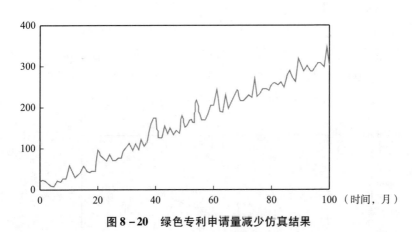

图8－20　绿色专利申请量减少仿真结果

资料来源：笔者整理。

由以上分析可得，虽然"绿色专利申请量增加"与"绿色专利申请量减少"均呈增长趋势，但"绿色专利申请量增加"的变动区间大于"绿色专利申请量减少"的变动区间，因此"绿色技术创新专利数量"仍为正

（绿色技术创新专利数量＝绿色专利申请量增加－绿色技术创新专利减少）。正如图 8-21 所示，100 个月中绿色技术创新专利数量呈增加趋势，并且增长速度较快。由此可以推断出，在本节引入的绿色技术创新影响因素联合作用下，绿色技术创新呈增长趋势。

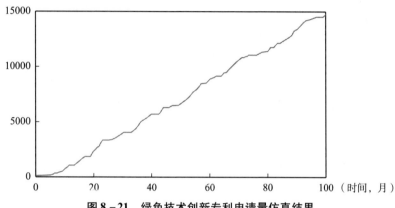

图 8-21　绿色技术创新专利申请量仿真结果

资料来源：笔者整理。

2. 调整后的进一步分析

第一次仿真，本节设置仿真时间为 100 个月。为观察更长时间后"绿色技术创新专利数量"是否保持上升趋势，本节重新设置时间为 200 个月、500 个月、1000 个月。仿真结果如图 8-22 所示。从图中可以看出，时间修改后的"绿色技术创新专利数量"仿真结果仍呈上升趋势。

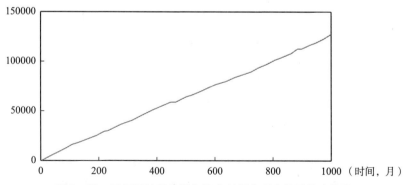

图 8-22　时间调整后的绿色技术创新专利申请量仿真结果

资料来源：笔者整理。

　　经过实证结果检验，自变量中内部 CSR 与自愿性 CSR 对绿色技术创新具有显著正向影响，为观察内部 CSR 与自愿性 CSR 变化对绿色技术创新水平的影响，本节将内部 CSR 的区间由 RANDOM UNIFORM（- 0.34，4.09，0.01）依次改为 RANDOM UNIFORM（0，4.09，0.01）、RANDOM UNIFORM（2，4.09，0.01）、RANDOM UNIFORM（2，10，0.01），将自愿性 CSR 的区间由 RANDOM UNIFORM（- 1.13229，6.0852，0.01）依次改为 RANDOM UNIFORM（0，6.0852，0.01）、RANDOM UNIFORM（2，6.0852，0.01）、RANDOM UNIFORM（2，10，0.01），仿真结果见图 8 - 23、图 8 - 24。如图 8 - 23、图 8 - 24 所示，内部 CSR、自愿性 CSR 数值变大后，"绿色技术创新专利数量"增长斜率随之变大，绿色技术创新对内部社会责任变化的反应灵敏度更高，说明内部 CSR、自愿性 CSR 履行程度上升有利于带动绿色技术创新提升，内部社会责任对绿色技术创新影响的幅度更大。

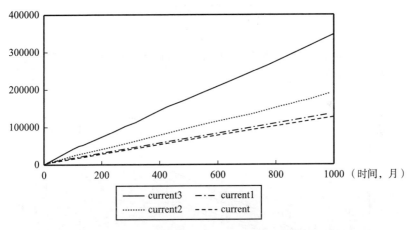

图 8 - 23　内部 CSR 调整后的绿色技术创新专利申请量仿真结果

资料来源：笔者整理。

　　CEO 自恋为本节调节变量，实证结果显示，CEO 自恋正向调节内部 CSR、自愿性 CSR、强制性 CSR 对绿色技术创新的影响，但 CEO 自恋负向调节外部 CSR 对绿色技术创新的影响。为整体观察本节所有变量影响下 CEO 自恋水平提升对绿色技术创新的影响，本节将 CEO 自恋的参数由 RANDOM UNIFORM（0.2，132，0.1）依次改为 RANDOM UNIFORM（10，132，

0.1）、RANDOM UNIFORM（50，132，0.1）、RANDOM UNIFORM（50，150，0.1），仿真结果如图 8 - 25 所示，虽然 CEO 自恋存在部分负向影响，但 CEO 自恋参数调大后，"绿色技术创新专利数量"增长斜率随之变大，说明在本节内容里，CEO 自恋对绿色技术创新的总体影响为正向。

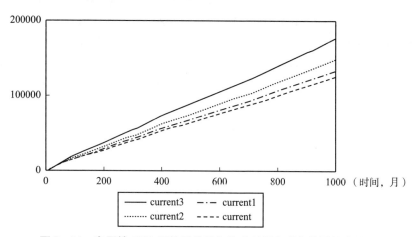

图 8 - 24　自愿性 CSR 调整后的绿色技术创新专利申请量仿真结果

资料来源：笔者整理。

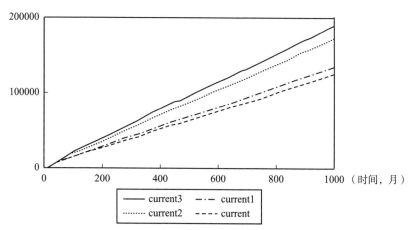

图 8 - 25　CEO 自恋调整后的绿色技术创新专利申请量仿真结果

资料来源：笔者整理。

六、结论及政策建议

(一) 结论

本节的主要结论如下：

第一，虽然内部社会责任、自愿性社会责任、CEO自恋与内部社会责任的交互项、CEO自恋与自愿性社会责任的交互项、CEO自恋与强制性社会责任的交互性正向影响绿色技术创新，外部社会责任、强制性社会责任、CEO自恋与外部社会责任的交互项负向影响绿色技术创新，但在本节引入的组织层面与个体层面影响因素联合作用下，绿色技术创新呈现出增长趋势。

第二，将仿真周期增大后，绿色技术创新仍呈现出增长趋势。

第三，在解释变量中，内部社会责任、自愿性社会责任正向影响绿色技术创新，将内部社会责任、自愿性社会责任的取值范围依次增大再仿真后，绿色技术创新仍呈增长趋势，增长幅度依次变大。

第四，在本节模型中，CEO自恋对异质性企业社会责任与绿色技术创新关系的调节作用有正有负，但将CEO自恋的取值范围依次增大再仿真的结果显示，CEO自恋取值范围变大，绿色技术创新仍呈增长趋势，增长幅度依次变大。这说明虽然CEO自恋有负面影响，但从总体来看，CEO自恋有利于提升绿色技术创新。

(二) 政策建议

本研究的政策启示主要体现在以下四方面。

第一，尽管社会各界鼓励企业履行对利益相关者的社会责任，将社会责任看作是企业与社会实现双赢的重要途径，但本节基于履行内容异质性角度研究发现，内部社会责任履行有利于增强员工积极性，维护股东利益和与供应商、客户等内部利益相关者的关系，进而为绿色技术创新提供良好的内部环境。而外部社会责任履行程度过高会导致企业将外部社会关系维护作为企业重点，将外部社会责任履行看作是投机获取市场的工具，导致企业忽视用创新产品去获取市场、忽视绿色技术创新。因此，作为经济主体的企业应当积极履行内部社会责任，加强对员工、股东、供应商、客户等内部利益相关者关系的维护。对于外部社会责任的履行，政府、媒体、公众与公司治理层应当加强报道与监督，建立多元共治的监督体系。约束企业将履行外部社会责任作为无偿回报社会的方式，不能以投机赢得市场、恶意勾结为目的，否则将阻碍企业长远发展。

第二，社会责任作为企业回报社会的重要途径，会反作用于企业，但不同履行动机的社会责任对企业影响不同。如本节结论所示，强制性社会责任是法律规定的、必须执行的，其负向影响绿色技术创新，因为会挤占企业用于研发的资金并且对企业形象提升的作用微乎其微。而自愿性社会责任会提升企业形象，吸引投资者进而促进企业绿色技术创新。因此企业在履行好强制性社会责任的同时，应积极履行自愿性社会责任。政府机构应该给予企业一定的税收优惠，反过来大力支持企业自愿履行社会责任，增强自愿性社会责任的政策扶持，调动企业履行社会责任的积极性。

第三，尽管自恋是一种带有贬义的心理特征，但本节关于履行内容异质性 CSR 的研究发现，自恋型 CEO 大胆、"虚荣"的性格特征一方面会导致企业过度重视外部关系维护，忽视企业以创新为本的发展重心，而另一方面会使企业注重内部关系维护会使得企业与员工、供应商、客户、股东的关系融洽，进而通过员工努力、股东认同、供应商长期融洽合作与客户青睐等方式促进绿色技术创新。本节关于履行意愿异质性 CSR 的研究发现，自恋型 CEO 会更倾向于履行自愿性社会责任，有利于提升企业形象、吸引外部资源，促进绿色技术创新；同时从 CEO 自恋参数调整后的仿真分析可以看出，虽然 CEO 自恋会负向调节外部社会责任对绿色技术创新的影响，但从总体看，CEO 自恋水平的增加能促进绿色技术创新水平的提升。因此企业应当正确看待 CEO 自恋心理，不能全盘否定，要合理规避 CEO 自恋这一管理者特质可能导致的消极影响，还应该承认 CEO 性格特点中的正面作用。企业应鼓励自恋型 CEO 维护与员工、股东、供应商与客户的关系；另外，企业应健全内部监督机制，发挥董事会与监事会的监督作用，制定规章制度防止自恋型 CEO 以获取虚荣心、满足感与外界认可为目的的腐败行为。

第四，绿色技术创新是企业将绿色发展与赢得核心竞争力并重的有效途径，帮助企业实现经济价值与社会价值，是企业在长远的未来取胜的重要方式。为提升绿色技术创新水平，企业应当维护与市场利益相关者与非市场利益相关者的关系，积极并正确履行内外部社会责任，在法律范围内履行好强制性社会责任的基础上加大自愿性社会责任履行程度，以获取员工积极性与股东支持等内部创新环境、低成本的融资方式与政府政策支持等外部社会资源。企业还应善于发挥与利用 CEO 的自恋心理，利用性格特点中的积极作用来增强社会责任履行对绿色技术创新的积极影响，构建推进绿色技术创新水平提升的多层次影响机制。除此以外，绿色技术创新水平提升不能仅靠政府政策规制，强制性约束手段作用效果差，应充分发挥企业内在驱动力。在中国经济转型背景下，政府应引导企业由迫于政策规制压力的被动绿色技术创新转向依靠管理者需求驱动、为获得良好舆论导向的主动绿色技术创新转变，构建推进绿色技术创新水平提升的"政府规制—媒体约束—企业内驱力"的多层次促进机制。

第四节　董事长与 CEO 任期交错对企业绿色创新的影响研究

——基于三重底线理论的调节效应

一、引言

随着经济全球化的发展，日益恶化的生态环境给各国发展带来了诸多挑战。企业该如何进行战略变革，把握前进方向？研究表明，企业如果能实现经济价值和社会价值的兼顾，从长期看更有胜出的可能（Huang and Li，2017）。

要实现企业发展与环境保护的一致，必须依靠技术创新，尤其是环境领域的技术创新，即绿色创新。与关注经济价值创造的一般技术创新不同，绿色创新不仅可以为企业发展创造经济收益，同时也能缓解环境污染和能源消耗问题（李旭，2015；杨海兰等，2022）。企业为了在竞争中保持优势，将绿色创新作为重要的企业发展战略，助力企业长远发展。

高层梯队理论认为，企业高管是企业战略的决策主体（Hambrick and Mason，1984）。在企业实际经营过程中，董事长和 CEO 在团队中具有相对较大的权利。相较年龄、性别等客观人物特征而言，任期会受到企业发展规划、个人职业选择等方面的影响，更容易改变。因此，探究董事长与 CEO两者的任期问题对企业发展的影响更具有实际意义。伴随着董事长或 CEO

的变更，导致二者开始任职的时间存在先后差异，形成了二者的任期交错（田祥宇等，2018；宋清等，2022）。部分学者认为董事长与 CEO 任期交错，从而降低彼此联络频率，可以有效强化监督与被监督的关系，有助于缓解代理问题（艾永芳等，2019）；但也有学者认为任期交错会导致董事长与 CEO 相互不熟悉，管理层团队的工作关系不稳定，不易形成信任与团结的工作氛围，因此容易产生摩擦，不易达成一致的决策，造成沟通不畅，影响团队合作（王静，2022）。

导致任期交错对企业战略发展的影响结论不一致的另一个原因是现有文献并未关注影响其关系的情境因素。高层管理者进行绿色创新战略部署时受到复杂的内外部环境变化等因素的影响，如企业技术能力和资金基础（谢雄标等，2021），以及来自利益相关者的诉求等（Kemp and Pontoglio，2011）。企业的经济表现决定了技术和资金实力，社会和环境表现则决定了企业能否满足利益相关者的诉求。因此，高层管理者必须时刻关注企业在经济、社会和环境三方面的表现，即企业的三重底线（triple bottom line）（Elkington，1998）。企业的经济底线主要表现为创造利润、满足股东的利益需求，社会底线是指能够对员工、供应商、消费者、社区等利益相关者承担责任，环境底线即企业在环境保护投入、节能减排等方面所承担的责任。

基于上述分析，本节以可持续发展为背景，考察董事长与 CEO 任期交错对绿色创新的影响，并分析三重底线对二者关系的调节效应。本节的贡献主要表现在以下三个方面：第一，本节重点探究董事长与 CEO 在任期层面的差异对绿色创新的影响，进一步丰富和拓展了高管特质对企业影响的研究；第二，本节以三重底线作为情境因素，研究在三重底线的调节作用下任期交错对企业绿色创新的影响，探究高层管理者对企业发展影响的内在机制，使研究结果更具代表性；第三，本节为企业在董事长与 CEO 的培养和选择方面提供了参考，为企业有效解决委托代理问题提供了思路，同时为绿色创新研究提供了新的视角，有助于企业适应环境变化，实现长远发展。

二、理论分析与研究假设

（一）董事长与 CEO 任期交错影响企业绿色创新

当董事长与 CEO 的任期交错时，二者对公司的业务范围、经营模式等方面的理解会有不同，个人的管理经验、创新动力与组织内外部的关系网络有所差异（汪瀛，2021）。董事长和CEO随着任期时长的推移会逐渐建立起固定的信息来源，二者任期交错，导致他们所经历的企业发展阶段不同，能够为企业带来不同的信息获取渠道，做出最有利于企业发展的判断（李冬伟和吴菁，2017）。

区别于传统的创新活动，绿色创新具有外部性以及高成本高风险的特点成为抑制其发展的主要因素（Yang et al.，2022）。任期较长的高管会惧怕风险，而任期较短的高管急于做出业绩证明自己的管理能力（林宏妹，陈选娟和吴杰楠，2020），更可能敢于挑战，实施绿色创新战略以适应环境变化。因此，任期交错的董事长和CEO思维形成互补，提高绿色创新投入。基于上述分析，本节做出如下假设：

H8-4-1：董事长与CEO任期交错对企业绿色创新具有显著促进作用。

（二）三重底线对董事长与CEO任期交错影响企业绿色创新的调节作用

企业的经济底线可以理解为企业最为关注的经济价值，主要表现为满足股东利益需要的财务绩效。企业良好的经济基础能够予高层管理者足够的信心（Pan et al.，2021），吸引外部投资者进行投资，随着投资的增加，股权得到分散，外部监督充分发挥作用，强化了任期交错背后的监督机制（曾咏梅，1998），从而促进企业绿色创新的实施。同时，绿色创新战略的实施向外界释放了良好的信号，刺激了股东增加投资，形成了良性循环（Lim and Tsutsui，2012）。

因此，企业在经济底线表现较好时会积极主动地制定绿色创新计划。本节提出研究假设：

H8-4-2：企业经济底线强化了董事长、CEO任期交错与绿色创新之间的关系。

企业社会底线主要表现为企业在生产运营过程中要兼顾满足利益相关者的需求。监管者和消费者等方面对企业的压力，要求董事长和CEO等高层管理者在制定企业战略时应统筹兼顾多方利益。

绿色创新双重外部性的特点决定了即使企业主动进行创新活动，也不能获得全部利益，企业失去了资源优先分配权，最终导致企业失去创新的动力

（Rennings and Rammer，2011）。实施绿色创新战略，会占用企业大量资源，致使企业在其他技术创新方面的投入缩水，违背了股东的利益（Parmar et al.，2010）。反之，在利益相关者的诉求得到满足的同时，对董事长与 CEO 等高层管理者的监督有所松懈，导致企业绿色创新动力不足，董事长与 CEO 任期交错背后的监督机制在企业的运行过程中受到弱化，不利于绿色创新战略的实施。

鉴于绿色创新外部性的特点，当企业在感受到利益相关者的压力时，选择绿色创新活动的意愿较为强烈，反之，企业对社会有积极贡献时，利益相关者与企业关系融洽，对企业行为的监督与约束作用降低，企业感受到较少的来自利益相关者的压力，因此绿色创新意愿降低。综上所述，本节提出假设如下：

H8 - 4 - 3：企业社会底线弱化了董事长、CEO 任期交错与绿色创新的关系。

企业环境底线是指企业在环境保护和资源节约等方面做出的贡献。环境问题一直是伴随经济发展的焦点和热点。企业管理者应该意识到，谋求自身发展与环境和谐共生的可持续发展战略成为全球性问题（李维安等，2019）。

学者们已经从绿色创新影响因素等方面开展了大量研究。其中，环境规制被学者们广泛认为是推动绿色创新的主要影响因素，但是这种影响更多的是一种被迫现象（张安军，2022）。

企业通过董事长与 CEO 任期交错强化对管理层与治理层的监管，提升内部控制质量。环境规制对企业环境标准要求的提升，在一定程度上强化了外部监督作用（俞毛毛和马妍妍，2021）。根据信号传递理论，孟等（Meng et al.，2014）认为环境信息披露能向外界释放企业积极进行绿色治理的信号。由于企业的负面环境新闻极易引起环保部门的注意，一旦企业在环境保护方面表现良好，企业外部环境规制的限制较小，高层管理者实施绿色创新战略的意愿就会不足。据此本节提出研究假设如下：

H8 - 4 - 4：企业环境底线弱化了董事长、CEO 任期交错与绿色创新的关系。

三、研 究 设 计

（一）样本选择

本节以沪深两市 2010~2020 年 A 股上市公司作为研究样本。采用以下标准对样本进行了筛选：（1）剔除 ST 和 * ST 的公司样本；（2）剔除金融行业上市公司样本；（3）剔除数据缺失的样本；（4）为避免极端值的影响，对所有连续性变量进行 1% 和 99% 的缩尾（winsor）处理。经上述处理，得到了一个包含 789 家公司、共 8679 个观察数据的面板数据集。其中，绿色创新数据来自中国研究数据服务平台（CNRDS），其余数据均来自国泰安（CSMAR）数据库。

（二）变量选取

1. 自变量

自变量为董事长与 CEO 任期交错（Dtenure）。借鉴姜付秀等（2013）的研究方法，本节以董事长与 CEO 任职年限之差的绝对值来衡量董事长与 CEO 任期交错的程度。

2. 因变量

因变量为绿色创新（GI）。数据来自中国研究数据服务平台（CNRDS）中绿色专利研究数据库，使用企业获得的绿色发明专利和绿色使用新型数量作为绿色创新的衡量方式。鉴于样本差异大，本节对样本 GI 加 1 后取对数。

3. 调节变量

调节变量为企业三重底线（En、So、En）。借鉴潘等（Pan et al.，2020）的研究，本节选择和讯网（http：//www. hexun. com）企业经济维度、社会维度和环境维度的评分。鉴于不同企业每年的最终得分差异较大，同时存在得分为零的情况，本节将最终得分加 1 后取对数。

变量定义及测度方法见表 8 - 19。

表 8 – 19 变量定义及测度方法

	变量名称	变量符号	变量定义
被解释变量	绿色创新	GI	ln（绿色专利获得数 +1）
解释变量	董事长和CEO任期交错	Dtenure	董事长与CEO任职年限之差的绝对值
调节变量	企业经济底线	Ec	ln（和讯网股东责任评分 +1）
	企业社会底线	So	ln（和讯网员工、供应商、客户和消费者权益责任及社会责任评分之和 +1）
	企业环境底线	En	ln（和讯网环境责任评分 +1）
控制变量	企业规模	Size	企业总资产的自然对数
	股权集中度	Share	第一大股东持股比例
	成长性	Growth	营业总收入增长率
	自由现金流	Cash	每股企业自由现金流量
	资产负债率	Lev	总负债与总资产的比值
	托宾 Q	TobinQ	市值与资产总计的比值
	企业产权性质	SOE	国企为1，非国企为0
	行业	Ind	企业所属行业
	省份	Pro	企业所在省份
	年度	Year	观测值所在年份

资料来源：笔者整理。

（三）实证模型设定

本节采用 OLS 模型的方法分析董事长与 CEO 任期交错对绿色创新的影响，引入三重底线（经济、社会、环境）来检验其在上述影响过程中的调节作用，构建如下模型：

1. 董事长与 CEO 任期交错对绿色创新的影响

$$GI_{it} = \alpha_0 + \alpha_1 Dtenure_{it} + \alpha_2 control_{it} + \sum year + \sum ind + \sum pro + \varepsilon_{it}$$

$$(8 - 4 - 1)$$

2. 三重底线的调节效应

考虑验证调节效应时可能出现交互性与低次项存在多重共线性的情况，

本节对相关变量进行去中心化处理后再构建交互项。

$$GI_{it} = \lambda_0 + \lambda_1 Dtenure_{it} + \lambda_2 Ec + \lambda_3 Dtenure_{it} \times Ec + \lambda_4 control_{it}$$
$$+ \sum year + \sum ind + \sum pro + \varepsilon_{it} \qquad (8-4-2)$$

$$GI_{it} = \beta_0 + \beta_1 Dtenure_{it} + \beta_2 So + \beta_3 Dtenure_{it} \times So + \beta_4 control_{it}$$
$$+ \sum year + \sum ind + \sum pro + \varepsilon_{it} \qquad (8-4-3)$$

$$GI_{it} = \gamma_0 + \gamma_1 Dtenure_{it} + \gamma_2 So + \gamma_3 Dtenure_{it} \times So + \gamma_4 control_{it}$$
$$+ \sum year + \sum ind + \sum pro + \varepsilon_{it} \qquad (8-4-4)$$

上述模型中，Dtenure 为解释变量，control 为控制变量，$\sum$ year 为控制年份效应，$\sum$ ind 为控制行业效应，$\sum$ pro 为控制省份效应。模型（8-4-1）用于验证假设 H8-4-1，模型（8-4-2）至模型（8-4-4）分别用于验证假设 H8-4-2 至 H8-4-4，模型（8-4-2）至模型（8-4-4）中，Dtenure、Ec、So、En 均为中心化处理后的结果。表 8-21 中的（2）（3）（4）列、表 8-22 中的（5）（6）（7）列亦同。

四、结果与分析

（一）描述性统计

如表 8-20 所示，董事长与 CEO 任期交错的均值为 2.550，最大值为 12.10，最小值为 0，说明董事长与 CEO 任职年限差异在 2 年左右。绿色创新的均值为 0.740，标准差为 1.103，最大值为 4.443，最小值为 0，整体来看不同企业在绿色创新方面的投入差距较大。企业经济底线的均值为 2.440，最大值为 3.247，最小值为 0，说明大部分企业的经济底线良好，少数企业的经济状况不佳。企业社会底线的均值为 2.078，最大值为 3.746，最小值为 0，说明样本企业对其利益相关者的责任履行存在较大差异。企业环境底线的均值为 0.400，最大值为 3.178，最小值为 0，说明多数企业未对环境做出贡献。

表 8 – 20 描述性统计

变量	均值	标准差	最小值	最大值	样本量
Dtenure	2.550	2.824	0	12.10	8679
GI	0.740	1.103	0	4.443	8679
Ec	2.440	0.739	0	3.247	8679
So	2.078	0.890	0	3.746	8679
En	0.400	0.962	0	3.178	8679
Lev	0.498	0.208	0.0595	0.973	8679
Growth	0.200	0.708	-0.637	5.540	8679
Share	0.359	0.152	0.0895	0.760	8679
Size	22.45	1.357	19.47	26.41	8679
Cash	-0.0165	1.063	-4.113	3.369	8679
SOE	0.676	0.468	0	1	8679
TobinQ	2.001	1.397	0.837	9.312	8679

资料来源：笔者整理。

（二）回归结果分析

1. 董事长与 CEO 任期交错对绿色创新的影响

在模型（8 – 4 – 1）中，被解释变量为企业绿色创新（GI），解释变量为任期交错（Dtenure），回归分析结果如表 8 – 21 第（1）列所示，董事长与 CEO 任期交错（Dtenure）的回归系数为 0.0128，在 1% 的水平上显著，研究假设 H8 – 4 – 1 成立。

表 8 – 21 回归分析

变量	(1) GI	(2) GI	(3) GI	(4) GI
Dtenure	0.0128 *** (3.600)	0.0125 *** (3.546)	0.0138 *** (3.841)	0.0130 *** (3.654)
Ec		0.0716 *** (5.140)		

变量	(1) GI	(2) GI	(3) GI	(4) GI
So			−0.0310 *** (−2.629)	
En				−0.0089 (−0.763)
Dtenure × Ec		−0.0014 (−0.249)		
Dtenure × So			−0.0087 ** (−2.027)	
Dtenure × En				−0.0104 *** (−2.661)
Controls	YES	YES	YES	YES
Year	YES	YES	YES	YES
Industry	YES	YES	YES	YES
Province	YES	YES	YES	YES
R^2_a	0.371	0.372	0.371	0.371
N	8679	8679	8679	8679

注：标准误经过异方差调整。* 表示在 10% 水平上显著，** 表示在 5% 水平上显著，*** 表示在 1% 水平上显著。

资料来源：笔者整理。

2. 三重底线的调节效应

在模型（8-4-2）至模型（8-4-4）中，分别引入企业经济、社会、环境底线和任期交错的交互项，验证三重底线的调节效应。如表 8-21 第（3）列和第（4）列所示，交互项 Dtenure × So 和 Dtenure × En 的回归系数分别为 −0.0087 和 −0.0104，且均通过 5% 水平下的显著性检验。这表明在企业社会底线与环境底线的分别作用下，任期交错对企业绿色创新的正向影响减弱，假设 H8-4-3 和假设 H8-4-4 得到验证。

图 8-26 和图 8-27 分别表示 So 和 En 的调节效应图。低表示该变量的均值（Mean）-标准差（SD），高表示均值 + 标准差，由于均已标准化，故

实际为 ± SD，显示了 So 和 En 在董事长与 CEO 任期交错对绿色创新的影响过程中的负向调节作用。

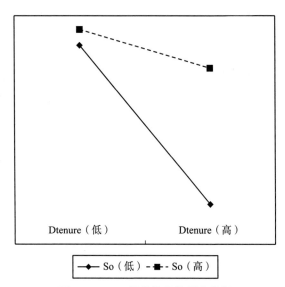

图 8 – 26　So 调节作用的斜率分析

资料来源：笔者整理。

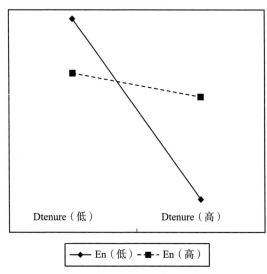

图 8 – 27　En 调节作用的斜率分析

资料来源：笔者整理。

如表 8 - 21 第（2）列回归结果所示，企业经济底线在董事长与 CEO 任期交错对绿色创新的影响过程中的调节效应并未通过显著性检验，因此假设 H8 - 4 - 2 不成立。可能的原因如下：

第一，尽管良好企业财务绩效能够为绿色创新提供资源支持，但有学者提出绿色创新活动会在财务和非财务目标之间产生压力，甚至认为是无利可图的（Kiron et al.，2013）。创新过程具有不确定性，高层管理者在制定决策时将面对巨大的财务压力，且无法保证能获得相应的产出。由于创新能力不足，资产负债率、Tobin's Q 等衡量财务绩效的指标对规模较小的企业来说，即使释放出良好的信号，也无法激励它们进行绿色创新活动。

第二，高层管理者在进入企业的初期，往往不会选择风险性大的创新活动作为战略变革的开始。对于非国有企业而言，董事长与 CEO 都希望能迅速创造业绩以证明自己的管理能力；而国有企业的高管大多实行行政任命制，任期一般为 3～4 年，其行为出发点更多是遵从上级的指示和偏好、短期内快速提升企业绩效，从而满足上级对自身的考核（田祥宇等，2018）。

因此，经济底线在董事长与 CEO 任期交错对绿色创新的影响过程中调节效应不显著。

五、稳健性与内生性检验

（一）稳健性检验

1. 更换任期交错的衡量方式

借鉴艾永芳等（2019）的研究，采用二元哑变量 Dumt 作为任期交错的衡量方式，具体表示为当董事长与 CEO 存在任期交错时取值为 1，否则为 0，即前文解释变量 Dtenure 不为 0 时，Dumt 为 1，Dtenure 为 0 时 Dumt 为 0。主效应回归结果显示，Dumt 的系数为 0.164，在 1% 的水平上显著，仍支持研究假设 H8 - 4 - 1，与前文结论一致，见表 8 - 22 第（1）列。

表 8 – 22　　　　　　　稳健性检验与 Heckman 两阶段回归结果

变量	(1)	(2)	(3)	(4)	(5)	(6)	(7)
			第一阶段	第二阶段			
	GI	GI	Dumt	GI	GI	GI	GI
Dumt	0. 164 *** (4. 60)						
L. Dtenure		0. 014 *** (3. 62)					
Dtenure				0. 0136 *** (3. 570)	0. 0136 *** (3. 583)	0. 0151 *** (3. 923)	0. 0140 *** (3. 674)
Ec					0. 0664 *** (4. 423)		
So						− 0. 0207 (− 1. 632)	
En							− 0. 0038 (− 0. 309)
Dtenure × Ec					− 0. 0038 (− 0. 612)		
Dtenure × So						− 0. 0124 *** (− 2. 705)	
Dtenure × En							− 0. 0122 *** (− 3. 017)
IMR				1. 4768 *** (3. 447)	1. 4618 *** (3. 424)	1. 4361 *** (3. 360)	1. 4451 *** (3. 375)
Indaver			− 0. 0523 *** (− 3. 312)				
Controls	YES	YES	YES	YES	YES	YES	YES
Year	YES	YES	YES	YES	YES	YES	YES
Industry	YES	YES	YES	YES	YES	YES	YES
Province	YES	YES	YES	YES	YES	YES	YES

变量	(1)	(2)	(3)	(4)	(5)	(6)	(7)
			第一阶段	第二阶段			
	GI	GI	Dumt	GI	GI	GI	GI
Adjusted R^2_a	0.371	0.377	0.0743 (Pseudo R^2)	0.3800	0.3814	0.3806	0.3807
N	8679	7890	7678	7678	7678	7678	7678

注：标准误经过异方差调整。*表示在10%水平上显著，**表示在5%水平上显著，***表示在1%水平上显著。

资料来源：笔者整理。

2. Dtenure 滞后一期处理

考虑到绿色创新（GI）研发过程的长期性，董事长与 CEO 任期交错对绿色创新的影响可能存在滞后效应；GI 与 Dtenure 可能互为因果，即董事长与 CEO 作为高层管理者影响企业的决策，反之，当创新成果能够为企业带来利益时，企业通常不会选择变更高层管理者影响经营决策效率，因此考虑将任期交错滞后一期作为解释变量替换上文中当期的数据，将替换后的变量重新进行上述回归分析，结论未发生变化。回归结果如表 8-22 第（2）列所示，L. Dtenure 的回归系数为 0.014，在 1% 的水平上显著，支持 H8-4-1，与前文回归结果中 Dtenure 的系数 0.0128 相比，无明显差异，结论较为稳健。

（二）内生性检验

鉴于本节可能存在选择性偏误问题，选择每一年同行业同地区其他企业董事长与 CEO 任期交错程度的均值（Indaver）作为外生变量。具体模型如下：

$$\text{Dumt}_{it} = \alpha_0 + \alpha_1 \text{Indaver}_{it} + \alpha_2 \text{control}_{it} + \sum \text{year} + \sum \text{ind} + \sum \text{pro} + \varepsilon_{it}$$

$$(8-4-5)$$

第一阶段：构建 Probit 回归估计方程，计算逆米尔斯比率（IMR）。

模型（8-4-5）中 Dumt 为任期交错的二元虚拟变量，当存在任期交错时取值为 1，否则为 0，即前文变量 Dtenure 不为 0 时 Dumt 为 1，Dtenure

为 0 时 Dumt 为 0，Indaver 为相同省份相同行业的其他公司在该年度平均任期交错的程度，同时控制年份、行业、省份，与前文保持一致。

第二阶段：将第一阶段的逆米尔斯比率（IMR）作为控制变量加入回归模型进行检验。

Heckman 两阶段回归结果如表 8 - 22 所示。第（3）列为 Heckman 第一阶段的结果，外生变量 Indaver 在 1% 的水平上显著，说明选取的外生变量是合理的。第（4）列表示主效应董事长与 CEO 任期交错对绿色创新的影响，Dtenure 与 IMR 均在 1% 的水平上显著，第（5）（6）（7）列分别表示企业经济、社会、环境价值的调节效应，交互项的显著性水平与方向未发生改变，且 IMR 显著。在排除内生性问题后，检验结果仍然支持前文假设的结论。

六、研究结论与启示

（一）结论

随着生态环境的不断恶化，企业面临着巨大的生存压力，可持续发展的理念已经深入人心，企业只有积极进行变革，才能在激烈的竞争中赢得主动。本节旨在加深高层管理者对企业发展的影响的理解。本节结合利益相关者理论、高层梯队理论和委托代理理论，通过实证检验的方法，发现董事长与 CEO 任期交错对企业绿色创新具有正向影响，说明任期交错能使董事长与 CEO 加强监督与被监督的关系，优化决策效率。本节从三重底线的角度将企业应该履行的责任义务划分为经济、社会和环境三个维度，并作为调节变量。得出的结论如下：第一，企业经济底线在董事长与 CEO 任期交错正向影响绿色创新的过程中无显著的调节效应；第二，企业社会和环境底线分别负向调节了董事长和 CEO 任期交错与绿色创新之间的关系。

（二）理论启示

基于本节的研究结果——董事长与 CEO 任期交错促进了企业绿色创新，在高管团队异质性与企业行为关系研究的基础上，研究董事长与 CEO 任期的关系，突出二者在企业发展中的关键地位，研究结论丰富了高层梯队理论的相关研究，同时从一个崭新的角度探讨了绿色创新的影响因素。任期交错的本质是为了促使董事长与 CEO 形成监督关系，防止 CEO 利己行为对企业发展造成损失，降低代理成本。

本节以三重底线理论构建了一个新的理论框架，梳理了企业经济基础和利益相关者的压力等方面对高层管理者创新决策的影响。将三重底线作为调节变量研究任期交错对企业绿色创新的影响，深化了高层管理者对企业战略选择的作用，同时也讨论了高层管理者对企业发展的影响路径。

（三）实践启示

1. 合理安排高管任期

企业要根据自身的市场定位、战略环境、企业文化、高管领导风格等建立有效的任期制度，合理安排高层管理者的任期，充分考虑董事长与 CEO 之间的权利平衡，以此来解决委托代理问题，优化战略决策过程，提高企业的竞争力。

2. 对利益相关者负责

企业不应将履行社会责任看作一种压力，企业高层管理者应该充分意识到社会和环境效应为企业提供的机会。企业要时刻以积极的态度履行对利益相关者的责任，使政府、员工、社区等相关者为企业创新活动提供相应的资源。

3. 提升自身的创新能力

企业应重视各方资源的整合运用，加强对员工的培训教育，通过人才引进等方式激发研发团队的创新热情。企业需要提高对绿色创新的认识，积极培育研发人员绿色创新意识，打造独特的竞争优势。绿色创新作为解决环境问题的重要途径，对环境保护和自身发展的关键作用应当受到企业重视。

七、不足与展望

本节的研究仍存在不足：第一，董事长与 CEO 作为高层管理团队的核心，除任期外，年龄、性别、教育背景等特征也会影响二者的价值判断和认知水平，从而影响二者的关系。第二，任期交错对企业绿色创新的作用会受到诸多因素的影响，本节仅从三重底线的角度进行了研究，未来可以从其他视角探索任期交错对企业发展影响的内在机制。

第五节　企业社会责任如何影响技术创新
——研究评述与展望

一、引言

在新冠肺炎疫情的冲击下，全球经济的不确定性与复杂性与日俱增。如何在管控疫情的同时尽可能降低其对经济的伤害，成为全世界的难题。而面对经济难题，创造一个更公平、更可持续社会的迫切要求不仅没有消失，反而大幅增加了。与这些难题和迫切需求相伴的，是在经济发展和社会变迁过程中不断丰富和拓展的企业社会责任（CSR）概念体系。企业的成功从来不只是财富的增加，与之相伴的还有员工成长、消费者认可、商业信誉、对社会贡献等要素。已有研究表明，只有包容员工、用户、投资者以及社会等所有利益相关方共同成长的企业，才有可能实现可持续的发展，长远来看将会有更高的盈利（Huang et al.，2020）。在此过程中，技术创新扮演着不容忽视的角色。技术创新是企业获取短期市场绩效和长期竞争优势的关键因素，其中绿色技术创新作为技术创新的更高发展阶段，是企业在创造核心竞争力的同时能达到保护环境目的的创新方式，融合自然环境压力、资本与人力，在提升经济效益的同时兼顾环境可持续发展（Xiang et al.，2021）。企业社会责任和技术创新作为提升企业在危机中的生存能力并能进一步获得持续增长的两大因素（Lin et al.，2019；Rexhepi et al.，2013；Satapathy and Palta-singh，2019；李维安，2017；解学梅和朱琪玮，2021），也是企业运用自身资源来提高社会福利的行为，两者的关系更是受到广泛关注。本节以时代巨变为背景，以企业社会责任和技术创新为研究对象，探究 CSR 对技术创新的影响机制和推进路径。

二、评述基础：文献检索方法

CSR 与技术创新是企业运用自身资源提升社会福利的两种重要战略。在疫情及后疫情时代，作为降低疫情对经济破坏的有效举措，CSR 与绿色技术创新受到更多关注（Barry et al., 2021；Chien et al., 2021），出现了众多 CSR 与技术创新关系的研究（Li et al., 2021；Shahzad et al., 2020；Yang et al., 2021），但现有文献结论不一，CSR 对技术创新影响的结论尚未达成共识，现有文献也没有对"CSR 如何影响技术创新"这一主题的近期大量文章做系统而全面的综述分析。为系统地梳理已有相关研究文献，整合 CSR 对绿色技术创新的影响机制，本节首先从时间的角度切入，选取 CSR 与技术创新的相关关键词进行基本检索，通过人工阅读识别出发表在企业管理和战略管理等领域期刊上具有代表性的综述研究、理论研究、案例研究和实证研究成果，对其进行评述与总结。

起始时间是综述类文章研究的基础与开端，但是关于综述类文章研究的起始时间并未形成统一的结论。安科纳等（Ancona et al., 2001）的研究清晰地总结了组织活动中的时间概念、组织活动随时间而展现的多种形式以及行动者对时间的感知与行动。该研究为社会科学领域关于时间的研究提供了一个整合框架与范式，在一定程度上建立了社会科学学者对时间研究的共同认知（唐继凤，2021）。基于此，本节以安科纳等（Ancona et al., 2001）的发表年为起始年，全面梳理 2001～2021 年 CSR 对技术创新影响领域的英文核心文献，深入分析和总结了现有文献中 CSR 与技术创新的逻辑关系，提出了现有研究的不足和未来可行的研究方向。

具体来说，本节利用 Web of Science 数据库对已经发表且收录在 SSCI（社会科学引文索引）的文献进行检索，检索过程如图 8-28 所示，检索条件为：TS =（Corporate Social Responsibility AND Technology Innovation），文献类型限定为 Article，文献语言限定于英文，发表时间为 2001 年 1 月 1 日至 2021 年 10 月 29 日。经检索获得 168 篇关于 CSR 与技术创新关系的文献，其中最早的一篇发表于 2008 年，该文使用英国工业企业的数据进行实证分析，建设性地对企业社会责任表现展开分析，探究利益相关者对企业技术创新的影响，并得到广泛的认可，为本书的研究奠定了重要基础，因此 168 篇样本文献发表的年份跨度为 2008～2021 年。

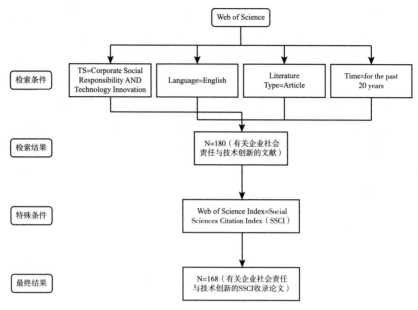

图 8 - 28　文献收集过程

资料来源：笔者整理。

　　图 8 - 29 展现了"CSR 影响技术创新"这一领域 168 篇文献的各年发文数量。由总趋势线可以看出，2008～2021 年"CSR 影响技术创新"主题的发文数量逐年递增，主要发表在 2014～2021 年，2019 年达到顶峰。发表

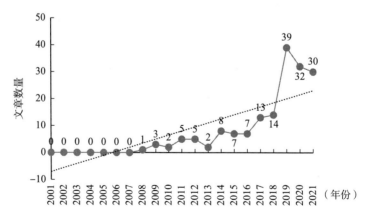

图 8 - 29　2001～2021 年有关"CSR 与技术创新"的发文数量

资料来源：笔者整理。

的主要期刊包括 *Sustainability*（29 篇）、*Journal of Cleaner Production*（21 篇）、*Corporate Social Responsibility and Environmental Management*（7 篇）、*Business Strategy and the Environment*（6 篇）、*International Journal of Environmental Research and Public Health*（6 篇）、*Journal of Business Ethics*（5 篇）、*International Entrepreneurship and Management Journal*（3 篇）、*Journal of Business Research*（3 篇）、*Technological Forecasting and Social Change*（3 篇）、*British Food Journal* 等 7 个期刊（各 2 篇）、*Endeavour* 等 71 个期刊（各 1 篇）。

本节梳理了 168 篇文献中的 425 个关键，利用 VOSviewer 软件进行共现分析，绘制关键词共现网络图。如图 8－30 所示，本节检索到的 168 篇文献聚焦于"Corporate Social Responsibility""Sustainable Development""Firm Performance""Technology Innovation"等领域，同时探究了其他因素对技术创新的影响，例如"Agency Costs""Supply Chain""Trust""Social Change"等。

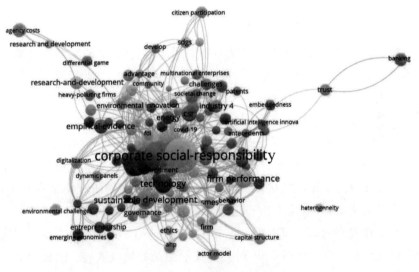

图 8－30　关键词共线分析

资料来源：笔者整理。

以检索到的 168 篇文献为基础，依据文献引用量，本节梳理了 2008～2021 年发表文章数量与文章总被引用次数的变化趋势。如图 8－31 所示。文章发表量 2019 年达到顶峰，为 39 篇，总体呈现增长趋势，各年度文章总被引用次数呈增长趋势，2021 年达到顶峰，为 892 次。

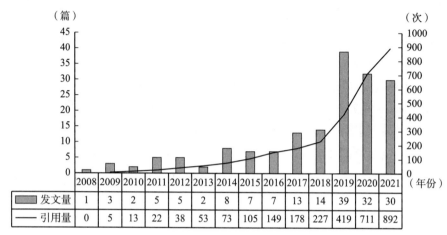

图 8 – 31　2008 ~ 2021 年发表文章与文章总被引用次数变化趋势

资料来源：笔者整理。

　　此外，本节还梳理了 168 篇文献中引用量排名前 50 的文章，列举了这 50 篇文献的题目、发表期刊、作者及年份、研究领域、研究理论、研究结论、引用量等信息，以展示在"CSR 影响企业技术创新"这一领域的代表性研究。如表 8 – 23 所示，引用量最高的文章为"Supply Chain Management and Retailer Performance：Emerging Trends，Issues，and Implications for Research and Practice"，发表于 2009 年，属于理论研究类文章。50 篇研究中综述研究类文章有 3 篇，实证研究类文章有 32 篇，案例研究类文章有 4 篇，理论研究类文章有 11 篇。

　　基于检索到的 168 篇文献，本节将系统分析 CSR 的概念内涵、类别划分和研究趋势，深入剖析 CSR 对企业技术创新的积极效应、消极效应、曲线效应等直接影响机制。在此基础上探究 CSR 对企业技术创新的间接作用机制，总结 CSR 影响企业技术创新的调节与中介变量，最后绘制出 CSR 影响企业技术创新的整体框架，并提出这一领域现有研究的不足和未来研究的方向。本节有利于厘清"CSR 影响企业技术创新"这一领域现有研究的内在逻辑关联，为后续研究提供了进一步的方向和参考。

表 8 – 23

代表性研究总结

文章标题	作者/年份	期刊名称	研究类型	研究领域	研究结论	引用次数
Supply Chain Management and Retailer Performance: Emerging Trends, Issues, and Implications for Research and Practice	加内桑等（Ganesan et al.，2009）	Journal of Retailing	理论研究	企业绩效	履行社会责任促进企业和供应链中其他参与者的信息共享，从而促进激进和渐进式创新	204
Achieving the United Nations Sustainable Development Goals: An Enabling Role for Accounting Research	贝宾顿和乌纳曼（Bebbington and Unerman，2018）	Accounting Auditing & Accountability Journal	理论研究	经济可持续性	利益相关者可以利用社交媒体向企业施加创新压力，从而促进可持续发展	193
On the Green and Innovative Side of Trade Competitiveness? The Impact of Environmental Policies and Innovation on EU Exports	科斯坦蒂尼和马赞蒂（Costantini and Mazzanti，2012）	Research Policy	实证研究	国际贸易	企业社会责任包含环境责任，履行企业社会责任将促进企业环境保护方面的技术创新	183
Responsible Innovation Toward Sustainable Development in Small and Medium – Sized Enterprises: A Resource Perspective	哈尔姆和科佩拉（Halme and Korpela，2014）	Business Strategy and the Environment	实证研究	企业社会责任和创新	企业履行对利益相关者的责任，有利于促进创新协作和资源共享，从而促进技术创新	119
Determinants of a Sustainable New Product Development	格梅林和苏沃林（Gmelin and Seuring，2014）	Journal of Cleaner Production	理论研究	新产品开发和产品生命周期管理	随着顾客需求的不断更新，履行社会责任，注重可持续发展的企业会不断进行技术创新，开展新产品研发	98

续表

文章标题	作者/年份	期刊名称	研究类型	研究领域	研究结论	引用次数
Responsible Innovation and the Innovation of Responsibility: Governing Sustainable Development in a Globalized World	沃格林和谢尔勒 (Voegtlin and Scherer, 2017)	Journal of Business Ethics	理论研究	企业创新	为实现可持续发展，负责任的企业会开展技术创新，这些创新是有利于人与自然和谐发展的	94
Understanding Social Innovation: A Provisional Framework	道森利丹尼尔 (Dawson and Daniel, 2010)	International Journal of Technology Management	理论研究	技术创新	社会责任有利于企业得公众信任，从而增加对社会资源的获取，促进技术创新	94
Sustainable Business Model Adoption among S&P 500 Firms: A Longitudinal Content Analysis Study	里塔拉等 (Ritala et al., 2018)	Journal of Cleaner Production	实证研究	可持续经营	社会责任是提升企业形象的有效途径，企业通过技术创新来保护环境有利于获得利益相关者的信任	85
Corporate Survival in Industry 4.0 Era: The Enabling Role of Lean-digitized Manufacturing	戈巴赫卢和法特希 (Ghobakhloo and Fathi, 2020)	Journal of Manufacturing Technology Management	案例研究	信息技术	数字制造企业要对数字化进程负责，应履行对社会的责任，促进可持续发展，积极追求技术创新	67
Sustainability-oriented Capabilities for Eco-innovation: Meeting the Regulatory, Technology, and Market Demands	德米雷尔和克西杜 (Demirel and Kesidou, 2019)	Business Strategy and the Environment	实证研究	生态创新	当具备自愿自我监管能力（即高管驱动的环境管理体系和企业社会责任）时，企业对环境的正向影响更有可能出现	52

续表

文章标题	作者/年份	期刊名称	研究类型	研究领域	研究结论	引用次数
The Role of Environmental Regulation in the Future Competitiveness of the Pulp and Paper Industry: The Case of the Sulfur Emissions Directive in Northern Europe	科尔霍恩（Korhonen，2015）	Journal of Cleaner Production	实证研究	企业可持续发展	利益相关者对企业有正式和非正式的制度约束，注重履行社会责任的企业将在多重约束下进行技术创新，提高环境绩效	51
An Activity-Based Costing Decision Model for Life Cycle Assessment in Green Building Projects	蔡等（Tsai et al.，2014）	European Journal of Operational Research	实证研究	碳排放与可持续发展	在社会责任政策的影响下，企业必须注重环境保护，通过技术创新减少环境污染，即使这会影响企业的盈利能力	51
Eco-Innovation Through Integration, Regulation and Cooperation: Comparative Insights from Case Studies in Three Manufacturing Sectors	瓦格纳和列雷纳（Wagner and Llerena，2011）	Industry and Innovation	案例研究	生态创新	社会责任强调社会福利而非企业利益，因此社会责任本质上与企业绩效无关。然而，企业是追求利润的组织，绿色技术创新成为平衡企业社会责任和企业绩效的最佳方式	51
Beyond Inducement in Climate Change: Does Environmental Performance Spur Environmental Technologies? A Regional Analysis of Cross-sectoral Differences	吉塞蒂和夸特拉罗（Ghisetti and Quatraro，2013）	Ecological Economics	实证研究	绿色技术创新	履行社会责任有助于企业开拓新市场、增加市场价值，减少消费者阻力，从而间接影响企业绩效，为绿色技术创新提供资金支持	50

续表

文章标题	作者/年份	期刊名称	研究类型	研究领域	研究结论	引用次数
Drucker's Insights on Market Orientation and Innovation: Implications for Emerging Areas in High-technology Marketing	莫尔和沙林（Mohr and Sarin, 2009）	Journal of the Academy of Marketing Science	理论研究	突破式创新	根据德鲁克的管理理论，企业社会责任与技术创新并不冲突。社会责任是企业维持与利益相关者关系、为技术创新积累资源的有效工具	48
Innovation and Technology for Sustainable Mining Activity: A Worldwide Research Assessment	桑切斯等（Sanchez et al., 2019）	Journal of Cleaner Production	文献综述	企业可持续发展	在采矿业中，履行社会责任能兼顾不同利益相关者的利益，减少企业经营活动的障碍	46
Black Gold, Green Earth: An Analysis of the Petroleum Industry's CSR Environmental Sustainability Discourse	奥康纳和格罗纽沃德（O'Connor and Gronewold, 2013）	Management Communication Quarterly	实证研究	企业社会责任	履行社会责任有利于企业赢得社会的尊重和青睐，技术创新是提高企业社会责任水平的有效途径	43
Sustainability-Oriented Innovation in Tourism: An Analysis Based on the Decomposed Theory of Planned Behavior	加拉伊等（Garay et al., 2019）	Journal of Travel Research	实证研究	旅游业创新	拥有社会责任感的信业管理者更有可能进行创新与可持续经营	42

续表

文章标题	作者/年份	期刊名称	研究类型	研究领域	研究结论	引用次数
Development and Validation of A Scale for Measuring Sustainable Supply Chain Management Practices and Performance	达斯（Das, 2017）	Journal of Cleaner Production	实证研究	可持续供应链管理	以员工为核心的社会责任和以社区为中心的社会责任可以提高员工满意度和企业形象，进而促进技术创新与创新资源获取和技术创新效率，为可持续发展做出贡献	42
The Role of Innovation for Performance Improvement through Corporate Social Responsibility Practices among Small and Medium-sized Suppliers in China	朱等（Zhu et al., 2019）	Corporate Social Responsibility and Environmental Management	实证研究	企业社会责任、技术创新与绩效	技术创新可以通过员工努力来改善环境绩效，也可以通过环境实践和社区参与来改善社会形象，有利于提升企业社会责任水平	37
The Influence of Technology Innovation on SME Performance through Environmental Sustainability Practices in Kenya	切格和王（Chege and Wang, 2020）	Technology in Society	实证研究	技术创新	积极履行企业社会责任和进行环境保护可以为企业带来更好的财务业绩，并促进创新	36
Implementation of Responsible Research and Innovation (RRI) Practices in Industry: Providing the Right Incentives	古尔扎夫斯卡等（Gurzawska et al., 2017）	Sustainability	理论研究	负责任的创新	负责任的创新有利于增强企业竞争力，也会带来积极的经济、社会与环境影响	36

续表

文章标题	作者/年份	期刊名称	研究类型	研究领域	研究结论	引用次数
Exploring the Interoperability of Innovation Capability and Corporate Sustainability	赖等 (Lai et al., 2015)	Journal of Business Research	理论研究	企业可持续性	社会责任可以加强企业之间的互动和知识共享，从而促进技术创新	35
Paradigm Shifts in Academia and the Food Industry Required to Meet Innovation Challenges	萨吉 (Saguy, 2011)	Trends in Food Science & Technology	理论研究	开放创新	社会责任有助于促进企业与利益相关者的知识共享，进而促进开放创新	33
Is There Room at the Bottom for CSR? Corporate Social Responsibility and Nanotechnology in the UK	格罗夫斯等 (Groves et al., 2011)	Journal of Business Ethics	案例研究	企业社会责任与纳米技术	社会责任有利于企业维护与利益相关者的关系和社会资本积累，从而促进创新	32
The Corporate Social Performance content of Innovation in the UK	帕夫林和波特 (Pavelin and Porter, 2008)	Journal of Business Ethics	实证研究	企业社会绩效与创新	社会绩效积极影响成熟企业的技术创新，但这种影响在初创企业中并不显著	31
"Cleantech" Venture Capital around the World	卡明等 (Cumming et al., 2016)	International Review of Financial Analysis	实证研究	清洁技术	企业依靠利益相关者进行清洁技术创新，因此会积极履行对利益相关者的责任，以获取清洁技术创新所需资源	29

续表

文章标题	作者/年份	期刊名称	研究类型	研究领域	研究结论	引用次数
The Bright and Dark Side of CSR in Export Markets: Its Impact on Innovation and Performance	科斯塔等（Costa et al., 2015）	International Business Review	实证研究	企业社会责任	企业社会责任正向影响技术创新和企业绩效	29
Does Green Innovation Mitgate Financing Constraints? Evidence from China's Private Enterprises	张等（Zhang et al., 2020）	Journal of Cleaner Production	实证研究	绿色创新	来自利益相关者的压力是推动企业开展环保行为的一个重要因素，例如，消费者对绿色产品的偏好和政府环境规制可以推动企业绿色技术创新	25
The Relationship between Organizational Culture, Sustainability, and Digitalization in SMEs: A Systematic Review	伊森西等（Isensee et al., 2020）	Journal of Cleaner Production	文献综述	组织文化、可持续性和数字化	履行对利益相关者的责任会促进创新合作，提高创新效率，进而促进技术创新	24
A Theory-driven Identification and Ranking of the Critical Success Factors of Sustainable Shipping Management	德兰等（Tran et al., 2020）	Journal of Cleaner Production	实证研究	可持续航运	利益相关者关注是企业实施可持续航运的首要因素	24
Process Innovation and Evrironmental Sustainability Engagement: An Application on Technological Firms	莫亚诺－富恩特斯等（Moyano-Fuentes et al., 2018）	Journal of Cleaner Production	实证研究	工艺创新与可持续发展	来自利益相关者的制度压力会促进企业开展工艺创新与实施可持续发展战略	24

续表

文章标题	作者/年份	期刊名称	研究类型	研究领域	研究结论	引用次数
Relationships among Circumstance Pressure, Green Technology Selection and Firm Performance	夏等 (Xia et al., 2015)	Journal of Cleaner Production	实证研究	企业绩效	企业绿色技术选择与任务导向环境（直接利益相关者，市场环境，金融和社会动态）和宏观环境（立法，社会和技术发展阶段等）之间存在显著关系	23
Measuring Marine Environmental Efficiency of a Cruise Shipping Company Considering Corporate Social Responsibility	王等 (Wang et al., 2019)	Marine Policy	实证研究	企业社会责任	企业履行社会责任意味着重视利益相关者，利益相关者会对企业施加环境压力，因此企业社会责任会促进绿色技术创新	22
How Corporate Social Responsibility Activities Influence Employer Reputation: The Role of Social Media Capability	贝尼特斯等 (Benitez et al., 2020)	Decision Support Systems	实证研究	企业社会责任	履行社会责任有助于提升企业的声誉和形象。为追求高质量的社会责任，企业将加强技术创新，以获得竞争优势	21
Environmental and Social Responsibility of Companies cross EU Countries – Panel Data Analysis	朗卡等 (Loncar et al., 2019)	Science of the Total Environment	实证研究	企业社会责任与绿色创新	企业社会责任对绿色技术创新具有积极影响	21
The Impact of Technological Green New Product Introductions on Firm Profitability	帕默和特鲁翁 (Palmer and Truong, 2017)	Ecological Economics	实证研究	绿色技术与环境绩效	利益相关者的态度和需求推动企业引进新技术和产品	21

续表

文章标题	作者/年份	期刊名称	研究类型	研究领域	研究结论	引用次数
The Evaluation and Application of the TRIZ Method for Increasing Eco – Innovative Levels in SMEs	费尼莎等（Feniser et al., 2017）	Sustainability	实证研究	利益相关者参与和开放创新	利益相关者参与有利于企业获得广泛的外部知识，可以提升企业创新效率，增强企业可持续性创新能力	20
Linking Stakeholder Engagement to Profitability through Sustainability-oriented Innovation: A Quantitative Study of the Minerals Industry	加西姆和博格斯（Ghassim and Begers, 2019）	Journal of Cleaner Production	理论研究	中小企业的生态创新	提高对环境责任的认识将促进中小企业的生态创新	19
Do Consumers Like Food Product Innovation? An Analysis of Willingness to Pay for Innovative Food Attributes	纳扎罗等（Nazzaro et al., 2019）	British Food Journal	案例研究	绿色创新	履行社会责任有助于企业从外部获取资源和增强与利益相关者的信息交流，从而促进绿色技术创新	19
An Empirical Exploration of the Role of Strategic and Responsive Corporate Social Responsibility in the Adoption of Different Green IT	博哈斯和普辛（Bohas and Poussing, 2016）	Journal of Cleaner Production	实证研究	食品产品创新	企业社会责任有利于吸引消费者，消费者偏好有利于促进食品产品创新	19
Green Technology Innovation: Anatomy of Exploration Processes from a Learning Perspective	维基和汉森（Wicki and Hansen, 2019）	Business Strategy and the Environment	实证研究	绿色互联网技术	企业社会责任是绿色互联网技术使用的驱动力，战略和响应性社会责任会使企业采用不同类型的绿色互联网技术	18

续表

文章标题	作者/年份	期刊名称	研究类型	研究领域	研究结论	引用次数
Examining the Research Evolution on the Socio – Economic and Environmental Dimensions on University Social Responsibility	梅塞格尔－桑切斯（Meseguer－Sanchez et al., 2020）	International Journal of Environmental Research and Public Health	文献综述	社会责任教育	大学的社会责任教育有助于培养绿色创新人才，由此可以提高企业绿色技术创新水平	17
Can CSR Reduce Stock Price Crash Risk? Evidence from China's Energy Industry	吴和胡（Wu and Hu, 2019）	Energy Policy	实证研究	企业社会责任与股票崩盘风险	企业社会责任得分较高的发电企业，特别是在环境保护、促进技术创新和企业形象方面表现较好的企业，其股价崩盘风险显著降低，但在矿业企业中不显著	17
The Impact of Corporate Social Responsibility on the Innovation Climate	乌比乌斯和阿拉斯（Ubius and Alas, 2012）	Inzinerine Ekonomika – Engineering Economics	实证研究	企业社会责任与创新	企业社会责任对创新氛围的影响取决于员工的性别、年龄和教育水平	17
Corporate Social Responsibility Driven Innovation	金等（Kim et al., 2014）	Innovation – The European Journal of Social Science Research	实证研究	企业社会责任与创新	履行企业社会责任有助于吸引投资，增加技术创新投入，进而会提高技术创新水平	16
Different Markets for Different Folks: Exploring the Challenges of Mainstreaming Responsible Investment Practices	阿玛希（Amaeshi, 2010）	Journal of Business Ethics	理论研究	企业社会责任与财务绩效	并非所有的企业社会责任都是可衡量和有利可图的，因此企业社会责任不一定会促进企业技术创新	16

续表

文章标题	作者/年份	期刊名称	研究类型	研究领域	研究结论	引用次数
Eco-innovation and Its Role for Performance Improvement among Chinese Small and Medium-sized Manufacturing Enterprises	耿等 (Geng et al., 2021)	International Journal of Production Economics	实证研究	生态创新	履行企业社会责任有利于内部管理和外部信息共享,进而促进生态创新	15
How Ethical Leadership Influences Creativity and Organizationa. Innovation: Examining the Underlying Mechanisms	沙菲克等 (Shafique et al., 2019)	European Journal of Innovation Management	实证研究	道德领导力与创新	道德领导力侧重于员工责任履行,这有助于提高员工满足感和技术创新效率	15
Twitter Analysis of Global Communication in the Field of Sustainability	皮拉尔 (Pilar, 2019)	Sustainability	实证研究	企业社会责任与创新	企业社会责任会促进合作和分享,进而有利于绿色创新	14

资料来源:笔者整理。

三、CSR 的概念内涵及分类

(一) 概念与内涵

利益相关者理论被广泛应用于企业社会责任的研究中 (Pan and Guan, 2021；Yang et al., 2021)。基于利益相关者理论，企业社会责任在企业内部已经变得越来越普遍和明显，企业社会责任的作用不再局限于向特定的消费者生产和销售商品，而逐渐演变成一种机制，可以激发和激励利益相关者，以及增强企业在社会和社区中的作用和期望 (Wang et al., 2016)。该理论强调企业的可持续生产经营要履行对不同利益相关者的责任，包括内部利益相关者 (股东、员工等) 和外部利益相关者 (消费者、供应商、政府、环境等)，因此企业社会责任具有准公共物品属性和正外部性 (Bagnoli and Watts, 2003；McWilliams and Siegel, 2011)。关于企业的社会责任，卡罗尔 (Carroll) 提出了后来被学术界广泛采用的企业社会责任概念框架，他把企业社会责任划分为经济责任、法律责任、伦理责任和自愿责任四个方面，并将这四种责任由低到高排列成 "社会责任金字塔"。除了利益相关者理论，用于解释 CSR 存在合理性的理论主要有代理理论、产权理论、资源基础论、金字塔理论、企业公民理论、企业道德发展理论等。

(二) CSR 分类

CSR 行为分类及主要特征如表 8 – 24 所示。

表 8 – 24　　　　　　　　　CSR 行为分类及主要特征

行为分类	主要特性			企业态度
	对待 CSR 的态度	承担 CSR 的动机	对组织目标的影响	
强制性 CSR 行为	无行动—被动接受。根据政府政策要求与迫于公众道德压制，被迫履行社会责任	遵守法律法规与社会公德，免受法律制裁与道德谴责	提高企业合法性；降低因不履行必要责任而带来的负面影响	无行动

续表

行为分类		主要特性			企业态度
		对待 CSR 的态度	承担 CSR 的动机	对组织目标的影响	
回应性 CSR 行为		被动接受—自我调适。将履行 CSR 看作提升企业形象的工具，利用 CSR 迎合公众与政府	提升企业形象，获取公众与政府好感	促进短期发展：企业形象得以提升，企业短期行为与公众、社会要求一致	被动接受
战略性 CSR 行为	内部 CSR（维护公司内部关系）	自我调适—主动介入。将 CSR 与内部利益相关者维护战略相结合，形成独特的合作关系	维护与内部利益相关者的关系，形成良好的合作氛围，以提高组织生产效率	促进可持续发展：企业与利益相关者关系融洽，组织效率提升，外部融资约束降低，有利于占据市场	自我调适
	外部 CSR（维护公司外部关系）	自我调适—主动介入。将 CSR 与外部利益相关者维护战略相结合，形成独特的合作关系	维护与外部利益相关者的关系，减少企业外部融资约束、扩大市场		主动介入
完全利他性 CSR 行为		主动介入—完全接纳。除履行强制性 CSR 外，积极、自愿承担非政治制度与非伦理要求的社会责任	寻求企业价值的实现。展示企业文化与意识形态，为社会做贡献，回馈社会	实现企业与社会的和谐发展。将企业与社会融为一体，积极承担责任，造福社会	完全接纳

资料来源：笔者整理。

（三）CSR 研究趋势

关于 CSR 的最新研究集中于以下三个方面：一是从 CSR 对企业的直接经济后果研究转向中间作用机制研究。企业社会责任步入 21 世纪的 CSR 4.0 时代，企业社会责任研究视野由单纯解释企业绩效的差异视角工具竞争观转向了基于企业战略的创造综合价值的价值创造观，其目的在于为利益相关方创造基于经济、社会与环境的综合价值（Gill，2008；Marin et al.，2009；Mason and Simmons，2014；阳镇和许英杰，2018）。二是学者们开始更多关注 CSR 与其他学科的交叉，研究与企业研发能力、投资效率、品牌价值、员工自豪感等之间的关系（Clarkson et al.，2008；Cox and Wicks，

2011），聚焦 CSR 如何通过对利益相关者的支持从而提升企业发展（Bocken，2015；Driessen and Hillebrand，2013）。三是将 CSR 行为细化分类，进一步厘清 CSR 概念并把握 CSR 本质属性。本节基于责任内容和责任动机等角度，现有研究主要依据利益相关者性质与履行意愿将 CSR 行为分为内部与外部 CSR、强制与自愿性 CSR，探究不同 CSR 行为对企业和社会的影响（Dung，2021；Li，2020）。

四、CSR 与企业技术创新理论框架

驱动因素与经济后果视角下的 CSR 研究不计其数，但关于企业社会责任与企业竞争优势的关系犹如"蛋生鸡还是鸡生蛋"，仍是一个悬而未决的话题。其中，创新能力与企业社会责任的关系更是受到广泛关注。现有文献关于 CSR 对技术创新的影响结论存在不一致（Ratajczak and Szutowski，2016），企业能否通过 CSR 来促进企业技术创新还存在着争议。在"创新"与"可持续发展"并重的时代要求下，企业家们陷入了如何配置创新与社会责任实践所需资源的困局，即企业同时追求创新与社会责任的竞争优势会引发创新与社会责任实践争夺有限的内部资源等问题（Hull and Rothenberg，2008）。权衡假说认为企业的资源是有限的，其中一个分享者的份额有所增加，往往会损害到另一个分享者的利益，即企业对资源的分配和使用需要在不同分享者之间进行权衡。大多数企业在积极参与社会责任活动的同时也追求战略上的差异性，包括在技术创新（研发费用）等无形资产方面的投入。因而，面对竞争异常激烈的外部市场和企业资源多重约束的内部现状，企业家们不得不在两者间权衡资源的分配。

已有研究表明，CSR 与技术创新之间可能产生两种不同的效应，即"促进效应"和"挤占效应"。多数研究证明企业履行各项社会责任，能够更好地满足内外部利益相关者的需求，促使企业与其利益相关者建立友好的关系，为技术创新提供诸多资源（Bocquet et al.，2017）。但一些学者则认为，企业履行社会责任可能会挤占研发资源，继而给技术创新带来负面影响。

作为一种新式战略投资与企业层面的差异化手段，企业社会责任与以技术变革为导向的"技术创新"之间存在怎样的关系：互补还是替代？

五、CSR 对技术创新的直接影响机制

针对企业社会责任与企业创新的关系，学术界也展开了诸多研究，学者们首先研究了 CSR 如何直接影响企业创新绩效这一问题。大多学者认为企业履行社会责任会使企业与其利益相关者建立更广泛、更深入的关系，加强企业与其利益相关者之间的信息交流，为企业进一步从事技术创新提供诸多便利条件，因此促进企业的创新，实现可持续发展（Luo and Du，2015；Wagner，2010）。然而，从资源成本效益角度，提升社会绩效的企业行为可能会挤占那些本可用于核心商业领域的资源，进而抑制企业创新能力提升（Hull and Rothenberg，2008）。同时，当社会责任投入在一定临界值以下时，企业社会责任投入增加时，技术创新投入也会相应提升；当社会责任投入超过一定临界值后，投入幅度的进一步增加反而造成技术创新投入的增幅减小。因此随着企业社会责任投入的增加，企业社会责任与技术创新投入之间呈现出边际效益递减的促进作用，也有学者认为两者呈非线性关系。

（一）CSR 对技术创新的积极影响

梳理文献发现，CSR 对企业创新的积极影响得到了学者的广泛认可。作为企业独具特色竞争力提升器的社会责任，对企业技术创新投入具有促进作用。CSR 对技术创新的促进作用主要基于利益相关者理论从以下三个视角进行分析。

1. 企业发展战略角度

CSR 计划能够帮助企业建立新的关系并强化现有关系，进而汲取利益相关者网络中的想法和知识，促使企业加快开拓利用步伐和提升企业创新能力。

（1）企业社会责任作为一种特殊的竞争战略，社会责任意识较强的管理层更有可能避免只看重眼前利益的短视行为（Rangan et al.，2012）。技术创新是一项长期的、充满不确定性的活动，需要管理层具有长远眼光。率先将社会责任融入创新的企业都会具有先发优势（Cox and Wicks，2011）。CSR 有助于建立强大的利益相关者—企业关系，利益相关者也愿主动与公司共享信息和资源，基于利益相关者知识共享，企业能够构建富有价值的外部知识库，进而促使企业加快开拓利用步伐和提升企业创新能力（Porter and

Van de Linde，1995）。

（2）企业将社会责任原则应用于产品、生产流程和实践，这需要对所应用的技术进行更改，从而涉及研发投入。从这个意义上讲，企业社会责任能够刺激企业快速感知、响应外界动态和产生新知识，进而推动企业的创新进程。企业可能通过利用社会、环境或可持续性驱动因素而创造新的工作方式、工艺流程、产品服务，从而促进新产品理念的起源与实施，实现技术创新（Husted and Allen，2007）。

（3）面对消费者、供应商、环保组织以及政府的监督与规制，企业必须具备与之相匹配的技术创新能力，才能实现对社会压力的有效回应，以维护其作为社会存在的"合法性"，这就会促使其加大研发力度（Kiefer et al.，2017）。

2. 员工角度

关注员工是企业社会责任的重要组成部分，社会责任比较完善的企业会为员工提供全面的职业发展、安全保障等服务，可以调动员工的生产积极性和创造性，员工的职业安全感往往也比较高。如果员工具有比较高的职业安全感，其对创新失败的容忍度就比较高，而技术创新常常伴随较高的失败风险，如果不能容忍失败，就难以获得有突破性的创新成果。曼索（Manso，2011）从理论层面论证了企业对失败的包容程度对企业创新具有正向促进作用，田和王（Tian and Wang，2014）通过实证分析发现失败包容度更高的风险投资（VC）机构所投资的企业表现出更高的创新水平。

3. 财务承诺角度

（1）企业的社会责任行为作为一种信号工具，可以有效降低投资者获取目标信息和排除信息噪声的成本，提升企业融资能力（Desender et al.，2020）。投资者对于 CSR 行为会具有非常明显的正面反应。投资者在做出投资决策时，除了要考虑标的股票的投资收益率外，还需要将企业在社会责任方面的表现纳入考虑的范畴。投资者对于 CSR 表现良好的企业更感兴趣。因此 CSR 履行程度高的企业更容易吸引优质投资者，从而为企业技术创新提供更多资金支持。

（2）履行 CSR 不仅能够减缓技术创新投资人与管理层的信息不对称，获得外部投资人的价值认同，企业积极履行社会责任还能够帮助企业建立与政府的政治关联，享受优惠政策，获取政府更多的研发补贴，企业就会拥有更多进行创新投入的资源（Tang et al.，2015；阳镇和许英杰，2018）。同时，企业还可以与银行以及其他企业建立良好的关系，有利于缓解企业所面临的融资约束，进而促进企业技术创新。

从利益相关者视角看，利益相关者能够为企业提供稀缺的、有价值的资源，是企业生存和可持续发展的关键要素。企业履行社会责任会迎合众多利益相关者的诉求，使企业与其利益相关者建立更广泛、更深入的关系，加强企业与其利益相关者之间的信息交流，为企业进一步从事技术创新提供诸多便利条件，实现可持续发展。

（二）CSR 对技术创新的消极影响

另外一些学者则持相反观点，认为企业履行社会责任增加了运营成本，影响其研发投入，从而对技术创新存在负向影响。"挤占效应"主要建立在资源基础理论和委托代理理论之上。

第一，企业履行社会责任会侵占企业创新的资源。资源基础理论认为，企业要想保持持续的竞争能力，必须投资于难以被竞争对手复制的资源，与关键的利益相关者如股东建立良好的关系。而承担社会责任必然会消耗大量的企业资金与资源，不利于研发投入等其他方面的支出。对社会事务的投资本身不仅可能会消耗那些本应该用于技术创新的资源，从而对技术创新投入形成阻碍，而且容易被竞争对手所复制，难以形成企业的竞争优势（Gallego – Álvarez et al.，2014；Hillman and Keim，2001）。

第二，企业对社会责任的投入会降低企业对技术创新活动的专注力。企业社会责任与技术创新存在较强的相关性，二者都涉及产品和流程创新。但相对于技术创新的长期性、不确定性，企业社会责任为企业获取的资源具有不可完全模仿性、高成本壁垒与正当性的战略特征，这同样可能使企业弱化对技术创新的需求（Campbell et al.，2010；McCarthy et al.，2017；Petrenko et al.，2016）。

第三，企业社会责任会抑制市场竞争对技术创新投入的激励作用。企业履行外部社会责任存在一定的政治动机，即很大程度上是出于与政府建立良好政治关系而进行的社会责任活动（杨其静，2011）。如在发展中国家，很多公共资源包括土地、环境、国企资产、财政补贴、融资通道、政府信用等及其处置权掌握在政府手中，政府的资源分配权相对较大。为了获得市场准入、税收优惠、政府补贴等方面的优惠，企业会过度承担外部社会责任以赢得政府的信赖，从而消耗大量精力和资源，严重分散在技术创新活动上的投入，减少技术创新投入（张振刚等，2016）。在激烈的市场竞争中，企业外部社会责任履行程度越高，则越分散企业资源，将企业重心由提升产品质量、技术创新转移到社会关系维护，从而使企业通过履行社会责任在较低的技术创新水平上保持较高的市场占有率，诱发企业通过寻租活动而不是技术创新活动来提升企业业绩，使企业外部社会责任对绿色技术创新具有显著负向影响。

第四，委托代理理论认为经营者更偏好将资源投入能建立和积累个人声誉的社会责任活动，而不是高风险和不确定性的技术创新活动。如 CEO 热衷于慈善活动，会积极履行、支持社会责任，以获得媒体赞美与良好的社会形象。他们渴望外部的关注与认同，希望履行 CSR 给他们带来更大的社会知名度。因此这些 CEO 不重视内部利益相关者的意见，而是更多关注外部导向型活动，会把更多的时间和资源投入外部社会责任，即使在企业财务表现不佳时仍然会强调 CSR（Chin et al.，2013），因为这些活动可以获得更多关注，受到政府和相当多媒体的认同（Tang et al.，2015；Yang, Shi and Wang, 2021）。企业从事的这些社会责任活动被称为"伪社会责任行为"，结果将导致忽略企业在产品创新环节的投入，使用于创新的资源被挤压。

（三）CSR 对企业技术创新的曲线效应

当其 CSR 强度处于一定水平以下时，随着 CSR 强度的增加，企业的技术创新绩效会相应地提升；当 CSR 强度超过一定水平时，将会消耗大量资源，严重分散在技术创新活动上的精力，将导致技术创新资源投入不足，不利于技术创新，CSR 强度的增长反而会带来企业技术创新的降低。企业社会责任投入的不断增加不仅会消耗企业大量的资源，严重分散企业对技术创新活动的专注力，使企业陷入与利益相关者复杂的交互关系中，并由此增加企业的技术创新成本、降低企业的创新活动效率，还会由于不同利益相关者的诉求通常呈现多样化、差异性的特点，所以企业要在技术创新投入过程中权衡这些利益诉求，从而极大地影响其技术创新效率，继而严重损害企业的技术创新绩效。因此，后期大部分学者提出并验证了 CSR 与技术创新之间的倒 U 形关系（Li et al.，2018；Lee and Lee, 2021）。

(四) 研究悖论产生的原因

从实证结果看，现有研究存在悖论。已有文献认为导致这些相左结论可能的原因是忽视了 CSR 异质性、技术创新异质性、CSR 与技术创新的空间性和时间性以及 CSR 与技术创新之间的权变因素。

1. CSR 存在异质性

从履行意愿视角，CSR 可划分为强制性 CSR 与自愿性 CSR。在强制性 CSR 向自愿性 CSR 过渡的过程中，存在以下四种 CSR 行为，分别是：强制性 CSR 行为、回应性 CSR 行为、战略性 CSR 行为和完全利他性 CSR 行为。从意愿方面来看，强制性 CSR 行为与回应性 CSR 行为是企业被动履行 CSR 的表现，属于强制性 CSR，而战略性 CSR 行为与完全利他性 CSR 行为是企业主动履行 CSR 的表现，属于自愿性 CSR，四者是层层递进的关系。具体来说，强制性 CSR 行为是企业为避免法律惩罚与社会谴责而履行责任的行为，不涉及企业主动性。回应性 CSR 行为是企业为迎合公众与政府而履行 CSR 的行为，企业秉持"谁有需求就满足谁"的理念，目的是促进短期发展，不涉及企业战略与长期发展，企业也不会对 CSR 进行深度思考。战略性 CSR 行为是企业将 CSR 履行与企业战略相结合的行为，为提升利益相关者维护战略，企业履行 CSR 时会考虑各方利益相关者。在利益相关者视角下，加洛等（Gallo et al.，2008）将 CSR 划分为内部 CSR 和外部 CSR，内部 CSR 强调为社会提供满意的产品和服务，创造经济财富，以及确保企业的持续发展，外部 CSR 则努力纠正经济活动对社会造成的损害，因此战略性 CSR 依据利益相关者理论可被细分为内外部 CSR。完全利他性 CSR 行为是企业履行 CSR 的最高层次，在该阶段企业将自身与社会相融合，将 CSR 作为回报社会的奉献行为，不以获取回报为目的。

2. 技术创新存在异质性

现有 CSR 对技术创新的影响机制研究从理论上忽视了企业技术创新异质性问题（Tidd et al.，2005）。技术创新要引进或产生新的要素，新要素的类型、目的、实现形式及技术创新的程度有所不同，使技术创新按不同标准可被划分为不同类型。从创新对象视角，技术创新可以划分为产品创新、工艺创新、管理创新。从创新程度视角，基于二元创新理论观点，企业技术创新包含探索式技术创新和利用式技术创新两种创新类型。从节约资源种类视角，技术创新可细化为节约资本的技术创新、节约劳动的技术创新、节约资源的中性技术创新。从创新组织形式视角，技术创新可细化为独立创新、联合创新、引进创新。异质性技术创新由于在学习路径、研发投入、资源分配和战略目标等方面存在差异，因此 CSR 对异质性技术创新类型的影响机制也可能不同。不同类型技术创新的定义及特点见表 8-25。

表 8-25 技术创新类型划分、定义及特点

划分依据	技术创新名称	定义	特点
技术创新对象	产品创新	产品创新是指能产生新产品，包括有形产品与服务的技术创新活动	产生新产品（有形产品或服务）
	工艺创新	又称流程创新。工艺创新是指在企业生产过程中的工艺流程及制造技术改善或变动的技术创新活动	生产工艺的创新
	管理创新	管理创新是指改进或产生新的组织管理模式的技术创新活动	管理模式的创新
技术创新程度（基于二元创新理论）	利用式创新	利用式技术创新则是一种小范围的、渐进的、延续既定技术轨迹的创新行为，旨在提升现有品质量，降低能耗，拓展产品品类，从而更好地提升当前市场表现	风险低、不确定性低，研发投入低
	探索式创新	探索式技术创新是一种大幅度的、激进的、脱离现有技术轨迹的创新行为，旨在针对未来潜在竞争领域开发新产品、新工艺和新服务	风险高、不确定性高，研发投入高
技术创新节约资源种类	节约资本的创新	节约资本的创新是指使产品生产过程中降低资本投入、提升产出的技术创新活动，即相同的资本投入、更高产出的技术创新方式	减少资本投入，增加产出
	节约劳动的创新	节约资本的创新是指使产品生产过程中降低劳动投入、提升产出的技术创新活动，即相同的劳动投入、更高产出的技术创新方式	减少劳动投入，增加产出
	节约资源的中性创新	节约资源的中性创新是指产品生产过程中能同时降低劳动与资本投入、提升产出的技术创新活动，即相同的资本、劳动投入，更高产出的创新方式。不偏重节约资本，也不偏重节约劳动	同时减少资本与劳动本投入，增加产出

划分依据	技术创新名称	定义	特点
技术创新组织形式	独立创新	独立创新是指企业内部技术人员与部门自行研发并完成的技术创新	易于协调和控制，对企业实力要求高
	联合创新	联合创新是指企业与外部组织（企业、政府、机构）合作研发并完成的技术创新	组织协调及管理控制工作比较复杂，便于发挥多组织的优势，提升创新效率
	引进创新	引进创新是指企业不进行创新活动，而直接引入其他组织的创新成果的技术创新	周期短、风险低，初期引入资金投入大

资料来源：笔者整理。

3. CSR 与技术创新之间存在空间性和时间性

已有研究在探讨 CSR 与企业创新的直接关系时，默认 CSR 与企业创新之间为单向因果关系，而忽视了一些重要权变因素的影响和两者间存在动态交互影响的可能性。企业承担社会责任对企业创新能力的积极影响并非一蹴而就，而是一个渐进过程，具有一定的滞后性。一方面，从空间性来看，不同国家研究情境不同，两者的关系可能就不同。如发展中国家市场是非完全有效的，诸多非理性因素会干扰利益相关者接收信息，可能存在利益相关者难以及时、全面掌握有关企业承担社会责任信息的情况。另一方面，从时间性来看，企业通过积极承担社会责任来赢得各利益相关者的信赖和支持，需要经历一个从披露、传递到最终被各利益相关者所接受的过程；企业构建知识库、吸收新知识和培养新能力也同样涵盖识别、评价、消化和应用等系列阶段。因此，CSR 对企业创新能力的提升存在滞后效应。那么，CSR 对于企业技术创新绩效的影响作用受到其他哪些因素的影响？

六、CSR 对技术创新的间接影响机制

企业行为总是嵌入在一定的企业内外部情境中，不同的情境因素具有不同的调节效应。此外，一些学者认为企业社会责任也需要依赖一定的路径和中介才能导致创新产出。为此，学者们探讨了企业社会责任影响企业创新的情境变量与中介机制，以揭示权变因素对企业社会责任与技术创新间关系的

作用，加深对于企业履行社会责任的后果存在差异性的理解。基于 95 篇文献关键词的共词网络图，本节总结出企业社会责任影响企业创新绩效 7 个方面的情境因素和 2 个方面的中介变量。企业社会责任与技术创新关系中的情境因素与中介变量如下。

（一）企业社会责任与企业创新绩效之间的调节变量

1. 市场环境的调节作用

当前商业环境充满不确定性、波动性，竞争形势越发激烈，技术创新对当代企业赢得竞争优势的重要性不言而喻。新兴市场正在经历政治、经济和社会的重要变革，市场环境表现为高度的敌对性和不确定性，其中敌对性主要来自企业间的激烈竞争，不确定性则主要来自行业的不确定性，这些市场环境因素将影响到 CSR 对技术创新绩效的作用。

（1）竞争强度的调节作用。

新兴国家的市场环境具有激烈的竞争性和高度的不确定性。当竞争加剧时，企业将投入更多的精力和资源维持生存，而减少对技术创新的关注（Kim et al.，2018）。当企业所处行业竞争较为激烈时，管理者更偏向于在提供产品和服务时严格控制成本，缺乏维系各方面利益相关者的精力，通过社会责任行为提升技术创新绩效的可能性将会降低。因此在高强度的市场竞争环境下，CSR 对技术创新产生的促进作用及超过阈值后的阻碍作用都将被削弱，市场竞争强度在企业社会责任对技术创新绩效的影响中起负向调节作用。

（2）市场不确定性。

在不确定的市场中，企业为了提升自身的生存与适应能力，需要快速及时地从外部环境中获取知识来进行相关的技术创新活动。在这种情况下，CSR 作为一种能够帮助企业从外部利益相关者处获取有利于企业技术创新的资源与信息的工具更容易受到高新技术企业的青睐（Lin et al.，2015；Park et al.，2017）。由此，市场不确定性会增强 CSR 在一定水平下对于企业技术创新绩效的正向促进作用。同时，市场不确定性程度越高，企业与其外部利益相关者之间的关系就越不稳定，在这种情况下，外部利益相关者向企业施加压力实现自身利益诉求的动机与能力也就相应地降低了，因此企业越不容易陷入与外部利益相关者的关系中并受其牵制与制约。此时，企业因为过度履行 CSR 给企业技术创新绩效所带来的伤害也就降低了。换言之，市场不确定性会减弱 CSR 在超过一定水平后对于企业技术创新绩效的负向阻碍作用。基于此，市场不确定性会正向调节 CSR 对企业技术创新绩效的倒 U 形影响。

（3）非正式制度的调节作用。

相比于正式制度的强制性，非正式制度主要依靠自我实施，主要包括价值观、伦理道德、文化传统、风俗习惯及意识形态等，其基本功能有凝聚、规范及评价。由于非正式制度安排的执行取决于社会的相互作用，因而其功能发挥存在组织差异性。对于处于经济转型背景下的国家而言，道德规范、社会舆论等非正式制度安排起到了修改、补充或扩展正式制度的作用，进而影响了经济运行中的资源配置与企业行为。着眼于非正式制度的调节效应，一些研究将企业内部责任文化和企业外部社会声誉引入企业社会责任与创新能力关系的探究中（Bereskin et al.，2017；Dimaggio and Powell，1983；Lin and Blumberg，2018），揭示了企业责任文化的规范指导功能和企业社会声誉的信息传递与期望约束作用，进而验证了非正式制度调节企业社会责任与创新能力之间关系的指导和约束功能。

（4）非沉淀性冗余资源的调节作用。

由于 CSR 影响技术创新的过程涉及环境、社区等方面的建设投入，以及与利益相关者沟通、信息采集和研发等一系列过程，因而会受到企业自身资源条件的影响。特别是在中国情境下，企业从事社会责任建设刚刚起步，社会责任对于大部分中国企业而言尚未成为一种正式组织惯例。在此情境下企业从事社会责任建设，会更加依赖可用于调配的、灵活的、具有一定流动性的内部资源。企业冗余资源是指可以被转化和调用以实现组织目标的潜在可利用资源，是企业成长的重要内生因素。企业在遭遇竞争或合法性困境及快速增长的资源需求时，可以通过消耗冗余资源满足生存和竞争需要（Voss et al.，2008）。因此，企业冗余资源在企业社会责任与二元性技术创新的关系中发挥着作用。相对于沉淀性冗余资源，非沉淀性冗余资源由于流动性强，能够在竞争环境中被用于应对市场竞争和制度压力。因此，在对 CSR 与技术创新间关系的影响研究中主要考察非沉淀性冗余资源。

2. 组织惰性的调节作用

由于企业利用 CSR 来获取外部知识并利用这些外部知识来影响企业技

术创新绩效的过程不可避免地涉及企业的相关组织流程与组织惯例的调整，因此组织惰性中的惯例刚性会调节 CSR 对企业技术创新绩效的影响。已有研究认为，组织惯例通常被认为是整合知识基础的机制，因此当企业规模越大或年限越长的时候，即使企业能从外部获取新的知识，但这些知识依然还是会以陈旧的或者过时的方式被整合利用，最终导致企业技术创新过程的效率大大降低（Gilbert，2005）。这种组织惯例刚性也会加强企业过度履行 CSR 所带来的对技术创新绩效的负向作用。这是因为，随着企业组织惯例刚性的增强，企业在面对外部利益相关者多样化的利益诉求时所遇到的困难也就不再局限于企业技术层面的权衡，而是越来越多地涉及企业组织层面的调整适应，企业的技术创新效率相应地将会受到更加广泛而严重的影响，最终导致企业技术创新过程的效率大大降低。

3. 公众可见度的调节作用

公众可见度反映了企业在商业运作和管理方面的行为被公众观察的程度。公众可见度是利益相关者对企业行为做出反应的前提条件。研究表明，公众可见度通常与利益相关者积极反应相关，包括增加企业对社区利益相关者的吸引力和提高监管性利益相关者对企业的有利评价（Pollock et al.，2008；Rindova et al.，2005）。随着公众可见度水平的提高，对商业行为负责的企业可以得到更多社区利益相关者的广泛关注（Lyon and Maxwell，2008）。在这种情况下，企业可以创造更有效的知识流动渠道并获取技术创新知识。因此，公众可见度提升带来的创新知识流动有利于增强利益相关者对企业技术创新的影响。另外，公众可见度高的企业可以吸引更多注意力，公众可见性也能帮助监管性利益相关者判断企业履行的 CSR 是否符合期望。公众可见度高的企业与利益相关者之间的信息不对称程度低，更容易接受利益相关者的监督，并表明企业在生产经营过程中将其产生的环境影响考虑进企业战略，而不是仅考虑个人利益。除此以外，公众可见度越高，监管性利益相关者对企业合法性的了解程度越高，企业公民意识越强。因此，公众可见度高的企业可以更好地建立、维持或加强与利益相关者的关系，从而更容易获得金融资本和政策扶持。由此企业可以从事更多的创新活动，创造新产品、新工艺和新的经营方式。

4. 高层管理者个人特质的调节作用

依据高层梯队理论，管理者个人特质影响企业战略选择。管理学方面的研究表明，高层管理者，特别是 CEO 的个人特征，会影响组织的决策和行为（Chatterjee and Hambrick，2007）。例如，杨等（Yang et al.，2021）的研究将 CEO 心理特质与公司战略选择联系起来，强调了 CEO 自恋的决策作用。研究结论表明，自恋型 CEO 渴望得到利益相关者的尊重，因此会对企业社会责任履行产生积极影响，进而正向调节企业社会责任对技术创新的影响。

（二）企业社会责任与企业创新绩效之间的中介变量

1. 社会资本的中介作用

根据利益相关者理论，企业社会资本是企业借助社会网络，与股东、员工、消费者、供应商等利益相关者建立良好关系，继而从中获取的信息和资源。有效信息和稀缺资源的互换与共享将会促使利益相关者网络的形成（Morgan，2005；Zhou and Li，2012）。希勒布兰德等（Hillebrand et al.，2015）指出当前市场环境已呈现出网络连接的态势，企业所嵌入的利益相关者网络极大地影响其适应环境、利用资源和获取竞争优势的能力。企业积极主动地履行社会责任能促使其提高其利用社会网络关系获取资源的能力，有助于企业从各利益相关者处获取技术创新所需的信息和资源。企业通过履行社会责任能够积累社会资本，使企业从利益相关者处获取技术创新活动所需的内外部资源，进而促进技术创新。

2. 人力资本的中介作用

鲜有文献关注企业社会责任对人力资本的影响，因此有关人力资本作为企业社会责任与技术创新关系的中介变量的研究较少。通过战略性社会责任，企业可能会冲破人力资源缺陷的限制，制造人力竞争优势（Bocquet et al.，2013），因为战略性社会责任可以提升企业形象，进而帮助企业招聘到有吸引力的员工，提升员工性别和国籍多样性，丰富企业人才库（Gudmundson and Hartenian，2000）。此外，由于劳动力多样性提升，中小企业可能会增强其在国际市场上竞争的适应能力（Luanc et al.，2007）。员工多样性的提升有利于深化企业对战略多样性观点的理解，从而提升企业战略决策质量，注重可持续发展与绿色发展，有利于技术创新水平的提高。履行战略性企业社会责任的公司可以利用劳动力多样性的价值，因此能从不同的机会中获益。也就是说，具有战略性企业社会责任的公司可以意识到多样性的价值，这会驱使企业追求多样性，有利于提高其绩效，特别是技术创新绩效。

3. 领导力的中介作用

领导者的思维和行为对组织中企业社会责任的评估和分析有重大影响。当领导者支持企业社会责任履行时，其与利益相关者的良好关系会随之建立（Totterdill and Exton，2014）。因此，作为组织重要组成部分的领导者，应通过企业社会责任战略的实施赢得员工、消费者等利益相关者的信赖，进而增强领导力，促进企业战略的实施，提升组织运行效率。员工的工作效率提升与外部利益相关者的政策、资金支持有利于技术创新绩效的提升（Demircioglu，2018；Saray et al.，2017）。

七、研究结论与展望

（一）主要结论

通过全面梳理和总结 CSR 与企业创新之间关系的文献，发现现有研究主要讨论了两个方面的内容（见图 8 - 32）。

1. CSR 对企业创新绩效的直接影响

研究发现，基于技术创新的企业社会责任会迎合众多利益相关者的诉求，有助于加强企业与这些利益相关者之间的关系，利益相关者会对企业产生强烈的责任认同感和信任感，从而对企业的产品和服务更加青睐，使社会对企业的总体评价提升。企业社会责任表现对企业创新绩效存在正向影响。但是，在有限的资源下，企业必然会遇到因社会责任投入而牺牲成本领先优势或为削减成本而减少社会责任投入的问题，认为履行社会责任会侵占企业创新的资源。企业对社会责任的投入会降低企业对技术创新活动的专注力，从而增加技术创新的成本。另外，虽然很多研究都认为企业社会责任与创新之间的关系是正向的，当其超过一定水平后反而可能会阻碍企业的技术创新。因此，企业社会责任对技术创新绩效具有倒 U 形影响。

2. CSR 影响企业创新绩效的情境因素和中介变量

现有研究探讨了企业外部环境不确定性、组织惰性与等因素的情境作用。除此之外，学者们还从利益相关者理论、社会网络以及人力资源的视角，探讨了 CSR 与企业创新绩效之间的中介机制。

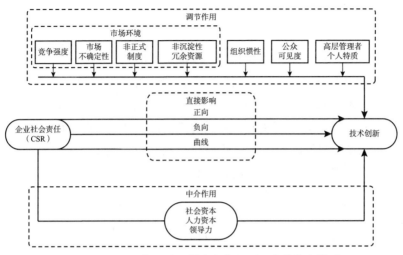

图8－32　CSR推进企业技术创新机制研究的整合模型

资料来源：笔者整理。

（二）研究贡献

本节以不同履行内容的异质性CSR为主线，将技术创新及影响因素有机结合，构建异质性CSR对技术创新的影响机制。研究贡献可分为以下三点：（1）一方面，可以拓展CSR研究的视角，丰富CSR研究文献；另一方面，通过探索技术创新影响机制模型的设置和运行机理，为社会责任履行、技术创新设计出切实可行的提升方案，为中国企业可持续发展提供理论指导。（2）实践方面。将CSR与企业技术创新有机结合，从战略层面审视二者的关系，帮助企业确立创新的目标和方向，准确分析和判断社会需求，建立创新价值的方向、思路和行动方案，形成一个能规范企业行为、促进充分竞争、保护利益相关者利益、实现自身与社会可持续协同发展的战略。（3）构建企业可持续发展战略。本节的研究有助于企业管理者维护企业与利益相关者的持久关系、把握企业技术创新的方向与途径、探求社会更广泛的利益需求，形成一个能规范企业行为、促进充分竞争、保护利益相关者利益、实现自身与社会可持续协同发展的战略。

(三) 未来研究方向

1. 异质性 CSR 对绿色技术创新的影响机制研究

依据 CSR 异质性，不同动机与性质的 CSR 对企业影响程度不同，但大多数现有文献的 CSR 变量度量粗糙、细分不明确，缺乏对比研究，从而使所提出的有关企业履行 CSR 的政策性建议缺乏针对性。现有探究 CSR 对绿色技术创新影响机制的大部分文献将 CSR 视为单一维度，未来研究应从异质性角度将 CSR 研究从单一维度转向自愿性与强制性两方面，弥补了已有文献的空缺。本节将 CSR 视为多维度的、复杂的变量，进一步探究强制性、自愿性 CSR 对绿色技术创新的影响，并构建了异质性 CSR 对绿色技术创新的影响机制。目前，关于企业社会责任与技术创新间接关系的研究还比较欠缺，尤其是对具体影响机制的探讨。也就是说，"除了改进企业技术应用以外，企业的社会责任活动还可以通过何种方式给企业的研发创新活动创造特有的价值，从而提升企业竞争力"这一问题还未得到学术界的关注。

2. 不同维度技术创新探讨

由于不同类型的技术创新在学习路径、研发投入、资源分配和战略目标等方面存在差异，因而企业社会责任对不同类型技术创新的作用机制也很可能不同。然而，现有企业社会责任与技术创新关系研究通常建立在总体技术创新水平的基础上，忽视了技术创新异质性问题。虽然早期文献指出，企业积极响应环境和社会问题能够使不同类型技术创新水平提高，但后续文献并未对此展开深入探讨。未来研究可以通过文本分析、问卷调查或其他工具手段将企业社会责任按照所面向的利益相关者群体及技术创新进行分类，从而更好地观测企业社会责任的不同维度与多种类型技术创新间的关系。

3. 技术创新对 CSR 影响的研究有待进一步深入

西格尔等（Siegel，2007）对于企业研发创新与企业社会责任之间的关系分别进行了探讨，他们都认为企业必须将社会责任的规则应用于其产品、生产过程与生产行为中，主要强调的是企业技术应用的改进，最终实现产品的绿色创新。加莱戈—阿尔瓦雷兹等（Gallego - Álvarez et al.，2011）在此基础上进一步考虑了企业研发投入与企业社会责任的双边关系。一方面，他们将企业社会责任作为企业创新活动的驱动力，认为履行社会责任的企业需要在生产过程与产品中采取创新来提高资源效率，减少资源消耗与环境污染；另一方面，他们认为企业的创新需求会激励企业履行社会责任来实现产品的差异化。因为对于那些有着最好新产品的企业来说，客户不需要其他的理由来选择其产品，而对于那些创新不足的企业来说，则需要通过企业社会责任来给产品增加附加价值。布拉默和米林顿（Brammer and Millington，2008）对影响企业慈善捐赠的企业外部与内部因素进行了实证研究，发现研发投入强度更高的企业会进行更多的慈善捐赠（李文茜和刘益，2017）。然而，企业创新到企业社会责任的探究或企业社会责任与创新的双向研究相对较少。

4. CSR 影响技术创新的特殊情境的研究有待进一步深入

现有关于 CSR 的经验研究多基于西方文化背景展开，但由于经济体制、产业环境、文化传统与发展水平的差异以及目前新兴国家正处于快速经济转型期，西方知识搜寻模式的合理性以及研究结论的本土适应性仍有待进一步分析（Marano and Kostova，2016；Pache and Santos，2010）。比如，西方企业履行 CSR 过度的问题在现阶段新兴国家企业是否存在？新兴国家企业是否更多面临的是 CSR 不足的窘境？未来将研究情境拓展至多国，深入探索 CSR 在新兴国家情境下的特有属性以更好地促进这些国家的技术创新，从而丰富理论研究。

参 考 文 献

［1］艾永芳、佟孟华：《董事长与 CEO 任期交错的治理效用研究——基于企业投资不足的实证分析》，载于《当代经济管理》2019 年第 41 期。

［2］［美］安德鲁·卡耐基：《财富的福音》，杨会军译，京华出版社 2006 年版。

［3］曹凤月：《企业道德责任的三重依据》，载于《哲学动态》2007 年第 2 期。

［4］曾咏梅：《论股东对公司经营监督的方式及选择》，载于《中国人民大学学报》1998 年第 3 期。

［5］陈炳富、周祖成：《企业伦理学概论》，南开大学出版社 2000 年版。

［6］陈立昂、陆伟：《企业社会责任三角模型》，经济管理出版社 2003 年版。

［7］陈文、王晨宇：《空气污染、金融发展与企业社会责任履行》，载于《中国人口·资源与环境》2021 年第 7 期。

［8］陈钰芬、金碧霞、任奕：《企业社会责任对技术创新绩效的影响机制——基于社会资本的中介效应》，载于《科研管理》2020 年第 9 期。

［9］崔大同：《财务弹性、产品市场竞争与企业社会责任履行水平》，载于《财会通讯》2022 年第 4 期。

［10］崔新健：《企业社会责任概念的辨析》，载于《社会科学》2007 年第 12 期。

［11］代博、代建鹏：《马克思〈莱茵报〉时期的理性主义国家观解读》，载于《文化学刊》2022 年第 3 期。

［12］［美］德鲁克：《经营管理工作、责任和实践》，张夏阳译，中国

青年出版社 1984 年版。

[13] 郭朝先：《民营经济发展 30 年》，载于《中国工运》2009 年第 2 期。

[14] 韩立岩、李慧：《CEO 权力与财务危机——中国上市公司的经验证据》，载于《金融研究》2009 年第 1 期。

[15] 胡珺、黄楠、沈洪涛：《市场激励型环境规制可以推动企业技术创新吗？——基于中国碳排放权交易机制的自然实验》，载于《金融研究》2020 年第 1 期。

[16] 怀谦、孔婷、台玉红：《绿色供应链整合与绿色创新关系研究——基于绿色技术动态性的调节效应》，载于《物流科技》2020 年第 6 期。

[17] 黄荷暑、周泽将：《女性高管？信任环境与企业社会责任信息披露：基于自愿披露社会责任报告 A 股上市公司的经验证据》，载于《审计与经济研究》2015 年第 4 期。

[18] 季桓永、许冠南、周蓉：《企业社会责任、非沉淀性冗余资源与二元性技术创新》，载于《科技进步与对策》2019 年第 15 期。

[19] 贾明、向翼、刘慧：《中国企业的碳中和战略：理论与实践》，载于《外国经济与管理》2022 年第 2 期。

[20] 贾明、杨倩：《中国企业的碳中和战略：理论与实践》，载于《外国经济与管理》2022 年第 2 期。

[21] 坚瑞、戴春晓：《股权结构特征对社会责任信息披露质量的影响研究：基于我国家族上市公司的数据分析》，载于《会计之友》2020 年第 4 期。

[22] 姜付秀、朱冰、唐凝：《CEO 和 CFO 任期交错是否可以降低盈余管理》，载于《管理世界》2013 年第 1 期。

[23] 蒋尧明、赖妍：《高管海外背景对企业社会责任信息披露的影响：基于任职地区规制压力的调节作用》，载于《山西财经大学学报》2019 年第 1 版。

[24] 解学梅、朱琪玮：《企业绿色创新实践如何破解"和谐共生"难题》，载于《管理世界》2021 年第 1 期。

[25] 赖妍、刘小丽：《高管海外背景、注意力配置与企业社会责任信息披露》，载于《金融与经济》2022 年第 2 期。

[26] 赖妍、杨玲、张红：《高管海外背景、权力距离与企业社会责任

信息披露》，载于《会计之友》2020 年第 6 期。

[27] 黎友焕：《企业社会责任研究》，载于《西北大学》2007 年。

[28] 李百兴、王博、卿小权：《企业社会责任履行、媒体监督与财务绩效研究——基于 A 股重污染行业的经验数据》，载于《会计研究》2018 年第 7 期。

[29] 李冬伟、吴菁：《高管团队异质性对企业社会绩效的影响》，载于《管理评论》2017 年第 29 期。

[30] 李淑英：《企业社会责任：概念界定、范围及特质》，载于《哲学动态》2007 年第 4 期。

[31] 李维安、郝臣、崔光耀、郑敏娜、孟乾坤：《公司治理研究 40 年：脉络与展望》，载于《外国经济与管理》2019 年第 41 期。

[32] 李维安、徐建、姜广省：《绿色治理准则：实现人与自然的包容性发展》，载于《南开管理评论》2017 年第 5 期。

[33] 李维安：《顺应绿色发展需要制定绿色治理准则》，载于《南开管理评论》2017 年第 5 期。

[34] 李伟：《企业的社会契约——一个新的企业行为规范研究框架》，载于《财经研究》2003 年第 10 期。

[35] 李伟阳、肖红军：《企业社会责任概念探究》，载于《经济管理》2008 年第 Z2 期。

[36] 李文茜、刘益：《技术创新、企业社会责任与企业竞争力——基于上市公司数据的实证分析》，载于《科学学与科学技术管理》2017 年第 1 期。

[37] 李欣融、孟猛猛、雷家骕：《地理距离对企业社会责任的影响研究》，载于《管理学报》2022 年第 3 期。

[38] 李新安：《环境规制、政府补贴与区域绿色技术创新——基于我国省域空间面板数据的实证研究》，载于《经济经纬》2021 年第 2 期。

[39] 李旭：《绿色创新相关研究的梳理与展望》，载于《研究与发展管理》2015 年第 27 期。

[40] 李子萍、范丽进：《企业社会绩效对财务绩效的影响研究——基于国有企业、民营企业和外资企业的比较分析》，载于《绿色财会》2021 年第 6 期。

[41] 厉以宁：《股份制与现代市场经济》，江苏人民出版社 1994 年版。

[42] 廖文龙、董新凯、翁鸣、陈晓毅：《市场型环境规制的经济效应：碳排放交易、绿色创新与绿色经济增长》，载于《中国软科学》2020年第6期。

[43] 林宏妹、陈选娟、吴杰楠：《高管任期与企业社会责任——基于"职业生涯忧虑"的研究视角》，载于《经济管理》2020年第42期。

[44] 刘长安：《企业社会责任衡量方式分析》，载于《现代商贸工业》2014年第13期。

[45] 刘长喜：《利益相关者、社会契约与企业社会责任》，载于《复旦大学》2005年。

[46] 卢代富：《企业社会责任的经济学与法学分析》，法津出版社2002年版。

[47] 骆南峰：《企业社会责任测量与评价》，经济管理出版社2017年版。

[48] 毛蕴诗、王婧：《企业社会责任融合、利害相关者管理与绿色产品创新——基于老板电器的案例研究》，载于《管理评论》2019年第7期。

[49] ［美］米尔顿·弗里德曼：《资本主义与自由》，张瑞玉译，商务印书馆2009年版。

[50] 倪恒旺、李常青、魏志华：《媒体关注、企业自愿性社会责任信息披露与融资约束》，载于《山西财经大学学报》2015年第11期。

[51] 乔朋华、周阳、李小青：《CEO自恋、研发投资与企业价值》，载于《科技进步与对策》2019年第15期。

[52] 屈晓华：《企业社会责任演进与企业良性行为反应的互动研究》，载于《管理现代化》2003年第5期。

[53] 史作廷：《发挥节能在实现"双碳"目标中的作用》，载于《智慧中国》2021年第7期。

[54] 宋清、张凯：《董事长与CEO任期交错、股权集中度与创新绩效》，载于《会计之友》2022年第2期。

[55] 苏然：《CEO背景特征、CEO薪酬与企业自愿性社会责任》，载于《现代财经》2016年第11期。

[56] 唐跃军、左晶晶、李汇东：《制度环境变迁对公司慈善行为的影响机制研究》，载于《经济研究》2014年第2期。

[57] 田祥宇、杜洋洋、李佩瑶：《高管任期交错会影响企业创新投入吗?》，载于《会计研究》2018年第12期。

[58] 汪瀛：《高管团队异质性对企业绿色创新绩效影响研究》，大连理工大学硕士学位论文，2021年。

[59] 王海兵、杨惠馨：《中国民营经济改革与发展40年：回顾与展望》，载于《经济与管理研究》2018年第4期。

[60] 王汇杰、陈洪娇：《企业社会责任理论基础》，载于《法律与社会》2010年第4期。

[61] 王加灿：《基于生命周期理论的企业社会责任管理》，载于《企业经济》2006年第5期。

[62] 王静：《董事长和总经理任期交错对债务融资成本的影响》，载于《商业会计》2022年第2期。

[63] 王士红：《所有权性质、高管背景特征与企业社会责任披露：基于中国上市公司的数据》，载于《会计研究》2016年第11期。

[64] 王玉庆：《中国环境保护政策的历史变迁——4月27日在生态环境部环境与经济政策研究中心第五期"中国环境战略与政策大讲堂"上的演讲》，载于《环境与可持续发展》2018年第4期。

[65] 王站杰、买生：《企业社会责任、创新能力与国际化战略——高管薪酬激励的调节作用》，载于《管理评论》2019年第3期。

[66] 卫武：《基于"Meta分析"视角的企业社会绩效与企业财务绩效之间的关系研究》，载于《管理评论》2012年第4期。

[67] 吴建祖、龚敏：《基于注意力基础观的CEO自恋对企业战略变革影响机制研究》，载于《管理学报》2018年第11期。

[68] 武志勇、杨晨曦：《基于利益相关者理论的企业社会责任和企业绩效文献研究综述》，载于《对外经贸》2016年第8期。

[69] 肖红军、阳镇、商慧辰：《从理想主义到合意性：企业社会责任多重悖论的破解》，载于《财贸研究》2021年第5期。

[70] 谢雄标、孙静柯：《中小制造企业绿色创新障碍因素的实证研究》，载于《科技管理研究》2021年第41期。

[71] 谢宇：《回归分析》，社会科学文献出版社2010年版。

[72] 谢玉华、李红、兰果：《企业员工社会责任对劳动关系氛围的影

响研究——基于高参与工作系统的调节效应》，载于《华东经济管理》2016年第 8 期。

[73] 薛有志、西贝天雨：《公司治理视角下企业社会责任行为的制度化探索》，载于《南开学报（哲学社会科学版）》2022 年第 2 期。

[74] ［英］亚当·斯密：《国民财富的性质和原因的研究》（下），郭大力、王亚南译，商务印书馆 1974 年版。

[75] 阳镇、许英杰：《平台经济背景下企业社会责任的治理》，载于《企业经济》2018 年第 5 期。

[76] 杨海兰、石相娇、王硕：《异质性企业社会责任对绿色技术创新的影响》，载于《山东社会科学》2022 年第 2 期。

[77] 杨明海、刘凯晴、谢送爽：《教育人力资本、健康人力资本与绿色技术创新——环境规制的调节作用》，载于《经济管理与评论》2021 年第2 期。

[78] 杨其静：《企业成长：政治关联还是能力建设》，载于《经济研究》2011 年第 10 期。

[79] 杨树旺、孟楠：《经济发展水平、公司治理与企业社会责任信息披露——来自中国上市公司的经验证据》，载于《湖北社会科学》2016 年第1 期。

[80] 尹开国、汪莹莹、刘小芹：《产权性质、管理层持股与社会责任信息披露：来自中国上市公司的经验证据》，载于《经济与管理研究》2014年第 9 期。

[81] 于克信、胡勇强、宋哲：《环境规制、政府支持与绿色技术创新——基于资源型企业的实证研究》，载于《云南财经大学学报》2019 年第 4 期。

[82] 俞毛毛、马妍妍：《环境规制抑制了企业金融化行为么？——基于新〈环保法〉出台的准自然实验》，载于《北京理工大学学报（社会科学版）》2021 年第 23 期。

[83] 袁家方：《企业社会责任》，企业管理出版社 1990 年版。

[84] 袁建国、程晨、后青松：《环境不确定性与企业技术创新——基于中国上市公司的实证研究》，载于《管理评论》2015 年第 10 期。

[85] 张安军：《环境税征收、社会责任承担与企业绿色创新》，载于《经济理论与经济管理》2022 年第 42 期。

[86] 张钢、张小军：《绿色创新战略与企业绩效的关系：以员工参与为中介变量》，载于《财贸研究》2013 年第 4 期。

[87] 张国清、肖华：《高管特征与公司环境信息披露：基于制度理论的经验研究》，载于《厦门大学学报（哲学社会科学版）》2016 年第 4 期。

[88] 张兰霞：《企业的社会责任》，企业管理出版社 1999 年版。

[89] 张媛、孙新波、何建笃、钱雨：《新兴市场企业在发达市场的合法化演化机理研究——基于资源拼凑视角》，载于《科学学与科学技术管理》2022 年第 10 版。

[90] 张兆国、张弛、裴潇：《环境管理体系认证与企业环境绩效研究》，载于《管理学报》2020 年第 7 期。

[91] 张振刚、李云健、李莉：《企业慈善捐赠、科技资源获取与创新绩效关系研究——基于企业与政府的资源交换视角》，载于《南开管理评论》2016 年第 19 期。

[92] 张正勇、吉利、毛洪涛：《公司治理影响社会责任信息披露吗？——来自中国上市公司社会责任报告的经验证据》，载于《经济经纬》2012 年第 6 期。

[93] 张正勇、吉利：《企业家人口背景特征与社会责任信息披露：来自中国上市公司社会责任报告的经验证据》，载于《中国人口·资源与环境》2013 年第 4 期。

[94] 赵璐：《CEO 薪酬、公司市场表现与企业社会责任——基于制造业上市公司的实证研究》，载于《学习与探索》2017 年第 5 期。

[95] 郑若娟、胡璐：《企业社会责任绩效的衡量》，载于《经济导刊》2012 年第 Z1 期。

[96] 周祖城：《企业伦理学》，清华大学出版社 2005 年版。

[97] 朱乃平、戴晨曦、张豆豆：《税收优惠政策与企业社会责任》，载于《税务研究》2022 年第 3 期。

[98] 邹萍、李谷成：《儒家文化能促进企业社会责任吗?》，载于《经济评论》2022 年第 4 期。

[99] 邹萍：《地区经济发展、社会责任行为与科技创新投入》，载于《科学学研究》2018 年第 5 期。

[100] Abbott W F, Monsen R J. On the Measurement of Corporate Social

Responsibility: Self – Reported Disclosures as a Method of Measuring Corporate Social Involvement [J]. Academy of Management Journal, 1979, 22 (3): 501 – 515.

[101] Adams C. A Commentary on: Corporate Social Reporting and Reputation Risk Management [J]. Accounting, Auditing and Accountability Journal, 2008, 21 (3): 365 – 370.

[102] Ahlstedt L, and Jahnukainen, I. Yritysorganisaatio yhteistoiminnan ohjausjärjestelmänä [M]. Helsinki: Weilin Göös, 1971.

[103] Alkhafaji A F. A Stakeholder Approach to Corporate Governance: Managing in a Dynamic Environment [M]. New York: Praeger, 1989.

[104] Al – Shammari M, Rasheed A, Al – Shammari H. A. CEO Narcissism and Corporate Social Responsibility: Does CEO Narcissism Affect CSR Focus? [J]. Journal of Business Research, V2019, 104: 2016 – 117.

[105] Ancona D G, Okhuysen G A, Perlow L A. Taking time to integrate temporal research [J]. Academy of Management Review, 2001, 26 (4): 512 – 529.

[106] Aupperle K E, Carroll A B, Hatfield J D. An Empirical Examination of the Relationship Between Corporate Social Responsibility and Profitability [J]. Academy of Management Journal, 1985, 28 (2): 446 – 463.

[107] Bagnoli M, Watts S G. Selling to Socially Responsible Consumers: Competition and The Private Provision of Public Goods [J]. Journal of Economics & Management Strategy, 2003, 12 (3): 419 – 445.

[108] Barnett J H, Karson M J. Managers, Values, and Executive Decisions: An Exploration of the Role of Gender, Careerstage, Organizational Level, Function, and the Importance of Ethics, Relationships and Results in Managerial Decision – Making [J]. Journal of Business Ethics, 1989, 8 (10): 747 – 771

[109] Barnett M. Stakeholder Influence Capacity and the Variability of Financial Returns to Corporate Social Responsibility [J]. Academy of Management Review, 2007, 32 (3): 794 – 816.

[110] Barry M, Windsor D, Wood D J. CSR: Undertheorized or Essentially Contested? [J]. Academy of Management Review, 2021, 46 (3): 623 –

629.

[111] Bereskin F, Byun S K, Officer M S, et al. The Effect of Cultural Similarity on Mergers and Acquisitions: Evidence from Corporate Social Responsibility [J]. Social Science Electronic Publishing, 2017, 53 (5): 35 – 49.

[112] Berkowitz H, Daniels J D. Corporate social responsibility [J]. The Hastings Center Studies, 1964, 2 (2): 13 – 24.

[113] Berle A A. For whom corporate managers are trustees: a note [J]. Harvard Law Review, 1954, 47 (8): 1365 – 1372.

[114] Berle A A, Means G C. The Modem Corporation and Private Property [M]. New Brunswick: Transaction Publishers, 1932 (reprinted in 1991).

[115] Bernardi R S, Columb V L. Does Female Representation on Boards of Directors Associate with the Most Ethical Companies' List? [J]. Corporate Reputation Review, 2009, 12 (3): 270 – 280.

[116] Berrone P, et al. Necessity as The Mother of "Green" Inventions: Institutional Pressures and Environmental Innovations [J]. Strategic Management Journal, 2013, 34 (8): 891 – 909.

[117] Bertrand M, and Schoar A. Managing with Style: The Effect of Managers on Firm Policies [J]. The Quarterly Journal of Economics, 2003, 118 (4): 1169 – 1208.

[118] Bocken N M P. Sustainable Venture Capital – Catalyst for Sustainable Startup Success? [J]. 2015, 108 (5): 647 – 658.

[119] Bocquet R, Le B C, Mothe C, et al. CSR, Innovation, and Firm Performance in Sluggish Growth Contexts: A Firm – Level Empirical Analysis [J]. Journal of Business Ethics, 2017, 146 (1): 241 – 254.

[120] Bocquet R, Le Bas C, Mothe C, et al. Are Firms with Different CSR Profiles Equally Innovative? Empirical Analysis with Survey Data [J]. European Management Journal, 2013, 31 (6): 642 – 654.

[121] Boulding K. The Economics of The Coming Spaceship Earth [R]. Resources for the Future Forum on Environmental Quality in A Growing Economy, 1966.

[122] Boulouta I H. Connections: The Link between Board Gender Diversi-

ty and Corporate Social Performance [J]. Journal of Business Ethics, 2013, 113 (2): 185 – 197.

[123] Bowen H R. Social Responsibilities of the Businessman [M]. New York: Harpor & Row, 1953.

[124] Bowie N E. Business ethics: A Kantian perspective [M]. New Jersey: Wiley – Blackwell, 1995.

[125] Bowie N. The moral obligations of multinational corporations [M]. Boulder: Westview Press, 1998.

[126] Brammer S, Millington A, Pavelin S. Corporate Reputation and Women on the Board [J]. British Journal of Management, 2009, 20 (1): 17 – 29.

[127] Brammer S, Millington A. Does It Pay to Be Different? An Analysis of The Relationship Between Corporate Social and Financial Performance [J]. Strategic Management Journal, 2008, 29 (12): 1325 – 1343.

[128] Branco M, Rodrigues L C. Corporate Social Responsibility and Resource – Based Perspectives [J]. Journal of Business Ethics, 2006, 69 (2): 111 – 132.

[129] Brenner S N. Stakeholder theory of the firm: Its consistency with current management techniques [J]. Business Ethics Quarterly, 1992 (2): 99 – 119.

[130] Brenner S N. The stakeholder theory of the firm and organizational decision making: Some propositions and a model [G]//Proceedings of the International Association for Business and Society, 1993 (4): 405 – 416.

[131] Campbell W K, Hoffman B J, Campbell S M. Narcissism in Organizational Contexts [J]. Human Resource Management Review, 2010, 28: 556 – 569.

[132] Campbell W K, Goodie A S, Foster G D. Narcissism, Confidence, And Risk Attitude [J]. Journal of Behavioral Decision Making, 2004, 17 (4): 297 – 311.

[133] Carpenter M A, Westphal J D. The Strategic Context of External Network Ties: Examining the Impact of Director Appointments on Board Involvement

in Strategic Decision Making [J]. Academy of Management Journal, 2001, 44 (4): 639 – 660.

[134] Carroll A B. A SWOT Analysis of Stakeholder Theory [R]. Draft Proceedings of a Workshop on the Stakeholder Theory of the Firm and the Management of Ethics in the Workplace. University of Toronto, 1993.

[135] Carroll A B. A Three – Dimensional Conceptual Model of Corporate Performance [J]. Academy of Management Review, 1979, 4 (4): 497 – 505.

[136] Carroll A B. Business and Society: Ethics and Stakeholder Management [M]. Cincinnati: South – Western, 1989.

[137] Carroll A B. Corporate Social Responsibility Evolution of a Definitional Construct [J]. Business & Society, 1999, 38 (3): 268 – 295.

[138] Carroll A B. The Pyramid of Corporate Social Responsibility: Toward the Moral Management of Organizational Stakeholders [J]. Business Horizons, 1991, 34 (4): 39 – 48.

[139] Carroll A B, Brown J, Ann K. Business and society: Ethics and stakeholder management [M]. Ohio: South – Western Publishing Co. , 2000: 35.

[140] Carson T. Friedman's Theory of Corporate Social Responsibility [J]. Business and Professional Ethics Journal, 1993, 12 (1): 3 – 32.

[141] CDE. The social responsibility of business corporations [J]. The Survey of Business, 1970, 60 (1): 1 – 15.

[142] Chang C. The Determinants of Green Product Innovation Performance [J]. Corporate Social Responsibility & Environmental Management, 2016, 23 (2): 65 – 76.

[143] Charles K, Grewal R. Washing Away Your Sins? Corporate Social Responsibility, Corporate Social Irresponsibility, and Firm Performance [J]. Journal of Marketing, 2016, 80 (2): 59 – 79.

[144] Chatterjee A, Hambrick D C. Executive Personality, Capability Cues, and Risk Taking: How Narcissistic CEOs React to Their Successes and Stumbles [J]. Administrative Science Quarterly, 2011, 56 (2): 202 – 237.

[145] Chatterjee A, Hambrick D C. It's All About Me: Narcissistic Chief

Executive Officers and Their Effects on Company Strategy and Performance [J].
Administrative Science Quarterly, 2007, 52 (3): 351 - 386.

[146] Cheng C C J. Sustainability Orientation, Green Supplier Involvement, and Green Innovation Performance: Evidence from Diversifying Green Entrants [J]. Journal of Business Ethics, 2020, 161 (2): 393 - 414.

[147] Chien F, Sadiq M, Nawaz M A, et al. A Step Toward Reducing Air Pollution in Top Asian Economies: The Role of Green Energy, Eco-Innovation, and Environmental Taxes [J]. Journal of Environmental Management, 2021, 297: 113420.

[148] Chin M K, Hambrick D C, Trevino L. K. Political Ideologies of CEOs: The Influence of Executives' Values on Corporate Social Responsibility [J]. Administrative Science Quarterly, 2013, 58 (2): 197 - 232.

[149] Christensen H B, Hail L, Leuz C. Mandatory CSR and Sustainability Reporting: Economic Analysis and Literature Review [J]. Review of Accounting Studies, 2021, 26 (3): 1 - 73.

[150] Clark M. The Basis of Economic Responsibility in Change [J]. The Annals of the American Academy of Political and Social Science, 1916, 67: 13 - 21.

[151] Clarkson M B E. A risk-based model of stakeholder theory [G]. In Proceedings of the second Toronto conference on stakeholder theory, May 1994, pp. 18 - 19.

[152] Clarkson M B E. A Stakeholder Framework for Analysing and Evaluating Corporate Social Performance [M]. Toronto: University of Toronto Press, 1998.

[153] Clarkson M E. A Stakeholder Framework for Analyzing and Evaluating Corporate Social Performance [J]. Academy of Management Review, 1995, 20 (1): 92 - 117.

[154] Clarkson P M, Li Y, Richardson G D. Revisiting the Relation Between Environmental Performance and Environmental Disclosure: An Empirical Analysis [J]. Accounting, Organizations & Society, 2007, 33 (4/5): 303 - 327.

[155] Committee for Economic Development. Social Responsibilities of Business Corporations. A Statement on National Policy [R]. 1971.

[156] Core J E, Guay W, Larcker D. F. Executive Equity Compensation and Incentives: A Survey [J]. Economic Policy Review, 2003, 9 (1): 27 – 50.

[157] Cornell B, Shapiro A C. Corporate Stakeholders and Corporate Finance [J]. Financial Management, 1987, 16 (1): 5 – 14.

[158] Council on Economic Development. Corporate Responsibility and the Corporate Executive [M]. New York: McGraw – Hill, 1971.

[159] Cox P, Wicks P G. Institutional Interest in Corporate Responsibility: Portfolio Evidence and Ethical Explanation [J]. Journal of Business Ethics, 2011, 103 (1): 123 – 134.

[160] Daily C M, Dalton D. R. Women in the Boardroom: A Business Imperative [J]. Journal of Business Strategy, 2003, 24 (5): 8 – 9.

[161] Dangelico R M, Pujari D, Pontrandolfo P. Green Product Innovation in Manufacturing Firms: A Sustainability – Oriented Dynamic Capability Perspective [J]. Business Strategy and the Environment, 2017, 26 (4): 490 – 506.

[162] Davis K. Can business afford to ignore social responsibilities? [J]. California Management Review, 1960, 2 (3): 70 – 76.

[163] Davis K, Blomstrom R L. Business and society: Environment and responsibility [M]. New York: McGraw – Hill, 1975: 39.

[164] Dayton W F. The concept of corporate social responsibility [J]. Journal of Business Ethics, 1975, 4 (2): 71 – 83.

[165] De Roeck K, El Akremi A, Swaen V. Consistency Matters! How and When Does Corporate Social Responsibility Affect Employees' Organizational Identification? [J]. Journal of Management Studies, 2016, 53 (7): 1141 – 1168.

[166] Dechow P, Sloan R. Executive Incentives and Horizon Problem: An Empirical Investigation [J]. Journal of Accounting and Economics, 1991, 14 (3): 51 – 89.

[167] Demircioglu M A. The Effects of Empowerment Practices on Perceived Barriers to Innovation: Evidence from Public Organizations [J]. International

Journal of Public Administration, 2018, 41 (15): 1302 – 1313.

[168] Desai V. Under the Radar: Regulatory Collaboration and Their Selective Use to Facilitate Organizational Compliance [J]. Academy of Management Journal, 2016, 59 (2): 636 – 657.

[169] Desender K A, López Puertas – Lamy M, Pattitoni P, et al. Corporate Social Responsibility and Cost of Financing—The Importance of The International Corporate Governance System [J]. Corporate Governance: An International Review, 2010, 28 (3): 207 – 234.

[170] Dimaggio P J, Powell W W. The Iron Cage Revisited: Institutional Isomorphism and Collective Rationality in Organizational Fields [J]. American Sociological Review, 1983, 48 (2): 147 – 160.

[171] Dimitrova Y. Corporate Social Responsibility and Innovation—The Meaningful Connection [J]. Economic Studies, 2020, 29 (4): 89 – 108.

[172] Dodd Jr E M. For Whom Are Corporate Managers Trustees? [J]. Harvard Law Review, 1932, 45 (7): 1145 – 1163.

[173] Dodd M. Review of Dimock and Hyde, Bureaucracy and Trusteeship in Large Corporations [J]. The University of Chicago Law Review, 1942, 9 (2): 615 – 620.

[174] Donaldson T. , and Dunfee T. W. Toward a Unified Conception of Business Ethics: Integrative Social Contracts Theory [J]. Academy of Management Review, 1994, 19 (2): 252 – 284.

[175] Donaldson T, Dunfee T W. When Ethics Travel: The Promise and Peril of Global Business Ethics [J]. California Management Review, 1999, 41 (4): 45 – 63.

[176] Donaldson T, Preston L E. The Stakeholder Theory of the Corporation: Concepts, Evidence, and Implications [J]. Academy of Management Review, 1995, 20 (1): 65 – 91.

[177] Donker H D, Zahir S. Corporate Values, Codes of Ethics, and Firm Performance: A Look at the Canadian Context [J]. Journal of Business Ethics, 2008, 82 (3): 527 – 537.

[178] Driessen P H, Hillebrand B. Integrating Multiple Stakeholder Issues

in New Product Development: An Exploration [J]. Journal of Product Innovation Management, 2013, 30 (2): 364 –379.

[179] Drucker P F. Converting Social Problems into Business Opportunities: The New Meaning of Corporate Social Responsibility [J]. California Management Review, 1984, 26 (2): 53 –63.

[180] Drucker P F. The Practice of Management [M]. New York: Harper-Collins Publishers, 1984.

[181] Dung L. The Mediating Role of Employee Intrapreneurial Behavior in Nexus between Constructs of Internal Corporate Social Responsibility Practices and Organizational Outcomes [J]. Journal of Asia – Pacific Business, 2021, 22 (2): 134 –154.

[182] Eabrasu M A. Moral Pluralist Perspective on Corporate Social Responsibility: From Good to Controversial Practices [J]. Journal of Business Ethics, 2012, 110 (4): 429 –439.

[183] Eells R, Walton C C. Conceptual foundations of business [M]. Ill: Richard D. Irwin. , 1974.

[184] Elkington J. Cannibals with Forks: The Triple Bottom Line of Twenty-first Century Business [M]. Oxford: Capstone Publishing Limited, 1997.

[185] Elkington J. Towards the sustainable corporation: Win-win-win business strategies for sustainable development [J]. California Management Review, 1994, 36 (2): 90 –100.

[186] Ellen MacArthur Foundation. Towards the Circular Economy: Opportunities for The Consumer Goods Sector [M]. Ellen MacArthur Foundation, 2013.

[187] Epstein E M. The Corporate Social Policy Process: Beyond Business Ethics [J]. California Management Review, 1987, 29 (3): 98 –104.

[188] Ernst E. Survey of Fortune 500 Annual Reports [M]. Cleveland: Ernst & Ernst, 1978.

[189] European Commission. Promoting a European framework for corporate social responsibility Green Paper [R]. Luxembourg: Office for Official Publications of European Communities, 2001.

[190] European Commission. Closing the Loop: An Action Plan for the Circular Economy [R]. 2015.

[191] European Commission. EU Corporate Social Responsibility Strategy [R/OL]. 2020. https://ec. europa. eu/transparency/regdoc/rep/10102/2020/EN/COM – 2020 – 379 – F1 – EN – MAIN – PART – 1. PDF.

[192] European Commission. European Basic Conditions for Corporate Social Responsibility [R/OL]. 2001. https://ec. europa. eu/social/BlobServlet? docId = 789&langId = en.

[193] Evan W. M. , and Freeman R. E. A Stakeholder Theory of the Modern Corporation: Kantian Capitalism [J]. Ethical Theory and Business, 1988 (3): 97 – 106.

[194] Fernandez – Feijoo B, et al. Does Board Gender Composition Affect Corporate Social Responsibility Reporting [J]. International Journal of Business and Social Science, 2012, 3 (1): 31 – 38.

[195] Fombrun C, Shanley M. What's in a Name? Reputation Building and Corporate Strategy [J]. Academy of Management Journal, 1990, 33 (2): 233 – 258.

[196] Fombrun C J. Corporate Governance [J]. Corporate Reputation Review, 2006, 8 (4): 267 – 271.

[197] Fombrun C J, Gardberg N A. Opportunity Platforms Safety Nets: Corporate Citizenship and Reputational Risk [J]. Business & Society Review, 2000, 105 (1): 85 – 106.

[198] Fox T, Ward H, Howard B. Public sector roles in strengthening corporate social responsibility: a baseline study [R]. The World Bank, 2002.

[199] Frederick W C. The growing concern over business responsibility [J]. California Management Review, 1960, 2 (4): 54 – 61.

[200] Freeman R E, Reed D L. Stockholders and Stakeholders: A New Perspective on Corporate Governance [J]. California Management Review, 1983, 25 (3): 88 – 106.

[201] Freeman R E. Strategic Management: A Stakeholder Approach [M]. Cambridge: Cambridge University Press, 1984.

[202] Freeman R E. The Politics of Stakeholder Theory: Some Future Directions [J]. Business Ethics Quarterly, 1994, 4 (4): 409 – 421.

[203] Freeman R E, Evan W M. Corporate Governance: A Stakeholder Interpretation [J]. Journal of Behavioral Economics, 1990, 19 (4): 337 – 359.

[204] Freeman R E, Gilbert D R. Managing Stakeholder Relationships [M]//Sethi S P, Falbe C M. Business and Society: Dimensions of Conflict and Cooperation. Lexington, MA: Lexington Books, 1987: 397 – 423.

[205] Friedman M. Capitalism and Freedom [M]. Chicago: University of Chicago Press, 1962.

[206] Friedman M. The Social Responsibility of Business Is to Increase Its Profits [J]. New York Times Magazine, 1970, 6 (9): 1 – 14.

[207] Frye M B, Nelling E, Webb E. Executive Compensation in Socially Responsible Firms [J]. Corporate Governance: An International Review, 2006, 14 (5): 446 – 455.

[208] Gallego – Álvarez I, García – Sánchez I M, Silva – Vieira C. Climate Change and Financial Performance in Times of Crisis [J]. Business Strategy & the Environment, 2014, 23 (6): 361 – 374.

[209] Gallego – Álvarez I, Prado – Lorenzo J M, García – Sánchez I M. Corporate Social Responsibility and Innovation: A Resource – Based Theory [J]. Management Decision, 2011, 49 (10): 1709 – 1727.

[210] Gallo M A, Tapies J, Cappuyn K. Comparison of Family and Nonfamily Business: Financial Logic and Personal Preferences [J]. Family Business, 2008, 12 (4): 147 – 62.

[211] Gardberg N A, Fombrun C J. Corporate Citizenship: Creating Intangible Assets across Institutional Environments [J]. Academy of Management Review, 2006, 31 (2): 329 – 346.

[212] Geng Y, and Doberstein B. Developing the Circular Economy in China: Challenges and Opportunities for Achieving Leapfrog Development [J]. International Journal of Sustainable Development and World Ecology, 2008, 3 (5): 231 – 239.

[213] Gilbert C G. Unbundling the Structure of Inertia: Resource Versus

Routine Rigidity [J]. The Academy of Management Journal, 2015, 48 (5): 741 – 763.

[214] Gill A. Corporate Governance as Social Responsibility: A Research Agenda [J]. Berkeley Journal of International Law, 2008, 26 (2): 452 – 478.

[215] Goel P. Triple Bottom Line Reporting: An Analytical Approach for Corporate Sustainability [J]. Journal of Finance Accounting and Management, 2010, 1 (1): 27 – 42.

[216] Goethel D R, Lucey S M, Berger A M. Closing the Feedback Loop: On Stakeholder Participation in Management Strategy Evaluation [M]. Canadian Journal of Fisheries and Aquatic Sciences, 2018 (3).

[217] Graham L A. Book Review: Borderline Conditions and Pathological Narcissism [J]. The Canadian Journal of Psychiatry, 1977, 30 (2): 332.

[218] Griffin J J, Mahon J F. The Corporate Social Performance and Corporate Financial Performance Debate [J]. Business & Society, 1997, 36 (1): 5 – 27.

[219] Gudmundson D, Hartenian L S. Workforce Diversity in Small Business: An Empirical Investigation [J]. Journal of Small Business Management, 2000, 38 (3): 27 – 36.

[220] Gupta A, Nadkarni S, Mariam M. Dispositional Sources of Managerial Discretion: CEO Ideology, CEO Personality, and Firm Strategies [J]. Administrative Science Quarterly, 2019, 64 (4): 855 – 893.

[221] Hambrick D C, Mason P A. Upper Echelons: The Organization as A Reflection of Its Top Managers [J]. Academy of Management Review, 1084, 9 (2): 39 – 43.

[222] Harrison D A, Klein K J. What's the Difference? Diversity Constructs as Variety, or Disparity in Organizations [J]. Academy of Management Review, 2007, 32 (4): 1199 – 1228.

[223] Hawn O, Ioannou I. Mind the Gap: The Interplay between External and Internal Actions in The Case of Corporate Social Responsibility [J]. Strategic Management Journal, 2016, 37 (13): 2569 – 2588.

[224] Hayek F A. The Corporation in a Democratic Society: In Whose In-

terest Ought It and Will It Be Run? [M]. London: Harmondsworth: Penguin, 1969.

[225] Hill C W L, Jones T M. Stakeholder-agency Theory [J]. Journal of Management Studies, 1991, 29 (2): 131 – 154.

[226] Hillebrand B, Driessen P, Koll O. Stakeholder Marketing: Theoretical Foundations and Required Capabilities [J]. Journal of the Academy of Marketing Science, 2015, 43 (4): 411 – 428.

[227] Hillman A J, Dalziel T. Boards of Directors and Firm Performance: Integrating Agency and Resource Dependence Perspectives [J]. Academy of Management Review, 2003, 85 (3): 383 – 396.

[228] Hillman A J, Keim G D. Shareholder Value, Stakeholder Management, And Social Issues: What's The Bottom Line? [J]. Strategic Management Journal, 2014, 22 (2): 125 – 139.

[229] Hillman A J, Cannella Jr, Albert A, Harris I C. Women and Racial Minorities in the Boardroom: How Do Directors Differ? [J]. Journal of Management, 2002, 28 (6): 747 – 763.

[230] Hobbes T. Leviathan [M]. Cambridge: Cambridge University Press, 1651.

[231] Holmström B. Managerial Incentive Schemes: A Dynamic Perspective [M]//Essays in Economics and Management in Honour of Lars Wahlbeck. Helsinki: Swenska Handelshogkolan, 1982.

[232] Horbach J, Jacob J. The Relevance of Personal Characteristics and Gender Diversity for Eco-innovation Activities at the Firm-level: Results from a Linked Employer-employee Database in Germany [J]. Business Strategy & the Environment, 2018, 27 (7): 924 – 934.

[233] Huang J W, Li Y H. Green Innovation and Performance: The View of Organizational Capability and Social Reciprocity [J]. Journal of Business Ethics, 2017, 145 (2): 309 – 324.

[234] Huang W, Chen S, Nguyen L T. Corporate Social Responsibility and Organizational Resilience to Covid – 19 Crisis: An Empirical Study of Chinese Firms [J]. Sustainability, 2020 (12).

［235］ Hull C, Rothenberg S. Firm Performance: The Interactions of Corporate Social Performance with Innovation and Industry Differentiation ［J］. Strategic Management Journal, 2008, 29 (7): 781 – 789.

［236］ Husted B W, Allen D B. Strategic Corporate Social Responsibility and Value Creation Among Large Firms: Lessons from the Spanish Experience ［J］. Long Range Planning, 2007, 40 (6): 594 – 610.

［237］ Tidd J, Bessant J, Pavitt K. Managing Innovation: Integrating Technological, Market and Organizational Change ［M］. New York: John Wiley & Sons, 2005.

［238］ ILO. Corporate Social Responsibility: A Guide for Employers ［EB/OL］, 2004. https: //www. ilo. org/wcmsp5/groups/public/ ––– ed＿emp/ ––– emp_ent/documents/publication/wcms_101146. pdf.

［239］ International Labour Organization. Corporate Social Responsibility: A Guide to Action ［R］. Geneva: International Labour Office, 2004.

［240］ ISO. ISO 26000: Guidance social responsibility ［S］. Geneva: ISO, 2010.

［241］ Jensen M C, Murphy K J. Performance Pay and Top – Management Incentives ［J］. Journal of Political Economy, 1990, 98 (2): 225 – 264.

［242］ Joe J R, Louis H, Robinson D. Managers' and Investors' Responses to Media Exposure of Board Ineffectiveness ［J］. Journal of Financial & Quantitative Analysis, 2009, 44 (3): 579 – 605.

［243］ John E. Accounting for the Triple Bottom Line ［J］. Measuring Business Excellence, 1998, 2 (3): 18 – 22.

［244］ Jones T M. Corporate social responsibility revisited, redefined ［J］. California Management Review, 1980, 22 (3): 59 – 67.

［245］ Joshi A, Roh H. The Role of Context in Work Team Diversity Research: A Meta – Analytic Review ［J］. Academy of Management Journal, 2009, 52 (3): 599 – 628.

［246］ Kang J, Alejandro T B, Groza B M. Customer – Company Identification and the Effectiveness of Loyalty Programs ［J］. Journal of Business Research, 2015, 68 (2): 464 – 471.

［247］Kashmiri S, Nicol C, Arora S. Me, Myself, and I: Influence of CEO Narcissism on Firms' Innovation Strategy and The Likelihood of Product – Harm Crises ［J］. Journal of the Academy of Marketing Science, 2017, 45 (5): 633 – 656.

［248］Kemp R, Pontoglio S. The Innovation Effects of Environmental Policy Instruments: A Typical Case of The Blind Men and The Elephant ［J］. Ecological Economics, 2011, 72 (1725): 28 – 36.

［249］Kiefer C P, Carrillo – Hermosilla J, Barroso F J C. Diversity of Eco – Innovations: A Quantitative Approach ［J］. Journal of Cleaner Production, 2017, 166: 1494 – 1506.

［250］Kim K H, Kim M C, Qian C L. Effects of Corporate Social Responsibility on Corporate Financial Performance: A Competitive – Action Perspective ［J］. Journal of Management, 2018, 43 (3): 1097 – 1118.

［251］Kiron D, Kruschwitz N, Haanaes K, et al. The Innovation Bottom Line ［J］. MIT Sloan Management Review, 2013 (2).

［252］Kochan T A. Addressing the Crisis in Confidence in Corporations: Root Causes, Victims and Strategies for Reform ［J］. Academy of Management Executive, 2002, 16 (3): 139 – 141.

［253］Langtry B. Stakeholders and the moral responsibilities of business ［J］. Business Ethics Quarterly, 1994, 4 (4): 431 – 443.

［254］Lee H, Lee K. The Effects of Technology Innovation Activity on CSR: Emphasizing the Nonlinear and Heterogeneous Effects ［J］. Sustainability, 2021, 13 (9): 13.

［255］Li B L, Fan X, Lvarez – Otero S, et al. CSR and Workplace Autonomy as Enablers of Workplace Innovation in SMEs through Employees: Extending the Boundary Conditions of Self – Determination Theory ［J］. Sustainability, 2021, 13 (1): 6104.

［256］Li W Q, Xia X, Liao Y, et al. An Empirical Research of the Influence of Corporate Social Responsibility (CSR) On Firm's Technological Innovation Performance with The Integration of Multiple Perspectives ［J］. Chinese Journal of Management, 2018, 15 (2): 237 – 245.

[257] Li W. Mandatory Corporate Social Responsibility? Legislative Innovation and Judicial Application in China [J]. American Journal of Comparative Law, 2020, 68 (3): 576 – 615.

[258] Li X. The Effectiveness of Internal Control and Innovation Performance: An Intermediary Effect Based on Corporate Social Responsibility [J]. PLOS ONE, 2020, 15 (6): 1 – 31.

[259] Lieder M, Rashid A. Towards circular economy implementation: a comprehensive review in context of manufacturing industry [J]. Journal of Cleaner Production, 2016, 115: 36 – 51.

[260] Lim A, Tsutsui K. Globalization and Commitment in Corporate Social Responsibility: Cross – National Analyses of Institutional and Political – Economy Effects [J]. American Sociological Review, 2012, 77 (1): 69 – 98.

[261] Lin H, Sui Y, Ma H. CEO Narcissism, Public Concern, and Megaproject Social Responsibility: Moderated Mediating Examination [J]. Journal of Management in Engineering, 2018, 34 (4): 1 – 10.

[262] Lin K J, Tan J, Zhao L, et al. In The Name of Charity: Political Connections and Strategic Corporate Social Responsibility in a Transition Economy [J]. Journal of Corporate Finance, 2015, 32: 327 – 346.

[263] Lin – Hi N, Blumberg I. The Link Between Practicing CSR and Corporate Reputation: Psychological Foundations and Managerial Implications [J]. Journal of Business Ethics, 1983, 150 (1): 185 – 198.

[264] Loane S, Bell J D, McNaughton R. A Cross – National Study on The Impact of Management Teams on The Rapid Internationalization of Small Firms [J]. Journal of World Business, 2007, 42 (4): 489 – 504.

[265] Locke J. Two Treatises of Government [M]. Cambridge: Cambridge University Press, 1690.

[266] Lückerath – Rovers M. Women on Boards and Firm Performance [J]. Journal of Management & Governance, 2013, 17 (2): 491 – 509.

[267] Luetkenhorst W. Corporate Social Responsibility and The Development Agenda [J]. Review of European Economic Policy, 2004, 39 (3) 157 – 166.

[268] Luo J, et al. Measuring Corporate Social Responsibility in Gambling

Industry: Multi-Items Stakeholder Based Scales [J]. Sustainability, 2017, 9 (11).

[269] Luo J, Kaul A, Seo H. Winning Us with Trifles: Adverse Selection in the Use of Philanthropy as Insurance [J]. Strategic Management Journal, 2018, 39 (10): 2591–2617.

[270] Luo X, Du S. Exploring the Relationship Between Corporate Social Responsibility and Firm Innovation [J]. Marketing Letters, 2015, 26 (4): 703–714.

[271] Lyon T P, Maxwell J W. Corporate Social Responsibility and The Environment: A Theoretical Perspective [J]. Rev. Environ. Econ. Policy, 2008, 2 (2): 240–260.

[272] Mahoney L, Thorne L. An Examination of The Structure of Executive Compensation and Corporate Social Responsibility: A Canadian Investigation [J]. Journal of Business Ethics, 2006, 69 (2): 241–253.

[273] Mann H. Corporate Social Responsibility [M]. New York: McGraw–Hill, 1965: 163–178.

[274] Manner M. The Impact of CEO Characteristics on Corporate Social Performance [J]. Journal of Business Ethics, 2010, 93: 53–72.

[275] Manning S. The Concept of Corporate Social Responsibility: Definition and Implementation [J]. Journal of Business Ethics, 1976, 5 (1): 1–11.

[276] Manso G. Motivating Innovation [J]. Journal of Finance, 2017, 66 (5): 1823–1860.

[277] Marano V, Kostova T. Unpacking the Institutional Complexity in Adoption of CSR Practices in Multinational Enterprises [J]. Journal of Management Studies, 2016, 53 (1): 23–54.

[278] Marin L, Ruiz S, Rubio A. The Role of Identity Salience in The Effects of Corporate Social Responsibility on Consumer Behavior [J]. Journal of Business Ethics, 2009, 84 (1): 65–78.

[279] Martin R L. The Virtue Matrix: Calculating the Return on Corporate Responsibility [J]. Harvard Business Review, 2002, 80 (3): 68–75, 132.

[280] Mason C, Simmons J. Embedding Corporate Social Responsibility in Corporate Governance: A Stakeholder Systems Approach [J]. Journal of Business Ethics, 2014, 119 (1): 77 - 86.

[281] Mattingly J. Berman S. Measurement of Corporate Social Action: Discovering Taxonomy in the Kinder Lyndenberg Domini Ratings Data [J]. Business & Society, 2006, 45 (1): 20 - 46.

[282] McCarthy S, Oliver B, Song S. Corporate Social Responsibility and CEO Confidence [J]. Journal of Banking and Finance, 2017, 75: 280 - 291.

[283] McCorkindale T. Does Familiarity Breed Contempt? Analyses of the Relationship Among Company Familiarity, Company Reputation, Company Citizenship, and Company Personality on Corporate Equity [J]. Public Relations Review, 2008, 34 (4): 392 - 395.

[284] Mcdermott K A. Evolutionary Stakeholder Theory in Action: Adaptation of Public Utility Regulation in the Post-OPEC World [J]. Business and Society Review, 2020, 125 (2): 203 - 223.

[285] McGuire J B., Sundgren A, Schneeweis T. Corporate Social Responsibility and Firm Financial Performance [J]. Academy of Management Journal, 1988, 31 (4): 854 - 872.

[286] McGuire J W. Business and Society [M]. New York: McGraw - Hill Book Company, 1963.

[287] McGuire J, Dow S, Argheyd K. CEO Incentives and Corporate Social Performance [J]. Journal of Business Ethics, 2003, 45 (4): 341 - 359.

[288] McWilliams A, Siegel D S. Creating and Capturing Value: Strategic Corporate Social Responsibility, Resource-Based Theory, And Sustainable Competitive Advantage [J]. Journal of Management, 2011, 37 (5): 1480 - 1495.

[289] Meng X H, Zeng S X, Shi J J, Qi G Y, Zhang Z B. The Relationship between Corporate Environmental Performance and Environmental Disclosure: An Empirical Study in China [J]. Journal Of Environmental Management, 2014, 145: 357 - 367.

[290] METI. Handbook on Resource Recycling Legislation and 3R Initiatives [R/OL]. Japanese Ministry of Economy, Trade and Industry, 2004. https: //

www. meti. go. jp/policy/recycle/main/data/pamphlet/pdf/cRecycle3R. pdf.

［291］ Mitchell R K, Agle B R, Wood D J. Toward A Theory of Stakeholder Identification and Salience: Defining the Principle of Who and What Really Counts ［J］. Academy of Management Review, 1998, 22 (4): 853 – 886.

［292］ Moran P. Structural Vs. Relational Embeddedness: Social Capital and Managerial Performance ［J］. Strategic Management Journal, 2005, 26 (12): 1129 – 1151.

［293］ Moskowitz M. Profiles in corporate social responsibility. Business and Society, 1972 (13): 29 – 42.

［294］ Näsi J. Scandinavian Approach to Stakeholder Thinking: An Analysis of Its Theoretical and Pracitcal Uses, 1964 – 1980 ［M］//Näsi J. Understanding Stakeholder Thinking. Helsinki: LSR – Julkaisut Oy, 1995.

［295］ Olsen K J, Dworkis K K, Young S M. CEO Narcissism and Accounting: A Picture of Profits ［J］. Journal of Management Accounting Research, 2014, 26 (2): 243 – 67.

［296］ Pache A C, Santos F M. When Worlds Collide: The Internal Dynamics of Organizational Responses to Conflicting Institutional Demands ［J］. The Academy of Management Review, 2010, 35 (3): 455 – 476.

［297］ Pan J, Guan J. Overview of Corporate Social Responsibility Theory ［J］. Modern Business, 2021 (8): 166 – 168.

［298］ Pan X, Sinha P, Chen X. Corporate Social Responsibility and Eco-Innovation: The Triple Bottom Line Perspective ［J］. Corporate Social Responsibility and Environmental Management, 2021, 28 (1): 214 – 228.

［299］ Park E, Kim K J, Kwon S J. Corporate Social Responsibility as a Determinant of Consumer Loyalty: An Examination of Ethical Standard, Satisfaction, and Trust ［J］. Journal of Business Research, 2017, 76: 8 – 13.

［300］ Parmar B L, Freeman R E, Harrison J S, Wicks A C, Decolle S, Purnell L. Stakeholder Theory: The State of The Art ［J］. The Academy of Management Annals, 2010, 4 (1): 403 – 445.

［301］ Pearce D W, Turner R K, Turner R K. Economics of Natural Resources and the Environment ［M］. Baltimore: Johns Hopkins University Press,

1990.

[302] Petrenko O V, Aime F, Ridge J. Corporate Social Responsibility or CEO Narcissism? CSR Motivations and Organizational Performance [J]. Strategic Management Journal, 2016, 37 (2): 787 – 803.

[303] Pollock T G, Rindova V P, Maggitti P G. Market Watch: Information and Availability Cascades Among the Media and Investors in the U. S. IPO Market [J]. Academy of Management Journal, 2008, 51 (2): 335 – 358.

[304] Porter M E, Kramer M R. Strategy and Society: The Link Between Competitive Advantage and Corporate Social Responsibility [J]. Harvard Business Review, 2006, 84 (12): 78 – 93.

[305] Porter M E, Kramer M. The Big Idea: Creating Shared Value. How to Reinvent Capitalism and Unleash a Wave of Innovation and Growth [J]. Harvard Business Review, 2011, 89 (1): 62 – 77.

[306] Porter M E, Van de Linde C. Toward a new conception of the environment-competitiveness relationship [J]. Journal of Economic Perspectives, 1995, 9 (4): 97 – 118.

[307] Post C N R, Rubow E. Diversity in the Composition of Board of Directors and Environmental Corporate Social Responsibility (ECSR) [J]. Business & Society, 2011, 49 (4): 7 – 37.

[308] Rangan K, Chase L A, Karim S. Why Every Company Needs a CSR Strategy and How to Build It [J]. Harvard Business School Division of Research, 2012, 12 (3): 1 – 30.

[309] Ratajczak P, Szutowski D. Exploring the Relationship between CSR and Innovation [J]. Sustainability Accounting, Management & Policy Journal, 2016, 7 (2): 295 – 318.

[310] Raymond B. Business and Society [M]. New York: AMACOM, 1976.

[311] Rennings K, and Rammer C. The Impact of Regulation-Driven Environmental Innovation on Innovation Success and Firm Performance [J]. Industry and Innovation, 2011, 18 (3): 255 – 283.

[312] Rexhepi G, Kurtishi S, Bexheti G. Corporate Social Responsibility

（CSR）And Innovation the Drivers of Business Growth? [J]. Procedia—Social and Behavioral Sciences, 2013, 75: 532 –541.

[313] Rhenman E. Företagsdemokrati och företagsorganisation [M]. Stockholm: P. A Norstedt & Söners, 1964.

[314] Rindova V P, Williamson I O, Petkova A P, et al. Being Good Or Being Known: An Empirical Examination of The Dimensions, Antecedents, And Consequences of Organizational Reputation [J]. Academy of Management Journal, 2015, 48 (6): 1033 –1049.

[315] Rousseau J J. The Social Contract and Other Discourses [M]. Ottawa: Londres, 1762.

[316] Russo M V, Fouts P A. A Resource – Based Perspective on Corporate Environmental Performance and Profitability [J]. Academy of Management Journal, 1997, 40 (3): 534 –559.

[317] Saray H, Patache L, Ceran M B. Effects of Employee Empowerment as a Part of Innovation Management [J]. Economics, Management, and Financial Markets, 2017, 12 (2): 88 –96.

[318] Satapathy J, Paltasingh T. CSR in India: A Journey from Compassion to Commitment [J]. Asian Journal of Business Ethics, 2019, 8 (2): 225 –240.

[319] Sauerwald S, Su W. CEO Overconfidence and CSR Decoupling [J]. Corporate Governance: An International Review, 2019, 27 (4): 283 –300.

[320] Savage G T, Nix T W, Whitehead C, Blair J D. Strategies for assessing and managing organizational stakeholders [J]. Academy of Management Perspectives, 1991, 5 (2): 61 –75.

[321] Schmitz J, Schrader J. Corporate Social Responsibility: A Microeconomic Review of the Literature [J]. Journal of Economic Surveys, 2015, 29 (1): 27 –45.

[322] Scholder E P, Webb D J, Mohr L A. Building Corporate Associations: Consumer Attributions for Corporate Socially Responsible Programs [J]. Journal of the Academy of Marketing Science, 2006, 34 (2): 147 –157.

[323] Shahzad M, Qu Y, Javed S A. Relation of Environment Sustainability

to CSR and Green Innovation: A Case of Pakistani Manufacturing Industry [J].
Journal of Cleaner Production, 2020, 253: 11 – 18.

[324] Shao R, Wang Y, Wang H, Geng Z, Ma L. Media Exposure and
Acquisition Premium: Evidence from Chinese Investing Companies [R]. Acade-
my of Management Annual Meeting Proceedings, 2018.

[325] Sheldon O. The Philosophy of Management [M]. London: Sir Isaac
Pitman and Sons Ltd. , First Published 1924, Reprinted 1965: 70 – 99.

[326] Shin L P. Differential Effects of Strong Corporate Governance on Both
Professional and Voluntary Corporate Social Responsibility Activities of the Firm
[J]. Emerging Markets Finance and Trade, 2015, 51: S2 – 10.

[327] Siegel D. S. , and Vitaliano D. F. An Empirical Analysis of The Stra-
tegic Use of Corporate Social Responsibility [J]. Journal of Economics & Manage-
ment Strategy, 2007, 16 (3): 773 – 792.

[328] Simon H. A. Reason in human affairs [M]. Stanford: Stanford Uni-
versity Press, 1983.

[329] Singh V. S. , and Vinnicombe S. Newly Appointed Directors in the
Boardroom: How Do Women and Men Differ [J]. European Management Journal,
2008, 28 (6): 48 – 58.

[330] Smith A. An inquiry into the nature and causes of the wealth of na-
tions [M]. London: Printed for W. Strahan and T. Cadell, 1776.

[331] Sonenshein S. It's Not Easy Being Green: The Role of Self-Evalua-
tions in Explaining Support of Environmental issues [J]. Academy of Management
Journal, 2014, 12 (4): 7 – 37.

[332] Sonnenfeld J. Measuring Corporate Social Performance [J]. Academy
of Management Proceedings, 1982 (1): 371 – 375.

[333] Spangenberg J. Economic Sustainability of The Economy: Constructs
and Indicators [J]. International Journal of Sustainable Development, 2005, 8
(1): 47 – 64.

[334] Starik M. Should trees have managerial standing? Toward stakeholder
status for non-human nature [J]. Journal of Business Ethics, 1995 (14): 207 –
217.

［335］Robbins S P. Management ［M］. Englewood Cliffs: Prentice – Hall, 1991: 124 – 128.

［336］Su B, Heshmati A, Geng Y, et al. A Review of The Circular Economy in China: Moving from Rhetoric to Implementation ［J］. Journal of Cleaner Production, 2013 (42): 215 – 227.

［337］Surroca J, Tribò J A. Managerial Entrenchment and Corporate Social Performance ［J］. Journal of Business Finance and Accounting, 2008, 35 (5 – 6): 748 – 789.

［338］Tang M, Leonardus W W M, Muhammad H, et al. The Dynamics Effect of Green Technology Innovation on Economic Growth and CO_2 Emission in Singapore: New Evidence from Bootstrap ARDL Approach ［J］. Environmental Science and Pollution Research International, 2021, 28 (4): 4184 – 4194.

［339］Tang Y, Qian C, Chen G, Shen R. How CEO Hubris Affects Corporate Social (IR) Responsibility ［J］. Strategic Management Journal, 2015, 36 (9): 1338 – 1357.

［340］Thomas A S, Simerly L. Strategic Leadership and Corporate Social Performance: An Empirical Examination ［J］. Academy of Management Best Papers Proceedings, 1993 (1).

［341］Thomé A M T, Sousa R. Design – Manufacturing Integration and Manufacturing Complexity ［J］. International Journal of Operations & Production Management, 2016, 36 (10): 1090 – 1114.

［342］Thompson J K, Wartick S L, Smith H L. Integrating corporate social performance and stakeholder management: Implications for a research agenda in small business ［J］. Research in Corporate Social Performance and Policy, 1990, 12 (1): 207 – 230.

［343］Tian X, and Wang T. Tolerance for Failure and Corporate Innovation ［J］. Review of Financial Studies, 2017, 27 (1): 211 – 255.

［344］Totterdill P, Exton R. Defining Workplace Innovation ［J］. Strategic Direction, 2014, 30: 12 – 16.

［345］United Nations. United Nations Global Compact ［R/OL］. 2000. https: //www. unglobalcompact. org/what-is-gc.

［346］Vanhamme J, and Grobben B. Too Good to be True. The Effectiveness of CSR History in Countering Negative Publicity ［J］. Journal of Business Ethics, 2009, 85: 273 – 283.

［347］Voss G B, Sirdeshmukh D, Voss Z G, et al. The Effects of Slack Resources and Environmental Threat on Product Exploration and Exploitation ［J］. Academy of Management, 2008, 51 (1): 147 – 164.

［348］Waagstein P R. The Mandatory Corporate Social Responsibility in Indonesia: problems and Implications ［J］. Journal of Business Ethics, 2011, 98 (3): 455 – 466.

［349］Waddock S A, Graves S B. The Corporate Social Performance-Financial Performance Link ［J］. Strategic Management Journal, 1997, 18 (4): 303 – 319.

［350］Wagner M. Corporate Social Performance and Innovation with High Social Benefits: A Quantitative Analysis ［J］. Journal of Business Ethics, 2010, 94 (4): 581 – 594.

［351］Waldman D A, Siegel D S, Javidan M. Components of CEO Transformational Leadership and Corporate Social Responsibility ［J］. Journal of Management Studies, 2006, 43 (8): 1703 – 1725.

［352］Wang H. Corporate Social Responsibility: An Overview and New Research Directions ［J］. Academy of Management Journal, 2016, 59 (2): 534 – 544.

［353］Wang M, Qiu C, Kong D. Corporate Social Responsibility, Investors, and Stock Market Returns: Evidence from a natural experiment in China ［J］. Journal of Business Ethics, 2011, 101 (1): 127 – 171.

［354］Wang X, Feng M, Palmer T. Interactive Effects of CSR and Other Value – Creating Investments on Corporate Financial Performance ［J］. Academy of Management Annual Meeting Proceedings, 2016 (1).

［355］Webster K. The circular economy. A wealth of flows ［M］. London: Ellen MacArthur Foundation Publishing, 2015: 16.

［356］Westphal J D, Zajac E J. Who Shall Govern? CEO/Board Power, Demographic Similarity, and New Director Selection ［J］. Administrative Science

Quarterly, 1995, 40 (1): 60 – 83.

[357] Wicks A C, Gilbert D R, Freeman R E. A Feminist Reinterpretation of the Stakeholder Concept [J]. Business Ethics Quarterly, 1994, 4 (4): 475 – 497.

[358] Wood R E. Responsibility of a Businessman [J]. The Annals of the American Academy of Political and Social Science, 1925, 120 (1): 23 – 28.

[359] World Bank Group. Corporate social responsibility: The World Bank Group perspective [M]. Washington. D. C. : World Bank, 2006.

[360] World Business Council for Sustainable Development. Corporate social responsibility: Meeting changing expectations [R]. Geneva: World Business Council for Sustainable Development, 2000.

[361] World Business Council for Sustainable Development. Corporate Social Responsibility: Definition, Trends and External Pressures [R/OL], 2014. https: //www. wbcsd. org/Content/Download. aspx? id = 64223.

[362] World Business Council for Sustainable Development. Meeting changing expectations: corporate social responsibility [R]. 1998.

[363] World Commission on Environment and Development. Our Common Future [M]. New York: Oxford University Press, 1987.

[364] World Wildlife Fund. Business and biodiversity initiative [R/OL], 2001. https: //www. wwf. de/fileadmin/fm – wwf/Publikationen – PDF/WWF – Studie_Biodiversity_and_Business – ENG. pdf.

[365] Xiang S, Rasool S, Hang Y, et al. Effect of Covid – 19 Pandemic on Service Sector Sustainability and Growth [J]. Frontiers in Psychology, 2021 (12).

[366] Xiao H F, Yuan J G. Ownership structure, board composition and corporate voluntary disclosure: evidence from listed companies in China [J]. Managerial Auditing Journal, 2007, 22 (6): 604 – 619.

[367] Yang H, Shi X, Wang S. Moderating Effect of Chief Executive Officer Narcissism in the Relationship Between Corporate Social Responsibility and Green Technology Innovation [J]. Frontiers in Psychology, 2021 (12).

[368] Yuan Z, Bi J, Moriguichi Y. The Circular Economy: A New Devel-

opment Strategy in China〔J〕. Journal of Industrial Ecology, 2006, 10 (1):
4 - 8.

〔369〕Zhou K Z, Li C B. How Knowledge Affects Radical Innovation:
Knowledge Base, Market Knowledge Acquisition, and Internal Knowledge Sha-
ring〔J〕. Strategic Management Journal, 2021, 33 (9): 1090 - 1102.

〔370〕Zhu D H, Chen G. CEO Narcissism and the Impact of Prior Board
Experience on Corporate Strategy〔J〕. Administrative Science Quarterly, 2015,
60 (1): 31 - 65.